The Complete
PINK FLOYD

ピンク・フロイド完全版

責任編集
和久

Contents of This Book

［データ表記について］
◎基本的にオリジナル盤のデータを掲載しています。
◎国名は漢字表記、英盤の場合は省略しています。例：米＝アメリカ、蘭＝オランダ、日＝日本
◎楽器は一部略号を使用しています。例：ds ＝ドラムス、kbd ＝キーボード、per ＝パーカッション

Introduction

知的欲求はいつだって疑問符から始まる

●和久井光司

2022年2月24日、ウクライナで戦争が始まったとき、プーチンはその理由を「8年間ジェノサイドに苦しめられてきた人たちを守るため」と説明。当然のように世界中から非難の声が上がった。クリミア併合なんて侵略にほかならないと思っていた私は「何を馬鹿なことを！」と思った。攻撃が開始される2か月ぐらい前から、ヤバイぞヤバイぞ、と心配し、アメリカ政府がロシア軍の動きを牽制し始めたのに注目していたから、「いよいよだな」と予想したのだが、残念ながらそれは的中した。

ピンク・フロイド本の冒頭に、なぜこういうことを書くのかと言えば、〝世界の動きを読む〟という視点を、私は〝ロックに教えられた〟と思っているから。

だからロックはすごいんだ、なんて言うつもりは1ミリもないし、自分がそこから得たもので何かを深く考えてきたという自覚もない。けれど、中2のときにボブ・ディランを聴いて、「え？ 公民権運動？」とか「キューバ危機って？」と思ったり、「ジョン・レノンはアメリカの何に意義を申し立てているんだ？」と思わなかったとしたら、いまの私はなかっただろう。曲を書いてギターを弾いて歌うことも、原稿を書くことも、こういう本を企画して実現させることも、すべては「？」から始まっている。音楽、漫画、映画を人並み以上に浴びながら高校時代にコンサートを企画するようになった私は、それだけでは飽き足らず、18ぐらいのときに日本の戦後文学を読み始めた。学校の歴史の授業では、第二次世界大戦がどのように始まって日本は負けたのか、とか、一転した戦後の繁栄が何をもって築かれたのか、が少しも解らなかったからだ。実際に東京空襲を体験している母や、父の兄弟（父は内地の軍にいた）

は、戦中戦後のことをあまり語りたがらなかったし、80年代までは多くの日本人が避けていた問題でもある。私は歴史に詳しくなりたかったわけではなく、国の政策によってそういう状況を強いられたときの〝大衆の気持ち〟を知りたかった。そうすると、戦争を真っ向から描いた大岡昇平の小説より、梅崎春生の『桜島』や『日の果て』の方がある意味ではリアルで、そのまま混迷期ゆえに現れた〝戦後のいいかげんな人たち〟を描いていった梅崎に〝ビート〟や〝ポップ〟を感じるようになった。

20代の頃はヒモ同然の生活をしていたから、古本屋を巡っては本を買い、そこそこ仕事をしながら年に２００冊ぐらいは読んでいたし、各地の名画座や京橋のフィルムセンターに通って古い映画を観たりした。ミュージシャンとしてデビューしたのは22歳のときだが、なぜかすぐに「書けるでしょ?」と言われるようになり、原稿仕事も受けるようになっていた。その結果、「あれれ。〝好き〟ではすまなくなってきたぞ」と思い始め、「原稿を書くって〝知識〟を売ることなんだな」という考えに至っていたのだ。

そんなころに出会ったのが、私がいまでも〝フェイヴァリット〟としている作家、後藤明生だ。最初に読んだのは74年のエッセイ集『分別ざかりの無分別』である。当時はまだ絶版になっていなかった小説やエッセイを八重洲ブックセンターで大人買いし、古本屋をまわっては一冊また一冊と旧作を見つけていった。『何?』『書かれない報告』『挟み撃ち』『疑問符で終わる話』といった初期の小説や、最初のエッセイ集『円と楕円の世界』で彼の〝イズム〟を知った私は、芸術や文化、そして社会や世界を〝決してひとつの視点から見て納得しないこと〟を学び、物事を裏返して考えたり、視点を横にズラして〝複眼で見る〟クセをつけていったのである。

そうすると、世に出ている音楽本の大半がただのファンジンにしか見えなくなった。評論めいたことを書いている人も、欧米で出ている評伝や資料集、インタヴューからの引用をそれらしく組み合わせて自分の感想を加えているだけで、歌ってみたり弾いてみたりして見つけたことや、マスターテープに刻まれたサウンドに最も近いはずのオリジナル盤の〝音〟についての言及はされていなかった。人的交流や異民族が文化を共有したことで音楽が発展したことを歴史エンタテインメントのように書いていた亡き中村とうよう氏のスタンスには感心させられたし影響も受けたが、それ以外のほとんどは、草野球しかやったことがない人がスポーツ新聞の記事を自分なりに受け取って語っているだけの感想文か、選手名鑑を丸暗記して重箱のすみをつつくようなオタクな行為にしか思えなかった。

だから私は『レコード・コレクターズ』に書くようになった88年に、「本国のオリジナル盤を写真で見せたり、その〝音〟に言及しないで〝コレクターズ〟を名乗るのはおかしいですよ」と意見し、自分が持っているオリジナル盤を見せ、音を聴かせた。やがて編集長になる寺田正典さんが、「え? ストーンズの英国デッカ盤て、ジャケ裏の穴から見える内袋の色でモノラルとステレオが判るようになってたんですか!」なんて興味を爆発させてくれたことが、90年代のレココレを面白くしていったのである。

世の中には、それを〝手柄を語る自慢話〟と受け取る人が少なくないから、自分からそういう話を書くことはこれまであまりなかったけれど、トーク・イヴェントでいちばんウケるのはそういうネタ（笑）。本書の導入部としてはありなんじゃないかと思って書いてみた次第である。

たぶん、「いくら『狂気』50周年たって、いまさらピンク・フロイドで新しい視点なんてないでしょ」と言う人もいるだろうが、私の本が予想通りに終わったことはないと自負しているし、『フランク・ザッパ攻略ガイド』で始まった本シリーズも10冊目だから、そろそろ私の〝イズム〟もご理解いただいているのではないかと思う。

既刊を何冊かお読みくださった読者は、私が〝普通の音楽ライター〟をほとんど使わないことを知っていると思う。この本もそういう布陣によるもので、ピンク・フロイドを得意として書いてきたようなライターはいない。それは〝新しい視点〟を読者に提示するための人選だ。かつてどこかで書いた原稿を焼き直して入れてくるような音楽ライターに原稿を依頼するほど私は馬鹿ではないし、読者の予想を超えるような内容にならなければ、いまピンク・フロイドの本なんかつくる意味はないのである。

河出書房新社では『文藝別冊』でかつてピンク・フロイド特集号を出しているが、それをつくったのはのちに物書きとして売れた武田砂鉄くんで、彼が私に声をかけてきたのは、『エコーズ』が発売された際にタワーレコード新宿店でやったインストア・イヴェントで、私がフロイド・ナンバーを演奏するのを（そのときは大学生だったそうだが）観ていたからだという。その前にも私は河出で本をつくっていたが、後藤明生に傑作長編『挟み撃ち』を書かせた会社と私の縁を深くしてくれたのは、武田くんと、かつての彼の上司である。だから、この本を完全版シリーズに加えたことは、私にとって大きな意味があるのだ。

Chapter 1

The Story of PINK FLOYD

Koji Wakui
Shinichi Ogawa

時代に圧しつぶされた孤独な魂と這い上がった者たちの新たな離陸

●和久井光司

●日本における初期の姿

私がピンク・フロイドを最初に意識したのは1971年、中1のときだった。ビートルズをきっかけにロックを聴き始め、地元のレコード屋に通うようになった私は、ロングセラーを続けていた『レット・イット・ビー』や、サイモン&ガーファンクルの『明日に架ける橋』と並んで、牛のジャケットが強烈な『原子心母』がどこのレコード屋でも〝壁〟になっているのを見て、ピンク・フロイドというバンドが人気を爆発させていることを知る。日本初のロック・フェスとして伝説となった〝箱根アフロディーテ〟の直後のことだ。ヘッドライナーとして登場し、霧の中で演奏したフロイドは神がかっていたというのを『ミュージック・ライフ』などで読んだばかりだったから、きっと凄いバンドなんだろうと思ったが、シングルのコーナーを見ても（中学生はまずシングルで試したものだ）、どれを買えばいいかわからず、数か月は聴けないままでいた。

　そうしたら、壁の〝牛〟が〝耳らしきもの〟に変わった。帯に『おせっかい』とある。なんじゃそりゃ!?と思った。ロック・アルバムの邦題といえば、『〇〇〇〇の世界』とか、『〇〇〇〇の歌』というのが定石だった時代に『おせっかい』って、また物凄いインパクトだった。

　そうこうするうちにシングル「吹けよ風、呼べよ嵐」がラジオの洋楽チャートに入ってきた。♪ズン、ズン、ズン、ズン、ズンズンズンズンズンズ、チャーン、チャーン……なんて歌もメロディもない曲が、私がよく聴いていたラジオ関東のチャート番組ではトップ20に入り、毎週オンエアされていたのだ。なんじゃこりゃ!?だった。

　ブラバンの先輩が『おせっかい』を買ったというんで聴きに行ったのが私にとってはまともなピンク・フロイド初体験だったが、「エコーズ」に驚き、「そうか、ロックってポップスとは違うんだ」と思ったのだ。その途端にビートルズの曲の好き嫌いを言い合っているクラスメイトが幼く思えるようになったから、私はシングルで曲を覚えれば納得できるようなものからは離れて、月に一枚はジャケが何かを伝えているロック・アルバムを買うようになった。ボブ・ディランのシングルをあいだに挟みながら。

　72年にもフロイドは来日したが、それにも間に合わず、私は先輩や級友が買った『モア』や『原子心母』やシド・バレットの『帽子は笑う』を聴いていた。しかしグラム・ロックの人気爆発には抗えず、Ｔ・レックスやデイヴィッド・ボウイやアリス・クーパーこそが〝時代の音〟だと思っていたのだ。そういうセンスの子供からすると、フロイドは大仰で、いちいち〝重い〟。私はインスト・パートが長いプログレッシヴ・ロックは好みではなかったのだが、この年レコード屋の壁に君臨したＥＬ＆Ｐの『展覧会の絵』ぐらいは聴いていたし、彼らの72年7月の来日公演（22日・後楽園球場、24日・阪神甲子園球場）は大きな事件だった。後楽園球場のライヴはテレビで中継され、ピアノやエレクトーンを習っていた女子中学生をロックに走らせるきっかけになったからである。

　ピンク・フロイドがどこかマニアックな存在だったのは、箱根アフロディーテも72年の来日公演も、アルバムのリリースと連動していなかったからだろう。キターーーッ！と

エミリーはプレイガール
黒と緑のかかし
オデオン（東芝音楽工業）OR-1785
発売：1967年10月5日

ナイルの歌
モア主題
オデオン（東芝音楽工業）OR-2716
発売：1970年

夢に消えるジュリア
サマー'68
オデオン（東芝音楽工業）OR-2840
発売：1971年7月

いうピークがリスナーの気持ちとズレていたのだ。72年のライヴでは『狂気』となるナンバーの大半が演奏されたが、新曲ばかりのステージは観客を戸惑わせたとの評もあり、アフロディーテほど評判にならなかった。

そんな状況を変えたのが『狂気』だった。日本盤が出たのは73年の4月の終わりだったと記憶しているが、米英同様ロングセラーとなり、『炎』が出るまでの2年半のあいだに、フロイドは〝アルバム・アーティスト〟の筆頭に躍り出ていた。大きな話題もなく、どこかで誰かが熱心に語ったわけでもないのに『狂気』は売れ続け、いつの間にか〝一家に一枚〟と謳われるアルバムになったのだ。

この見開きの左右に並べたシングルとEPは72年の来日以前に出た日本盤7インチのすべてだが、本国とあまりタイムラグがなくリリースされた「エミリーはプレイガール」と、『モア』からの「ナイルの歌」、アメリカで『おせっかい』からカットされたのに準じた「吹けよ風、呼べよ嵐」を除けば、大方は67〜68年のアルバム未収録曲だった。アルバムでは聴けない曲がシングルで出たのはありがたかったが、72年の来日記念盤が68年12月のアルバム未収録曲「青空のファンタジア（ポイント・ミー・トゥ・ザ・スカイ）」と67年3月のデビュー曲「アーノルド・レイン」のカップリングだったのはリスナーを混乱させる原因になってしまったのも事実。おかげで『狂気』がリリースされるまで、〝ピンク・フロイドの現在〟は摑み難かったし、そのステージを体験していない者にも〝箱根の霧の中にいるバンド〟という印象を与えることになっていたのだ。

73年3月17日にはNHKの『ヤング・ミュージック・ショー』で「ライヴ・アット・ポンペイ」が放映されたのだ

吹けよ風、呼べよ嵐
シーマのブルース

オデオン（東芝音楽工業）OR-2935
発売：1971年11月

青空のファンタジア
アーノルド・レーン

オデオン（東芝音楽工業）OR-2979
発売：1972年2月

吹けよ風、呼べよ嵐
青空のファンタジア
夢に消えるジュリア
シー・エミリー・プレイ

オデオン（東芝音楽工業）OP-4619
発売：1972年2月

が、『おせっかい』期のその演奏から『狂気』への進化は想像を絶するものだった。

●ケンブリッジからロンドンへ

１９４４年9月9日に学生街として知られるケンブリッジで産声をあげたジョージ・ロジャー・ウォーターズが、地元の男子校で、ロジャー〝シド〟バレット（46年1月６日生まれ）や、デイヴィッド・ギルモア（46年３月６日生まれ）と出会ったことが、ピンク・フロイドにいたる最初の一歩だった。ロウティーンのころから楽器に触れていた３人だが、バンド活動を最初に始めたのは62年９月にロンドンのリージェント・ストリート工芸大学に入学したウォーターズだ。彼は同じ建築学科にいたニック・メイスン（45年1月27日、バーミンガム生まれ）、彼のルームメイトでロンドン音楽大学のピアノ科で学んでいたリチャード・ライト（45年7月28日、ロンドン生まれ）と、シグマ６というバンドを結成し、友人のパーティで演奏するようになった。しだいに音楽活動が面白くなっていった３人は、さまざまなメンバーを試し、キース・ノーヴェルとジュリエット・ゲイルという男女のシンガーと、クライヴ・メトカルフというベーシストに落ち着いた（このときウォーターズはギター）スクリーミング・アブダブズでローリング・ストーンズ・タイプのR&Bを演奏するようになる。

64年初頭、彼らはポップ・グループとして注目されることを目論んでいたが、あえなく解散。その直後にライトとゲイルは結婚するのだが、ウォーターズとメイスンはバンドを諦められず、ケンブリッジからやってきたボブ・クロースと、ハイゲイトで借りたアパートで共同生活を始める。高校時代はブルー・アナニマスというバンドでプレイしていたクロースはジャズ・ギタリストとして見どころがあったため、ロジャーはベースにコンバートし、それまでのR&B路線とは違うサウンドを目指すようになるのだ。

彼らの部屋のオーナーだったマイク・レナードは工芸大学で教鞭もとっていた建築家で、ブルーズのSPのコレクターであるばかりか、オーディオやヴィジュアル・アートのスペシャリストとしても知られていた。レナードは店子たちのバンド活動を応援し、ライヴのブッキングや音響設備の調達までするようになるのだが、キャンバーウェル・アート・スクールで絵画を学ぶためにケンブリッジから出てきたシド・バレットがそこに加わり、やがてリチャード・ライトも復帰する。ウォーターズ、メイスン、クロー

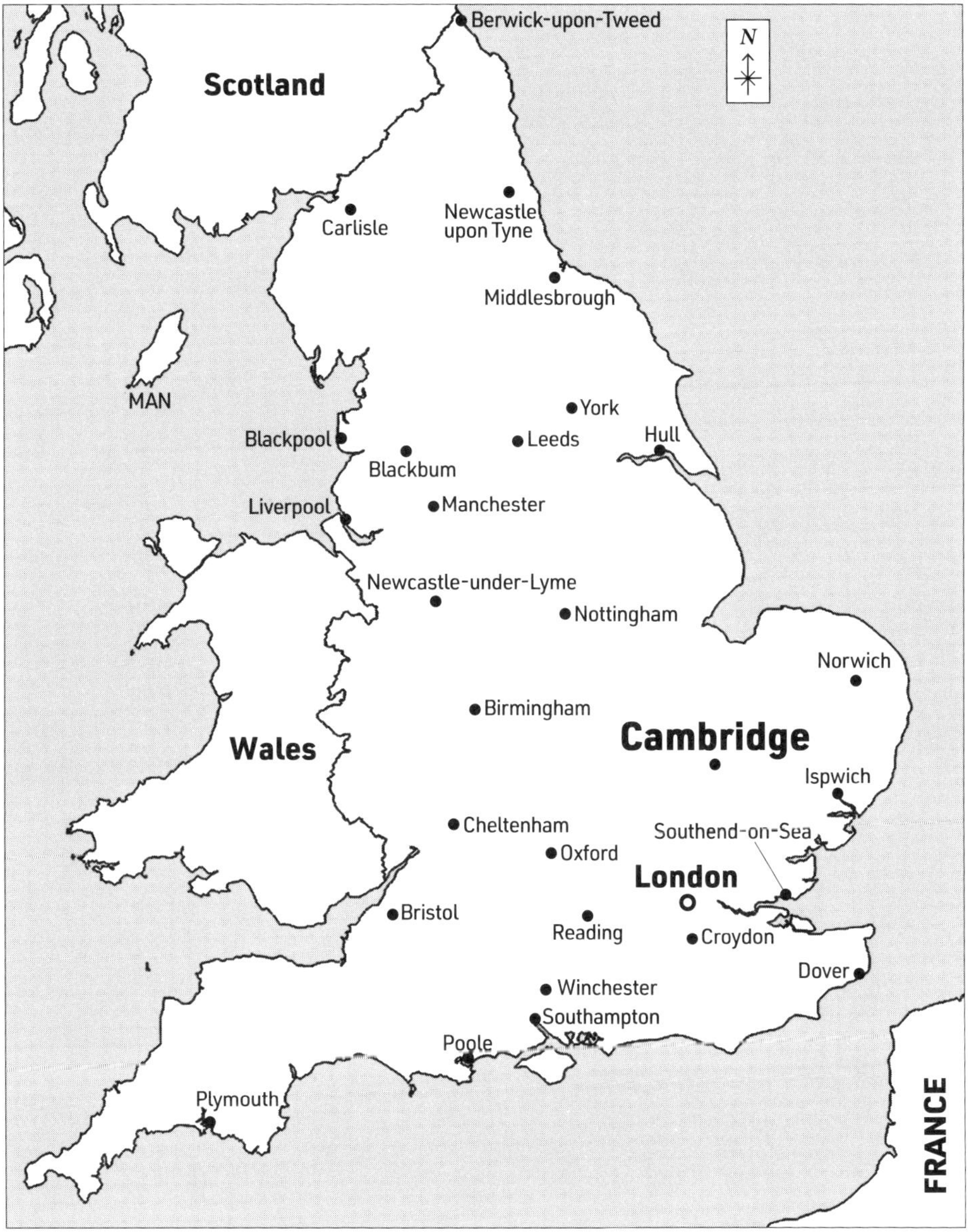
Berwick-upon-Tweed
N
Scotland
Carlisle
Newcastle upon Tyne
Middlesbrough
MAN
York
Blackpool
Leeds
Hull
Blackbum
Liverpool
Manchester
Newcastle-under-Lyme
Nottingham
Norwich
Birmingham
Cambridge
Wales
Ispwich
Cheltenham
Southend-on-Sea
Oxford
London
Bristol
Reading
Croydon
Dover
Winchester
Southampton
Poole
Plymouth
FRANCE

ス、バレット、ライトに、クリス・デニスというリード・シンガーを加えたバンドはティー・セットと名乗り、ケンブリッジに凱旋公演に出かけたりしていたが、デニスはバレットの神秘主義を気味悪がって脱退。64年暮れに敢行した初のデモ録音では5人組となっている。

アメリカのマイナーなブルーズマン、ピンク・アンダーソンとフロイド・カウンシルにちなんで、二匹の飼い猫をピンク、フロイドと呼んでいたバレットは、65年1月にクロースが脱退したのを機に、バンド名を〝ピンク・フロイド〟と変えることを提案。やがてソングライターとしての才を爆発させ始めた彼は、ピンク・フロイドの目標を〝サイケデリック・ロック〟に定めたのだった。

●ピーター・ジェナーとUFOクラブ

1943年3月3日にサマセットのバースで生まれ、ウエストミンスター・スクールとケンブリッジのシドニー・サセックス・カレッジで経済学を学んだピーター・ジェナーが、ロンドン・スクール・オブ・エコノミクスでレクチャーを開始したのは63年のことだった。

ロンドンのヒップな若者たちに興味を持ったジェナーが、写真家のジョン〝ホッピー〟ホプキンスが暮らすクイーンズウェイのフラットで、インディカ・ブックス／ギャラリーを起こすバリー・マイルズ、アメリカからやってきたレコード・プロデューサーのジョー・ボイド、歌手のジュリー・フェリックスらと出会い、〝ロンドン・フリー・スクール〟というカルチャー集団を組織したのは65年の秋。彼らはポートベロー・ロードに立つフェア（市）でイヴェントを開催するようになり、新しいポップ・カルチャーの担い手たちと交流を深めていった。ジェナーがマーキー・クラブでライト・ショウを混えたギグを行っていたピンク・フロイドと出会ったのは66年3月。すでに長い即興が売りの「インターステラー・オーヴァードライヴ」を演奏し、サイケデリックなライト・ショウで〝ハプニング〟を演出していたフロイドに痺れたジェナーは、幼なじみのアンドリュー・キング、日系人妻のスミ・ニシハタと、「ブラックヒル・エンタープライズ」を設立し、66年10月にピンク・フロイドとマネージメント契約を交わした。

フロイドのステージの音響と照明が優れていたのはマイク・レナードというブレーンがいたからだが、ジェナーはその強化を目論んでセルマーのＰＡシステムと新しい機材をバンドに与え、ジョン・ホプキンスとジョー・ボイドがトッテナム・コートロードの映画館、ガラ・バークレイ・シネマの地下にあるブラーニー・クラブで毎週金曜に開催するイヴェント「ＵＦＯクラブ」にピンク・フロイドの主戦場を移した。ジョルジオ・ゴメルスキーがマネージメントしていたソフト・マシーンとフロイドをレギュラーの双璧としたＵＦＯクラブは、バリー・マイルズがジョン・レノンやポール・マッカートニーの協力で創刊したアンダーグラウンド・マガジン『ＩＴ（インターナショナル・タイムズ）』のあと推しもあって、すぐに〝アンダーグラウンド・カルチャーのメッカ〟と呼ばれるようになった。

　セルマーのＰＡはおそらくＥＭＩ／コロンビアとの契約金でジェナーが購入したのだろうが、ＵＦＯクラブの出演者を見ると、業界的な〝からくり〟が見えてくる。すでにＥＭＩからデビューしていたボンゾ・ドッグ・ドゥー・ダー・バンド、ザ・フーのマネージャーとして知られたキット・ランバートが手掛けていたクレイジー・ワールド・オブ・アーサー・ブラウン、ムーディー・ブルースを売ったデニー・コーデルがマネージメントしていたプロコル・ハルム、ザ・ムーヴ、デニー・レイン、そしてジョー・ボイドの息がかかっていたトゥモロウ、ジ・インクレディブル・ストリング・バンド、フェアポート・コンヴェンショ

Peter Jenner

ン、ザ・パープル・ギャング……と、ちっともアンダーグラウンドではない〝メジャー・レーベルの新人〟ばかりだからだ。本当にアンダーグラウンドだったのは、ミック・ファレンのザ・ソーシャル・デヴィアンツ（のちのデヴィアンツ）と、75年にクロイドンで創業した中古レコード店Beanosを大成功させるデイヴィッド・ラシュマーが在籍したデッド・シー・フルーツぐらいである。

67年4月29日から30日にかけてアレクサンドラ・パレスに会場を移して行われた〝The 14 Hours Of Technicolor Dream〟は、資金が尽きて廃刊の危機に陥った『IT』を支援するためのオールナイト・イヴェントだったが、それまでにUFOクラブに出演したバンドのほとんどが出演し、客席にはジョン・レノンとヨーコ・オノが（交際前だったので別々に）現れた。この模様はBBCテレビのニュースで〝ロンドンのアンダーグラウンド・カルチャーの現在〟という形で紹介されたため、英国産のサイケデリック・ロックの人気に火がついたのだが（『サージェント・ペパーズ』の発売前だったことに注目してほしい）、8月4日にラウンドハウスに会場を移してからのUFOクラブには、エリック・バードン&ザ・ニュー・アニマルズ、ファミリー、ジェフ・ベック・グループ、テン・イヤーズ・アフターといったメジャーどころが出演するようになり、〝アンダーグラウンド〟と〝サイケデリック〟が交差した地点はわずか10か月で消滅してしまうのだ。

この年3月にシングル「アーノルド・レイン」でデビューしたピンク・フロイドは、6月発売のセカンド・シングル「シー・エミリー・プレイ」と、8月のアルバム『夜明けの口笛吹き』をどちらも全英6位のヒットにし、ルックスのいいバレットはアイドル的な人気を獲得することになった。しかしアルバムが出るころには彼のドラッグ依存が酷くなり、使いものにならなくなってしまう。

それが極まったのは、67年10月24日に始まったアメリカ・ツアーの最中だった。サンフランシスコのフィルモア・ウエストで3日間に渡ってジャニス・ジョプリンがいたビッグ・ブラザー&ザ・ホールディング・カンパニーと、リッチー・ヘイヴンズの前座を務めたフロイドはまったく受けず、ディック・クラークのテレビ・ショウ『アメリカン・バンド・スタンド』に出演した際には、バレットがお約束の口パクをしなかったことが問題となり、『パット・ブーン・ショウ』ではブーンの質問にひとつも応えなかった。ピーター・ジェナーはその後のアメリカでのプロモーションを諦めてメンバーを帰国させたが、11月14日にロイ

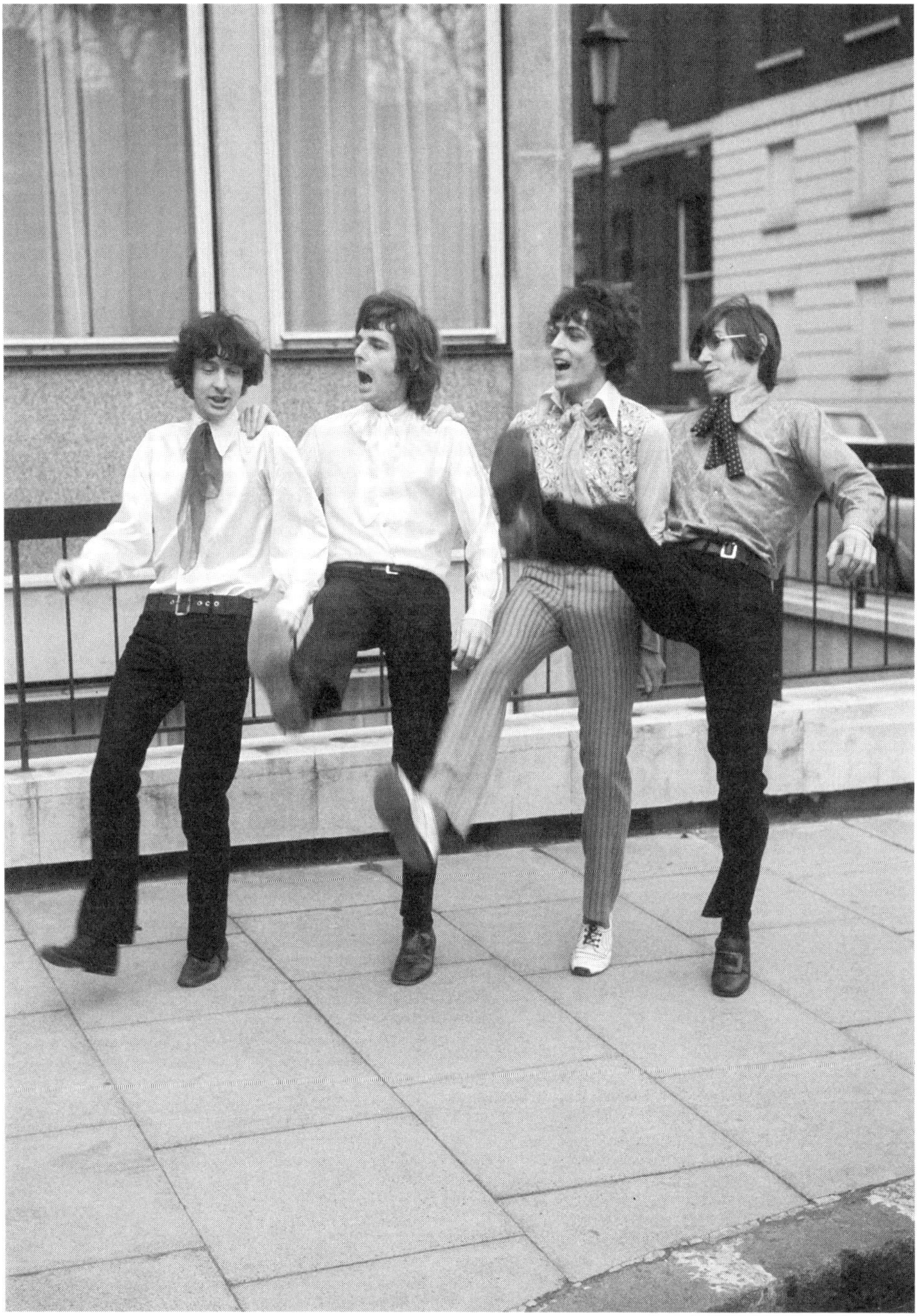

Mirrorpix / Pink Floyd 1967 / ©Getty Images

UFOクラブが開催した
ライヴ・イヴェント

作成：和久井光司

at BLARNEY CLUB
(Nite Tripper under Gala Berkeley Cinema)

1966.12.23 Soft Machine, Pink Floyd
12.30 Soft Machine, Pink Floyd
1967.01.13 Pink Floyd
01.20 Pink Floyd
01.27 AMM Music, Pink Floyd
02.03 Soft Machine
02.10 Bonzo Dog Doo Dah Band
02.17 Soft Machine
02.24 Pink Floyd
03.03 Soft Machine, Pink Floyd
03.10 Pink Floyd
03.17 [St Patrick's day off]
03.24 Soft Machine
03.31 Crazy World of Arthur Brown
04.07 Soft Machine
04.14 Arthur Brown, Social Deviants
04.21 Pink Floyd
04.28 Tomorrow, The Purple Gang
04.29-30 The 14 Hour Technicolor Dream (at Alexandra Palace)
05.05 Soft Machine, Arthur Brown
05.12 The Graham Bond Organisation, Procol Harum
05.19 Tomorrow, Arthur Brown
05.26 The Move, The Knack
06.02 Pink Floyd, Soft Machine
06.09 Procol Harum, The Smoke
06.10 Pink Floyd
06.16 Crazy World of Arthur Brown, Soft Machine
06.23 "Liverpool Love Festival" The Trip etc.
06.30 Tomorrow, Dead Sea Fruit
07.07 Denny Laine, The Pretty Things

07.14 Arthur Brown, Alexis Korner
07.21 Tomorrow, Bonzo Dog Doo Dah Band
07.28 Pink Floyd, Fairport Convention

at ROUNDHOUSE (Chalk Farm Road)

1967.08.04 Eric Burdon & The New Animals, Family
08.11 Tomorrow
08.18 Arthur Brown, The Incredible String Band
09.01-02 "UFO Festival" Pink Floyd, Soft Machine, The Move, Arthur Brown, Tomorrow etc.
09.08 Eric Burdon & The New Animals, Aynsley Dunbar
09.15 Soft Machine, Family
09.22 Dantalian's Chariot w/ Zoot Money, The Social Deviants
09.29 Jeff Beck Group, Ten Years After

アレクサンドラ・パレスでのピンク・フロイド

Michael Putland / Pink Floyd On Stage At Alexandra Palace / ©Getty Images

ヤル・アルバート・ホールで始まったジミ・ヘンドリクス・エクスペリエンスがヘッドライナーのパッケージ・ツアーでも、バレットはまともに演奏することができなかった。12月2日にこのツアーが終わったあとも彼は何度かステージに立ったが、すでに限界を超えているのは明らかだった。ジェナーはバレットをいったんバンドから切り離し、ケンブリッジから呼び寄せたデイヴィッド・ギルモアを新メンバーとして加えた4人編成で、68年をスタートさせることをバンドに了承させることになる。

●まさかの本人登場

エディ・リーダーが2002年に来日したときだったと思う。私は彼女のサポート・ギタリストとして同行していたブー・ヒュワディーンのソロ・ライヴ（南青山のマンダラ）で、バンド・セットを一緒にやったことがある。知る人ぞ知るネアアコ・バンド、ザ・バイブル出身のブーとはその数年前にも共演したことがあり、我々は〝東京バイブル〟と名乗っていた。それが楽しかったから、このときは前半はブーの弾き語り、後半は東京バイブルの再演というセットを企画したのだ。そのバンドにはピアニストがいなかったから、ブーが提供してエディがヒットさせた「ジョーク」という曲で私がピアノを弾いた。

ちょうどその曲が始まるときにエディがマンダラに到着して、ピアノの脇、つまり私のすぐ横の席に座った。慣れないピアノでイントロを弾く私はガチガチで、エディはそれを見て大笑い。終演後も「あなたがピアノを弾いたときは可笑しかったな」と楽しそうにしていた。そうしたらブーが、「今日はお嬢のご機嫌がいいみたいだから、みんなで呑みに行こう」と言い出し、エディと彼女のマネージャーも誘って青山の居酒屋に繰り出したのだ。乾杯のあと、エディは若づくりの老紳士といった風情のマネージャー氏を、バンドのメンバーに紹介した。「あたしのマネージャーのピーター・ジェナー」と。我々が椅子からズリ落ちそうになりながら“Are you Peter Jenner of Pink Floyd?”と訊くと、“I'm a Manager of Pink Floyd. You know me?”とジェナーは笑いながら答え、ヤング・ピンク・フロイドの話で異常に盛り上がった。

「シド・バレットって、やっぱりアイドルだったんですか？」と訊くと、「若いころの彼はとてもきれいだったから、ひと目で〝こいつはスターになる！〟と思ったんだ」と言うから、「じゃあロジャーは？」と追い討ちをかけると、「あいつは妙に顔が長くてボーッとしてるだろ。大丈夫かな？と思ったよ」と笑わせ、「とにかくシドの才能で世に出られたバンドだったね」と答えてくれた。

「でも、シドとロジャーとデイヴィッドはケンブリッジの学生っぽさが抜けない、ボヘミアン的なムードがあって、それがピンク・フロイドの空気感になっていたんだ。私もケンブリッジにいたことがあって、街も人も大好きだったから、彼らをスターにしたいと思い、盛り上がってきていたロンドンのポップ・カルチャーに嵌め込んでみたんだよ。けれどシドには耐えられない部分があったのかもしれない。私はデイヴィッドを加えたピンク・フロイドで新しい路線をつくりながら、シドをソロで売る策を考えたんだが、そんなときにＥＭＩが新しいロック・レーベル、ハーヴェストをつくると言ってきて、プロデューサーとして関わることになったんだ。渡りに舟だったね。あのときハーヴェストが始動しなかったら、シドのソロを残してあげられなかったかもしれないから」と、複雑な顔をした。

マネージャーの方がみんなに受けていたことで、エディは機嫌を損ねたらしく、「いずれにしてもお爺さんの昔話ねー」なんて揶揄し始めた。こりゃマズいと思って我々は目配せし、ジェナーに質問するのをやめたのだが、のちにこのときのメンバーと、「例のあの日、シドが本当にスタジオに現れたのかどうかは、エディを差し置いても訊いておくべきだったね」という話になった。

●ギルモア加入後、最初の成果

ケンブリッジで結成したジョーカーズ・ワイルドというバンドで、65年に片面だけの10インチ盤を50枚だけつくったことがあったデイヴィッド・ギルモアは、パッとしないパブ・ロックみたいなこのバンドを解散させたばかりだった。ウォーターズの誘いに乗ったのは、音楽活動の予定がなかったからだ。

68年4月にピンク・フロイドは正式にメンバー・チェンジを発表、6月28日にはセカンド・アルバム『神秘』がリリースされ、新メンバーで録音した曲が大半を占めるにもかかわらず全英9位のヒットにした。予想を超える評判を得たことで、フロイドは新たなフェイズに突入。68年の後半を新曲づくりとバンドのアンサンブル強化に充てたことで、69年2月からサントラ盤『モア』と『ウマグマ』のスタジオ・サイドをほぼ同時につくるという作業も難なくこなしていった。

新たに現場マネージャーに就任したスティーヴ・オルークのアイディアから始まった新しい音響システム〈サウンド・イン・アラウンド〉を携えた《ザ・マン・イン・アラウンド・ツアー》は、69年4月から9月末にかけて。セット・リストは『ザ・マン』『ザ・ジャーニー』と名づけられた組曲と、当時の新曲を中心に構成され、過去のナンバーや未発表曲を加えたものだった。初日の4月14日、ロンドンのロイヤル・アルバート・ホールは《オーグジマインズの集合装置》と題された特別公演。客席の周りを29個のスピーカーで囲む、サラウンド・システムのはしりとも言える音響が大きな話題となり、ピンク・フロイドが考える〝プログレッシヴ・ロック〟がひとつの形になった。

ちなみに『ザ・ジャーニー』の中の1曲が『ジ・アーリー・イヤーズ』に'The Labyrinths of Auximines'として収録されているが（『神秘』収録の「光を求めて」のインスト部分）、当時のポスターでは〝The Massed Gadgets of Auximenes – More Furious Madness from Pink Floyd〟となっていて、〝オーグジマインズ〟の綴りには揺れがある。ネットでも散見される'Auximines'はラテン語で「ヘルプ」、フロイドのフェイスブックにある'Auximenes'はギリシャ語で「増加」を意味するらしい。どちらでも意味が通る気がするけれど、『ピンク・フロイドによるさらに猛烈な狂気』というサブ・タイトルを汲んで、本書では'Auximines'を採用している。

英国内では大学をまわり、ドイツやオランダにも足を伸ばしたため、全会場で〈サウンド・イン・アラウンド〉が実現できたわけではなかったようだが、『ウマグマ』のAB面となったライヴは新体制での最初の成果と言えるだろう。それは、ハーヴェスト・レーベル全体をプロデュースするようになったジェナーと、現場を仕切るオルークという裏方の二枚看板も功を奏してのことだったと思う。

JOKERS WILD

Regent Sound：RSLP 0027
［Promo Only 10inch One Side LP］
1. Why Do Fools Fall In Love
2. Walk Like A Man
3. Don't Ask Me
4. Big Girls Don't Cry
5. Beautiful Delilah
制作：1965年

GAB Archive / Photo of Roger WATERS and PINK FLOYD and Rick WRIGHT and David GILMOUR and Nick MASON / ©Getty Images

戦前ブルーズのノイズから見え隠れする過去と未来の交差点

●小川真一

ピンク・フロイドの名前の由来は…もう誰もが聞き飽きた話だと思うが、あえて書いておこう。シド・バレットのお気に入りであった二人のブルーズマン、ピンク・アンダーソンとフロイド・カウンシルの名前をとってピンク・フロイドと名付けられた。

このことはさまざまな本に書かれているが、これ以上の追記はない。二人がどのような位置にいたブルーズマンだったのか、どんな音楽を演っていたのか、シド・バレッドはどこで彼らの音楽を知ったのか。これらについて解説されることは皆無に近い。

ピンク・アンダーソンもフロイド・カウンシルも、決して有名なブルーズマンではない。74年に中村とうよう監修による、日本で初めてのブルーズ人名辞典が出されたが（増刊『ブルースのすべて』ニューミュージック・マガジン社刊に収録）、かろうじてピンク・アンダーソンの名前はあるものの、フロイド・カウンシルの項はなく、ブラインド・ボーイ・フラーのところに名前だけが登場する。もし聞いておくべきブルーズマンに順位をつけるとしたら、二人とも３００位以下になるだろうか。

ピンク・アンダーソンは、サウス・キャロライナ州のローレンス出身で１９００年に生まれている。本名はピンクニー・アンダーソン。少年時代からドクター・ＷＲ・カーのメディシン・ショウに加わり、約40年間の長さに渡り南部一帯を巡業して回った。その演奏スタイルは、ロバート・ジョンソンなどのシリアスなデルタ・ブルーズとは異なり、エンターテインメント性が濃くソングスター（黒人民謡歌手）の要素が強い。戦前の録音は極端に少なく、シミー・ドゥーリーとコンビを組んでコロムビア・レーベルにSP盤を2枚（4曲）残したのみだ。その中の‘C.C.& O.Blues’は、ソーラ・バーチとスカーレット・ヨハンソンが主演し、テリー・ツワイゴフが監督した映画「ゴーストワールド」の中で使われていた。

　フロイド・カウンシルも同じように有名ではない。1911年、サウス・キャロライナ州のチャペルヒルの生まれ。ディッパー・ボーイ・カウンシルもしくはブラインド・ボーイ・フラーズ・バディの名前で、SP盤を数枚出しているが、ほとんどはブラインド・ボーイ・フラーの伴奏者（セカンド・ギター）としてクレジットされることが多い。

　サウス・キャロライナ州周辺のブルーズマンは、このブラインド・ボーイ・フラーに代表されるような、フィンガー・ピッキングによる軽快なラグタイム・チューンを得意としていた。ピンク・アンダーソンとフロイド・カウンシルも、その影響下にあったと言っていいだろう。

　アメリカの東海岸に位置するこれらのブルーズは、かつてはイースト・コースト・ブルーズと呼ばれたが、その地名からとってピードモント・ブルーズと言われることがある。このピードモント・ブルーズの代表格が、ブラインド・ボーイ・フラーであり、ライ・クーダーやレオン・レッドボーンのアイドルのひとり、ブランド・ブレイクであり、ボブ・ディランの曲名にもなっているブラインド・ウィリー・マクテルなのだ。

　ビッグ・ネームはさておき、ピンク・アンダーソンやフロイド・カウンシルの名前を、シド・バレッドはどこで知ったのだろうか。よほどマニアックに戦前ブルーズのコンピレイションを追っていかないと、見つけることのできないミュージシャンのはずだ。それは60年代の英国では、なおさらのことであったと思う。

　ではこの辺りで答えを書いておこう。シド・バレッドは、62年にリリースされた、ブラインド・ボーイ・フラーの編集盤『カントリー・ブルーズ　1935―1940』のライナーの中で、ピンク・アンダーソンとフロイド・カウンシルの名前を発見したのだ。

　高名な建築史家であり、ブルーズとゴスペルのよき理解者である、名著「ブルースの歴史」を著したポール・オリヴァーはアルバムの解説の中でこう語っている。

「ピンク・アンダーソンもしくはフロイド・カウンシル、かれらは、ピードモントのなだらかな丘で、あるいは森の谷間を蛇行する小川の脇で、わたしが聞くことのできたブルーズ・シンガーの中の数人であった」

実に詩的な表現だが、これが英国人の教養なのだ。

この一節に、シドは魂を揺り動かされ、大いなるインスピレイションを受けたのだった。

こうなれば、ピンク・アンダーソンやフロイド・カウンシルがどんな音楽をやっていようと関係ない。しかしシドは、やはり彼らのアルバムも聞いたと思う。ピンク・アンダーソンは戦後再発見され、米リバーサイドやブルーズヴィルといったレーベルに新録音を残している。ライ・クーダーは、その戦後の録音の中から「アイ・ガット・マイン」を76年のアルバム『チキン・スキン・ミュージック』の中でカヴァーした。

ピンク・フロイドと名付けたシド・バレッドの話には、もうひとつのオチがある。米国イースト・コーストのブルーズであるピードモントと、イングランド東部のケンブリッジとをなぞらえて考えついたとも言われている。そして、ノーフォーク地方の釣り人の隠語で「ピンク・フロイド」が「鯨のペニス」を意味することも、彼は判っていたのではないだろうか。シド・バレッドの伝記を書いたジュリアン・パラシオスの本の中で知った話だ。

✶

英国の特殊なブルーズ事情について、少しだけ書いておこう。当然のようにブルーズはアメリカ生まれの音楽なのだが、古くから英国でも根強いファンが多い。先に挙げた歴史的名著「ブルースの歴史」を書いたポール・オリヴァーはノッティンガム生まれの英国紳士。本業の建築史でも多くの功績をあげているが、ブルーズやゴスペルに関する著作で絶対的な信頼を獲得している。

もうひとり、英国のブルーズ研究家として高名なのが、

PINK ANDERSON

C.C. & O. BLUES
Columbia：14400-D［SP］
発売：1928年

FLOYD "DIPPER BOY" COUNCIL

RUNAWAY MAN BLUES
Melotone：7-06-57［SP］
発売：1937年

BLIND BOY FULLER

COUNTRY BLUES 1935 - 1940
Philips：BBL-7512
発売：1962年

VARIOUS ARTISTS

AUTHENTIC R&B
Stateside：SL10068
発売：1963年

マイク・リードビターだ。42年生まれで、10代の頃からブルーズやリズム&ブルーズのレコードを買い漁り、62年に、友人のサイモン・ネイピアと共にブルーズ・アプレシエーション・ソサエティを結成。翌年から、ブルーズ専門の音楽誌「ブルーズ・アンリミテッド」を月刊で発行する。まだブルーズの情報が少なかった時代、本国だけでなくアメリカでも、その存在が重宝された。

リードビターは74年に若くして亡くなってしまうのだが、その遺志は引き継がれ、63年の創刊以来１４９冊が発行された。彼のもうひとつの功績が、ブルーズのディスコグラフィー本を作ったこと。まだウィキペディアもディスコグスも、ネットすらない時代。先駆となる資料も皆無で、すべて現物をあたっていくという膨大な作業で作り上げていった。その分厚い“Blues Records 1943-1966”は、ブルーズ愛好家にとっては正真正銘のバイブル。数年おきにアップデイトされ、世界で最も信頼のおけるディスコグラフィーとなっているのだ。

こうした背景をもちながら、ブリティッシュ・ブルーズは発展していったと言っていいだろう。それゆえに英国のブルーズの黎明期をみていくと、意外なカヴァー曲に出くわすことがある。

先日亡くなったジェフ・ベックは、ヤードバーズ加入前の63年に、チズウィック周辺で活動していたザ・トライデントに参加する。このバンドは、ジミー・リードやエクセロ・レーベル系のブルーズを専門に演奏するグループだったという。当時、英国でエクセロ系のブルーズを聞くことが出来たのかと疑問に思うのだが、実際に残された音源を聞いてみると、ジミー・リードやスリム・ハーポのようなレイジーな響きがあり、ベックのギターもロバート・ナイトホークからの影響がうかがえる。

実は、63年に『オーセンティックＲ＆Ｂ』のタイトルで、レイジー・レスター、ライトニン・スリム、サイラス・ホーガン、ウィスパリング・スリムなど、エクセロ系のブルーズばかりを集めたコンピレイションがＥＭＩ系のステートサイド・レーベルからリリースされているのだ。これが英国の恐ろしいところ。日本でこのあたりの音源が発売されたのは、10年以上も後になってからなのだ。

ジェフ・ベックも、ミック・ジャガーやキース・リチャーズも、そしてシド・バレットも、この『オーセンティックＲ＆Ｂ』を貪るように聞いたと思う。スリム・ハーポの「アイム・ア・キング・ビー」は、このアルバムに収められているのだ。

ピンク・フロイドの、正確に言えばティーセットと呼ばれていた時代になるのだが、かれらのブルーズ・ルーツがもっとも明確に表れているのが、2015年にリリースされたEP『1965：ザ・ファースト・レコーディングス』だ。参加メンバーは、シド・バレット、ラド（ボブ）・クローズ、ロジャー・ウォーターズ、リチャード・ライト、ニック・メイスンで、64年のクリスマスの頃に録音されたものだ。この中で「アイム・ア・キング・ビー」が演奏されている。

すでにスペイシーな要素が加わり、サイケデリックに調理された演奏だ、と言われているが、オリジナルのスリム・ハーポとしっかり聞き比べていただきたい。ブルーズのフォーマットから洒脱したリズム、1拍目を強調したベース・ライン、およそブルーズらしからぬギター・ソロと、よく聞けばスリム・ハーポのオリジナル自体がスペイシーであって、ピンク・フロイドはかなり忠実にそれを再現していると言ってもいいのだ。

注目したいのは「ダブル・オー・ボー」だ。シド・バレットのオリジナル曲となっているが、どう聞いてもボ・ディドリーのイミテーション。ギターのソロまで、彼のスタイルをなぞっている。ボ・ディドリーはシドのアイドルの一人であり、彼のグレッチとそっくりのヘフナー社製のホロー・ボディーのギターを使っていたほどだ。

✶

シド・バレットがさまざまな音楽と出会えた要因のひとつに、マイク・レナードの存在がある。レナードは、ロジャー・ウォーターズ、ニック・メイスンが共同生活していた下宿の家主であり、ピンク・フロイドのステージにライト・ショーや音響システムを持ち込んだ張本人だ。ここにシ

PINK ANDERSON

VOL.2 – MEDICINE SHOW MAN
Prestige Bluesville：BV 1051
発売：1962年

MA RAINEY

PROVE IT ON ME BLUES
Paramount：12668［SP］
発売：1928年

SARA MARTIN & HER JUG BAND

JUG BAND BLUES
Okeh：8166［SP］
発売：1925年

MOJO PRESENTS 15 MIND-BENDING FREAK-OUTS!

IN SEARCH OF SYD
Mojo Magazine：October 2007［CD］
発売：2007年

ド・バレットも入り浸っていたのだが、部屋にはブラッサイの写真集やスフィアの神秘主義に関する書物、インドのタブラ、ガムランで使う鉄琴、アフリカのカリンバなどが所狭しと置かれていた。さらに驚くことに、マイク・レナードは78回転のSPレコードのコレクターでもあったのだ。

このマイク・レナードの書斎から生まれた曲がある。それがピンク・フロイドのデビュー・シングルとなった「アーノルド・レイン」だということは、あまり知られていない。この曲は女性の下着を盗む変質者が主人公だったために物議を醸したのだが、このモチーフは、レナードの家のSP盤で聞いた、マ・レイニーが28年に吹き込んだ「プローヴ・イット・オン・ミー・ブルーズ」が下敷きになっているというのだ。戦前の女性ブルーズ・シンガーが歌ったこの曲は、女装趣味をモチーフにした曲。メロディや歌詞などに類似点は無いものの、何らかのヒントをシドは受けたのではないだろうか。

もう1曲、24年に録音されたサラ・マーティン・アンド・ハー・ジャグ・バンドの「ジャグ・バンド・ブルーズ」も、マイク・レナードの書斎で聞き、よく口ずさんでいた曲であったという。ここでやっとジャグ・バンドとシド・バレット（ピンク・フロイド）が結びつく。

ピンク・フロイドの68年のセカンド・アルバム『神秘』、シドが参加した最後の作品になるわけだが、B面の最後に収められていたのが「ジャグバンド・ブルーズ」だ。ブルーズでもジャグ・バンドでもないこの曲に、なぜこのようなタイトルが付けられたのか、まったくもって疑問だった。

ここからは仮説だ。まるで確証はない。ブルーズやリズム&ブルーズの熱烈な愛好者でありながら、そこから離反する音楽を作り上げようとしたのが、シド・バレットのピンク・フロイドにおける役割であったと思う。ドラッグの過剰摂取によって、その立ち位置も曖昧なものとなっていく。バンド内での疎外感が、また彼を薬物に走らせたのかもしれない。シドの最後の足掻きが、この曲のタイトルにあるように思う。彼にしか見えない世界が、そこに広がっていたのだ。

ロマン主義者であり破壊者であり、懐古趣味と懐疑主義とが複雑に交錯するシド・バレットは、過去と未来の交差点の上に立っていた。ジャグ・バンドという最後の楽園で、彼は何を夢見ていたのか。

「夢ってなに?ジョークっていったい何なの?」

こうつぶやきながら、彼はアルチュール・ランボーのように散っていった。

Chapter 2

1967-1970
Syd Barrett Age

Koji Wakui
Jiro Mori

ピンク・フロイドは本当に、ロンドンのアンダーグラウンド・シーンにいたのか？

●和久井光司

この章ではまず、シド・バレットが「ロンドン・アンダーグラウンド・シーンのカリスマ」に祀りあげられてしまったことに当人が覚えた〝違和感〟を想像していただくために、根っからアンダーグラウンドなふたりの怪人、ミック・ファレン（1943・9・3－2013・7・27）と、トウィンク（1944・11・29－：スティーヴ・ハウがいたトゥモロウや、ザ・プリティ・シングスのドラマーとしても知られる）の活動に言及しておきたい。

私は04年11月28日に、秋葉原のルノアールでミック・ファレンにインタヴューしたことがある。ザ・デヴィアンツのオリジナル・アルバム3枚の紙ジャケ化と、再結成デヴィアンツの最新作『ドクター・クロウ』の日本発売（いずれもキャプテン・トリップから）に合わせたジャパン・ツアーのときで、2回の東京公演は、日本人バンドをバックにデヴィアンツのナンバーを聴かせるショウ（高円寺・UFOクラブ）と、アコースティックなポエトリー・リーディング（渋谷・青い部屋）の二本立てだった。80年代からデヴィアンツやファレンのソロ作を聴いていた私は、60年代のフランク・ザッパ&マザーズがテキサスのガレージ・サイケ（13thフロア・エレヴェイターズやレッド・クレイヨラ）に接近したようなサウンドを目指した、ある種〝パンクな人〟を想像していたのだが、歳をとったから丸くなったとも思えない〝知性を感じさせる紳士〟で、多くの著作があるのが頷けた。まずはそのときのインタヴューを再構成したものを読んでいただこう。

——あなたは62年ごろからビート・バンドをやっていたそうですが、それがデヴィアンツになるのを考えると、ギンズバーグやケルアックらビートニクの作家からの影響は非常に大きかったのではないかと思うんですが…。

「そうだね。最初はビート・バンドというよりスキッフル・グループみたいなものだったんだけど、ボブ・ディランが出てきたときに、ビートニク的な表現とロックの融合を考えるようになったんだ。ディランは最初はフォークだったから詩を聴かせることができたわけだけど、私はザ・フーみたいなラウドなロックとビートっぽい詩を一緒にしようと思っていたから大変だった。PAなんてない時代だったからね」

——ロンドンではピート・ブラウンが早くからポエトリー・リーディングをやっていたそうですね。

「私がピートと知り合ったのは67年だから、それ以前のことはよく知らない。彼はすでに〝クリームの作詞家〟として有名だったんだけど、自分のバンドでは英国的な音を出してた。私はアメリカ指向が強かったから、同じようにビートニクから始まってもずいぶん違う表現になるものだなって思ってたんだ。よく比較されたけどね」

——デヴィアンツのファースト・アルバムはバリー・マイルズが創刊したアンダーグラウンド・マガジン〝IT〟の流通に乗って市場に出ましたよね。張本人であるマイルズとは親しかったんですか？

「うん。バリーは親友だよ。彼がやっていたインディカ・ブックスとギャラリーはロンドンのアンダーグラウンド・カルチャーの発信基地だった。そこにはビートルズやストーンズのミックとキース、ピート・タウンゼンドなんかも出入りしてて、上のアパートにはウィリアム・バロウズが住んでた。だからインディカはまさに交流の場でね、あそ

THE DEVIANTS

Ptooff!
Underground Impresarios：IMP 1
発売：1968年

THE DEVIANTS

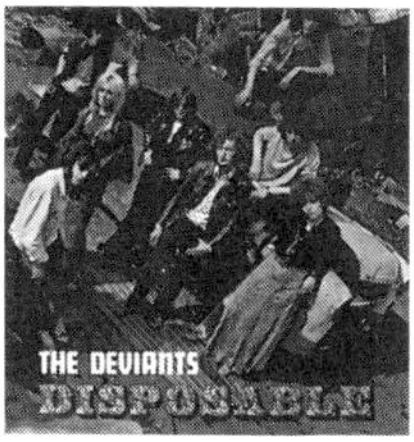

Disposable
Stable：SLP 7001
発売：1968年

THE DEVIANTS

The Deviants
Transatlantic：TRA 204
発売：1969年

TWINK

Think Pink
Polydor：2343 032
発売：1970年

こからいろいろなことが始まったんだ」

――60年代は究極のアングラ・バンドだったデヴィアンツも、時が経ったら受け入れられたわけですが…。

「バンドなんてもともとポップなものだからさ、私だってコマーシャリズムに乗って女の娘にキャーキャー言われたいって気持ちがなかったわけじゃない（笑）。ポップなのがいけないとは思ってなかったし、フィル・スペクターもフランク・ザッパも私の中では同じようにポップなんだ。ただ、デヴィアンツみたいなバンドは他にMC5とストゥージズぐらいしかなかったから、当時は〝アタマがおかしい連中〟として括られて、インクレディブル・ストリング・バンドを聴いてるようなヒッピーには敬遠された。解散して10年ぐらい経って再評価され始めたころ、ファースト・アルバムを録ってくれたガイ・スティーヴンスにあるクラブで偶然会ったんだけど、そのとき〝いまクラッシュをプロデュースしてる〟って言うんで驚いた覚えがあるよ。デヴィアンツはガイに古いR&Bやブルー・ビートのレコードをさんざん聴かされて、その有意義な活用法を教わったんだけど、パンクの時代になると、それが大衆にもすんなり受け入れられるものになってたわけだ。10年の間に〝ポップ〟の感覚が変化した証拠だよね」

――インディー盤としては異例のヒットとなったデヴィアンツのファースト・アルバムは2年もしないうちに英米のメジャー・カンパニーから再発されましたよね。

「まずアメリカのサイアーが発売したいと言ってきて、そのあいだに、最初は交渉役としてデッカが入ったんだ。それで英国でも再発されることになったんだけど、デッカ盤はアートワークがダメだね。印税？ 当時は金のことより〝いかに革命を起こすか〟ってことばかり考えてた（笑）。でも、たしかデッカから入った金で、『モナ』と、トウィンクの『シンク・ピンク』がつくれたんだと思う」

――文筆業はいつごろからですか？

「〝IT〟とかに書いたのが最初で、デヴィアンツがライヴをやらなくなってから仕事にするようになった。ピンク・フェアリーズやホークウインドなんかに歌詞を提供しながら文筆業にシフトしていったんだ。私は74年にNMEで働き始めて、60年代のガレージ・ロックやパンクについての記事を書くようになった。そのころになると、もうアンダーグラウンド・カルチャーがなくなってたから、私が音楽新聞にその辺のことを書けば、60年代からの流れを後世に伝えられるんじゃないかと思ったわけだよ」

――本はずいぶん沢山出していらっしゃるようですが、どういう作品が多いんでしょう？

「まず、小説が22冊ある。バロウズの要素も入ってるようなブッ飛んだSFばかりでね、90年代の作品の中にはヴァンパイアの視点で描いたものもあるんだ。私の歌はSF小説の予告編みたいなのも多いから、音楽作品ともリンクしてるんだよ。小説とは別に詩集も出してるし、プレスリーとかジーン・ヴィンセントの評論もある。珍しいところでは革ジャンの本なんかも書いてるし、02年には〝Give The Anarchist A Cigarette〟って自伝も出版したんだ」

（以下、未発表部分）

――UFOクラブではフロイドと交流があったんですか？

「ほとんどなかったよ。彼らは当時のトレンドだったアンダーグラウンド・カルチャーを利用しただけなんじゃないかな。マネージメントの策略だったはずだよ。いずれにしてもUFOクラブには我々なんかは相手にしないような業界人が絡んでたんだ。〝実験の場〟ではあったけど、あそこにロンドンのアンダーグラウンド・シーンがあったかって訊かれたら、複雑な答えをせざるをえないな」


多くの本に書いてあることと温度差があるのが判るはずだ。音的にも、ファレンを除くデヴィアンツの残党とトウィンクが合体したピンク・フェアリーズのファーストまででサイケは死滅し、〝アンダーグラウンド〟という在り方が復活するのもパンク以降のこと。その後、サイケのリモデルにひとり熱心なのは、（日本ではまったく無名の）ベヴィス・フロンドBevis Frondというバンドを率いるニック・サロモンだけで、彼がトウィンクとつくったアルバムは大傑作だ。サロモンはイースト・サセックスでPlatform One Recordsという中古盤屋もやっている正真正銘のサイケ・オタク。バレット好きは必聴の、現代の怪人である。

MICK FARREN

Mona – The Carnivorous Circus
Transatlantic：TRA 212
発売：1970年

PINK FAIRIES

Never Never Land
Polydor：2383 045
発売：1971年

BEVIS AND TWINK

Magic Eye
Woronzow：WOO 13
発売：1990年

ミック・ファレン
赤川夕起子・訳

アナキストに煙草を
メディア総合研究所
発売：2009年

PINK FLOYD
The Piper At The Gates Of Dawn
夜明けの口笛吹き

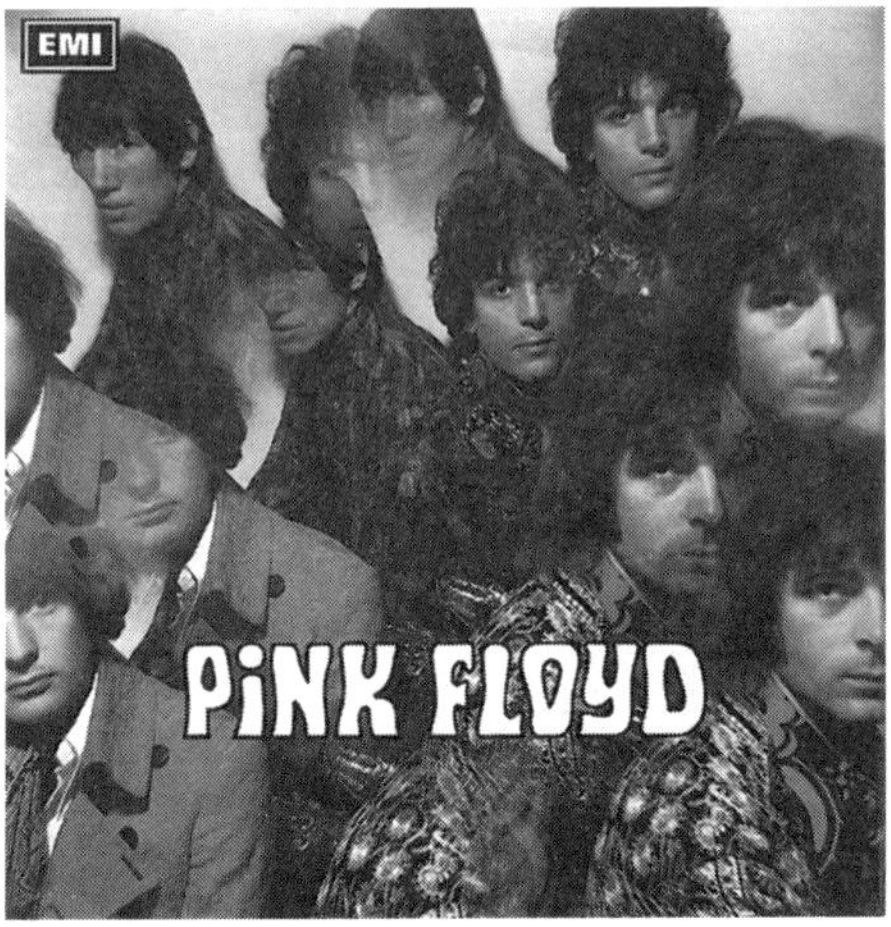

EMI Columbia：SX 6157 (mono)／SCX 6157 (stereo)
録音：1967年 2 月21日～ 5 月21日
発売：1967年 8 月 5 日
［A］1. Astronomy Domine / 2. Lucifer Sam / 3. Matilda Mother / 4. Flaming / 5. Pow R. Toc H / 6. Take Up Thy Stethoscope And Walk
［B］1. Interstellar Overdrive / 2. The Gnome / 3. Chapter 24 / 4. The Scarecrow / 5. Bike
プロデューサー：Norman Smith

米・Tower：T 5093 (mono)／ST 5093 (stereo)
発売：1967年10月21日
［A］1. See Emily Play / 2. Pow R. Roch / 3. Take Up My Stethoscope And Walk / 4. Lucifer Sam / 5. Matilda Mother
［B］1. The Scarecrow / 2. The Gnome / 3. Chappter 24 / 4. Interstellar Overdrive

40th Anniversary Deluxe Edition CD

EMI：50999 5 03919 2 9
発売：2007年 9 月11日
［1］The Piper At The Gates Of Dawn (Mono)
［2］The Piper At The Gates Of Dawn (Stereo)
［3］Bonus Tracks:
1. Arnold Layne / 2. Candy and a Currant Bun / 3. See Emily Play / 4. Apples and Oranges / 5. Paintbox / 6. Interstellar Overdrive (French Edit) / 7. Apples and Oranges (Stereo Version) / 8. Matilda Mother (Alternative Version) / 9. Interstellar Overdrive (Take 6)

67年3月リリースのデビュー・シングル「アーノルド・レイン／キャンディ・アンド・ザ・カレント・バン」を全英20位、6月の「シー・エミリー・プレイ／ザ・スケアクロウ」を6位のヒットにして、〝『サージェント・ペパーズ』の夏〟に最もふさわしい新人として注目されたピンク・フロイドのファースト・アルバムが話題にならないわけがなく、全英6位まで上がるヒットになった。ルックスのいいシド・バレットがアイドル的な人気を得たことと、スウィンギン・ロンドンを象徴するようなサイケ・ポップ路線が瞬間的に受けただけと言ってもいい。ゆえに英国では、このアルバムだけを当時の〝ロンドン・アンダーグラウンドの台頭を物語る名作〟として、のちのフロイドとは切り離して評価する輩も少なくないのだ。アメリカでは3か月遅れでリリースされたが、それほど売れなかったため、「シー・エミリー・プレイ」で始まる曲順違いが英国盤よりバンドの実態を伝えていると言ってもいい米・タワー盤は現在では珍重されている。

英国盤に準じれば全11曲中9曲がバレット作、メンバーの合作の「パウ・R・トック・H」と「インターステラー・オーヴァードライヴ」はミュージック・コンクレートを意識したインスト曲だから、誰もがこれはバレットのワンマン・バンドと思ったことだろう。この段階ではロジャー・ウォーターズとニック・メイスンのリズム・セクションも、リック・ライトのキーボードも、バレットのヴォーカルとギターを盛り立てるものでしかないという印象だ。そういう意味では、同時期にデビューしたトラフィックの方が存在としても音楽的な面でも将来を嘱望されていたし、シングル・ヒットという面ではトラフィックにまるで敵わなかった。実際、スティーヴ・ウィンウッド、デイヴ・メイスン、ジム・キャパルディというソングライターを擁したトラフィックは引き出しが多かったし、このアルバムのピンク・フロイドほど奇をてらった感じでもない。しかし、サイケ・ポップを鮮やかに提示しながらも曲はオーソドックスだったトラフィックとは違って、フロイドはそれまでのロックとは異質の〝オルタナティヴ感〟を醸し出している。〝アンダーグラウンドな匂い〟を放っている。「シー・エミリー・プレイ」はヒットしたのがあとで聴いても理解できるポップ・チューンだが、アルバムとしては、『原子心母』『おせっかい』『狂気』でファンになったリスナーにはハードルが高いものであった。とくに70年代の日本では、UFOクラブを拠点にしたロンドン・アンダーグラウンド・シーンのことなどほとんど語られていなかったのだから、67年夏の時点でのこのアルバムの威力をリアルに摑めるわけがなかったのである。

だから私は、「バレット時代のフロイドはなぁ……」と言うファンの、「……」に込めた想いの方が正直な感想なんだと思う。初めに置かれたコマだから当たり前のように語られてきたが、シド・バレットの存在はむしろ〝異端〟であり、4人組のバンドとして再スタートしたピンク・フロイドにとっては、切っても切っても消えてくれない癌細胞のようなものだったんじゃないだろうか。

アルバム・タイトルは、スコットフンド出身の小説家ケネス・グレアムが1908年に発表した児童文学の名作『たのしい川べ（The Wind In The Willows）』からの引用で、歌詞には古代中国の『易経』や、『ユリシーズ』などジェイムズ・ジョイスの小説、J.R.R.トルーキンの『指輪物語』にインスパイアされたと思しき箇所が見られる。バレットの文学趣味を受け継いだウォーターズがバンドのコンセプト・メイカーとなっていったのは、〝フィクションを描くバンド〟という結成時の想定を残すためではなかったろうか。

和久井

PINK FLOYD
A Saucerful of Secrets
神秘

EMI Columbia：SX 6258 (mono)／SCX 6258 (stereo)
録音：1967年８月７日〜1968年５月３日
発売：1968年６月28日

［A］
1. Let There Be More Light
2. Remember A Day
3. Set The Controls For The Heart Of The Sun
4. Corporal Clegg

［B］
1. A Saucerful Of Secrets
2. See-Saw
3. Jugband Blues

プロデューサー：Norman Smith

『神秘』という邦題をつけたのは当時の東芝のディレクターだったはずだ。ア・ソーサーフル・オブ・シークレッツなんてカッコよく訳せないし、そのままじゃ売れるわけがない。「神秘的なところが実にニュー・ロックらしくて、音はバツグン。好きなんだけどなぁ……。ん？　神秘？　いーじゃん、神秘で。帯にハレハレでハッパフミフミな書き文字で、神秘／ピンク・フロイド。クゥ〜、見えたよオレには。アッと驚く為五郎ってなもんだ！」なんて具合に、ノリで決めた邦題だったはずだが、初登板となったヒプノシスによるジャケットのコンセプトともぴったり合って、〝神秘〟は日本におけるピンク・フロイドの最初のイメージとなった。

　バレットの奇行が目立つようになったのは前作リリースの前からだったらしいが、ファースト・アルバムが全英６位となったのに続く作品をつくらないなんてことが当時の音楽界で許されるはずはなかった。マネージャーのピーター・ジェナーも、ヴィジュアルを任されたヒプノシスの連中もケンブリッジの仲間であるから、〝みんなで知恵をしぼった結果〟がこのアルバムだったと見て間違いはないだろう。単なる足し算に終わらない化学反応が起きてこそバンドは売れるものだけれど、エンジニア／プロデューサーのノーマン・スミスは、カリスマがいなくなったことでチームの団結力が高まったのを感じ、ソングライターとしての自覚が芽生えたウォーターズを随分サポートしたらしい。前作のインスト2曲はスミスのエンジニアリングありきのものだったから、ギタリストとしてはバレットよりはるかにテクニックがあるデイヴィッド・ギルモアが加わったことは、裏方陣にとってはむしろ望ましかったのではないかと思う。

当初は助っ人のつもりだったはずのギルモアに、ソングライター、シンガーとしても活躍できる余白があったことも好転の要因だったのは、「リメンバー・ア・デイ（追想）」を採用されたリック・ライトがその喜びを素直に語るインタヴューが残されていることからも明らか。バレット抜きで〝新しいバンド〟をつくっていく姿がこのアルバムには刻まれているわけだが、たいていは〝過渡期の作〟と語られてしまうことと、かろうじて残ったバレットの「ジャグ・バンド・ブルーズ」のおかげで、〝奇跡的とも言える進化〟が正当な評価を得ていないのが残念でならない。

悪い言い方をすれば、ジェナーはバレットからバンドを取り上げるためにソロ・アルバムという場所を、また、音楽で稼げるようになりたかったギルモアにはふたつの大きな仕事（フロイドとバレットのソロ）を与えたのだから、彼の采配は「実にA&Rマンらしかった」と言うべきだろう。

バンドの未来を決めたのは、ウォーターズが書いた「レット・ゼアー・ビー・モア・ザ・ライト（光を求めて）」と「セット・ザ・コントロール・フォー・ザ・ハート・オブ・ザ・サン（太陽讃歌）」に他ならないし、新メンバー4人の共作とクレジットされたタイトル曲「神秘」が前作のサイケなインスト曲とは異なる〝プログレッシヴ・ロック〟を感じさせるものになったのも画期的な進化だった。4つのパートをドラマティックにつなげた「神秘」からはストーリーがヴィジョンになっているのが窺える。フランク・ザッパが映画のサントラを空想しながら曲をつくることが参考になったのかもしれないが、後半のオルガンとメロトロンを中心とする展開は、第二次世界大戦の映像を思い出させるのだ。映画作家は「バンドでこれをやってくれるなら」と思うだろうし、実際、サントラ仕事が次々と舞い込むようになった。新しいタイプの映画にニュー・ロックやプログレが似合った時代ではあったけれど、フロイドは格別という気がする。　**和久井**

PINK FLOYD
Soundtrack From The Film “More”
モア（幻想の中に）

EMI Columbia：SCX 6346
録音：1969年１月〜２月
発売：1969年６月13日
［A］
1. Cirrus Minor
2. The Nile Song
3. Crying Song
4. Up The Khyber
5. Green Is The Colour
6. Cymbaline
7. Party Sequence

［B］
1. Main Theme
2. Ibiza Bar
3. More Blues
4. Quicksilver
5. A Spanish Piece
6. Dramatic Theme

プロデューサー：Pink Floyd

More／モア

日・ブロードウェイ：BWD-00640R［DVD］

〝シド・バレットのバンド〟ではなくなった『神秘』が全英9位まで上がったことは、新生フロイド・チームにとって大きな自信になったと思う。そこに追い討ちをかけたのが、映画本体よりも話題になったこのサントラ盤だった。

ハリウッドで制作したミッキー・ロークとフェイ・ダナウェイ主演の『バーフライ』（87年）で注目され、その後『運命の逆転』『ルームメイト』『死の接吻』などをヒットさせるバーベット・シュローダー（仏語読みではシュローデル）の監督デビュー作が『モア』だった。シュローダーは41年8月にイランのテヘランで生まれたフランス国籍のスイス人。ヌーヴェルヴァーグ運動に加担した映画批評誌『カイエ・デュ・シネマ』で健筆をふるいながら、62年、41歳のエリック・ロメールと映画制作会社「フィルム・デュ・ロザンジュ」を設立。ジャン＝リュック・ゴダールの助監督を務めたあと、映画監督として独立したのである。

セックスとドラッグをカウンター・カルチャーの象徴とし

て描いた映画は、69年5月31日にカンヌ映画祭でプレミア上映、8月4日にフランスで公開されたが、酷評されたため、カルト作品として語られるようになった。日本ではピンク・フロイドの名前に便乗する形で71年2月20日に公開。主演のミムジー・ファーマーがセックスやドラッグに溺れるようには見えない知的な顔をしているからか、本国での評判を覆すマイナー・ヒットとなったのだ。配給の東和がつくった最高にカッコいいイメージ・ポスターを中3の私は映画ショップで買ってきて、自室の壁に貼っていたのだけれど、家の建て替えのときに無断でオフクロに剝がされてしまった。近年、探しているのだが、公式ポスターよりもレアだからか、まったく市場に出てこない。

シュローダーにサントラを依頼されたフロイドは、ちょうど『ウマグマ』を制作中だった。締め切りまでわずかな時間しかなかったうえ、アビイ・ロードは映像と音楽を同期させるフレーム・カウンターを持っていなかったため、『ウマグマ』のセッションを終えたあと、夜中にパイ・スタジオに向かい、朝までレコーディングしたそうだ。69年2月3日から7日の5日間で録音されたアルバムとは思えない充実ぶりとなったのは、ウォーターズ、ライト、メイスンにギルモアという4人体制が板についてきた証拠で、ギルモアのギターが前作よりもはるかに大きな比重を占めている。

ウォーターズは「サイラス・マナー」「ナイルの歌」「嘆きの歌」「グリーン・イズ・ザ・カラー」「シンバライン」を提供してアルバムの骨格を決め、他の3人がそれに呼応している感じだが、ギルモアが単独で書いた「スペイン風小曲」を提供していることから、この時期のバンド内のパワー・バランスがわかる。『ウマグマ』と同時でなければライトとメイスンがもう少し曲づくりにも貢献したはずだが、ソングライターとして反応したのはギルモアだけだったのが窺えるのだ。

そういう意味では、ピンク・フロイドの黄金時代を決める制作体制の第一歩とも言える重要作。サントラだからと侮ってはいけない。個人的には、どう聴いても全体を貫くコンセプトが見えてこない『ウマグマ』よりも、はるかに好きなアルバムだったりする。映画がまったく当たらなかった英国でアルバム・チャート9位まで上がったのだから、ピンク・フロイドの人気は本物、と印象づけたことだろう。

ヒプノシスによるジャケットは、シュローダーから与えられたスティール写真を（おそらく仕方なく）加工しただけの〝らしくない〟ものだが、なんとか〝『神秘』に続くフロイドのアルバム〟に見せようとしたことは評価したい。ＣＤサイズになると悲しいデザインだけどね。

和久井

PINK FLOYD
Ummagumma
ウマグマ

Harvest：SHDW 1/2
録音：(ライヴ)1969年４月27日、５月２日
発売：1969年10月25日
Live Album
［A］
1. Astronomy Domine
2. Careful With That Axe Eugene
［B］
1. Set The Controls For The Heart Of The Sun
2. A Saucerful Of Secrets
Studio Album
［C］
1. Sysyphus: Part 1-4 (Richard Wright)
2. Grantchester Meadows (Roger Waters)
3. Several Species Of Small Furry Animals Gathered Together In A Cave And Grooving With A Pict (Roger Waters)
［D］
1. The Narrow Way: Part 1-3 (David Gilmour)
2. The Grand Vizier's Garden Party (Nick Mason)
Part 1 - Entrance
Part 2 - Entertainment
Part 3 - Exit

プロデューサー：Pink Floyd (Live), Norman Smith (Studio)

69年4月4月14日から9月28日にかけて行われた英国を中心とする（ドイツ、オランダを含む）ツアーは《ザ・マン・アンド・ザ・ジャーニー・ツアー》と名づけられた。グループの顔となるスターがいないにもかかわらず、英国ロックの先頭集団に躍り出てしまったのだから、〝それにふさわしいスケール〟を世間にアピールしないわけにはいかなくなったのだろう。多くの書籍やこれまでのライナーノーツでは、それが〝バンド発信〟であったように書かれているが、ミュージシャンが語る夢物語を実現してくれるマネージメントやレコード会社など皆無に等しい。この年のフロイドは〈３６０度サウンド・システム〉を提唱し、マルチ・トラック・レコーディングが当たり前となったスタジオ環境を、ライヴ会場のＰＡシステムに移行させる〝音のパイオニア〟であることを売りにした。それはおそらくピーター・ジェナーとＥＭＩによる〝仕掛け〟だったはずで、それらしいアルバムとツアーを〝スタッフ・サイド〟から要求された〟と見るべき。

〈サウンド・イン・アラウンド〉と呼ばれていたそのＰＡシステムは、客席を囲むように29個のスピーカーを設置し、現在のサラウンドのような音響でコンサートを聴かせようというものだった。ＰＡがようやく普及し始めた時代に、その先を行く展開を考えたのはエライが、本作の裏ジャケに並べられた楽器と、前代未聞のＰＡ機材を持ってまわるツアーはマネージメントやレコード会社による先行投資がなければ実現しようがない。何か所かのスタジアム・ツアーならわかるが、69年の英国ツアーは大学のキャンパスが中心だったのだから、採算は度外視だったということだろう。

ライヴとスタジオの2枚組で、スタジオ盤は各面にふたりのリーダー曲を収録。同時期に録音された『モア』で、サントラとは思えないオリジナリティを見せつけたバンドに、音響的な目標以外は見えてこないバラバラのレコーディングをさせたのは、４人でつくるライヴの整合性を分解することで〝ピンク・フロイドというバンドの成り立ち方をドキュメントする〟ためだったのかもしれない。ＥＭＩ傘下に新たに設立された〝プログレッシヴ・ロックのためのレーベル〟ハーヴェストの第一弾アルバムという立場が、ストーリーよりも〝具体的な音〟を必要とさせた、とも言えるはずだ。

そういう意味では、当時相次いだロック・バンドとオーケストラとの共演盤や、テクニックを抜きには考えられないジャズ・ロックよりも、プログレッシヴの度合いが〝真性〟だったりする。ミュージック・コンクレートは現代音楽の分野では大いにありだったが、ポップ・チャートの上位にアルバムを送り込むバンドが本作のスタジオ盤のようなことをやった例はない。この手でもそこそこ売れるフランク・ザッパはいたが、英国で『ホット・ラッツ』が9位になるのは約4か月後のことだ。つまり本作は、圧倒的な革新性に満ちた2枚組だったわけで、英5位、米74位という成績はあっぱれ。

ライヴは、ツアー初日の4月14日、ロンドンのロイヤル・フェスティヴァル・ホールで行われた〝The Massed Gadgets Of AUximines More Furious Madness From Pink Floyd〟と題された特別公演と、5月2日のマンチェスター商科大学のステージからで、いずれも素晴らしい演奏だ。初めてレコード化されたライヴがこれ、という意味は大きかった。

ヒプノシスによるジャケットもトリッキーでいいし、見開き内側のレイアウトはボブ・ディランの『ブロンド・オン・ブロンド』を想わせる。〈３６０度サウンド〉というのも米コロンビアのレーベルでお馴染みだから意味深だよね。印象的な使われ方をしたミュージカル〝Gigi〟のサントラＬＰは58年に発売された英国のＭＧＭ盤のようだ。

和久井

SYD BARRETT
The Madcap Laughs
幽幻の世界（帽子が笑う…不気味に）

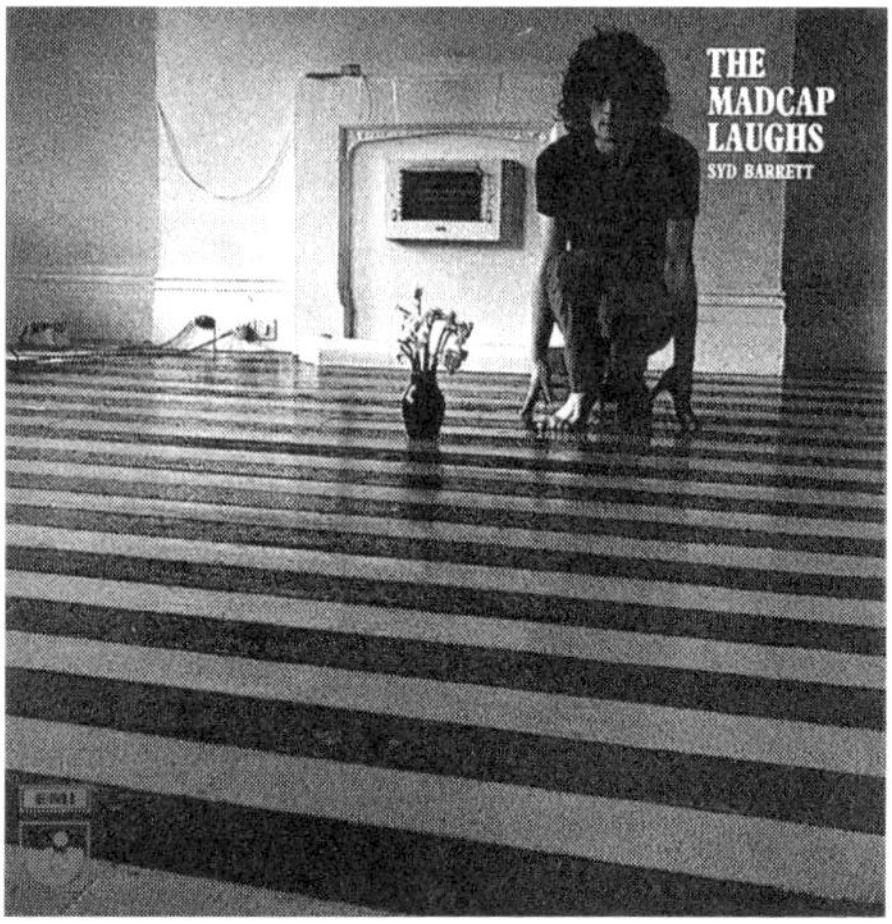

Harvest：SHVL 765
録音：1968年5月28日〜1969年8月5日
発売：1970年1月3日

［A］
1. Terrapin
2. No Good Trying
3. Love You
4. No Man's Land
5. Dark Globe
6. Here I Go

［B］
1. Octopus
2. Golden Hair
3. Long Gone
4. She Took A Long Cold Look
5. Feel
6. If It's In You
7. Late Night

プロデューサー：Malcolm Jones, David Gilmour, Roger Waters
参加ミュージシャン：
David Gilmour (b, g, ds)
Jerry Shirley (ds)
Willie Wilson (b)
Robert Wyatt (ds)
Hugh Hopper (b)
Mike Ratledge (kbd)

1994 Reissue CD
Harvest：7243 8 28906 2 1
Bonus Tracks:
14. Octopus (Takes 1 & 2)
15. It's No Good Trying (Take 5)
16. Love You (Take 1)
17. Love You (Take 3)
18. She Took A Long Cold Look At Me (Take 4)
19. Golden Hair (Take 5)

1968年4月6日、ピンク・フロイドからシド・バレットが脱退したことが発表された。ブラックヒル・エンタープライズはシドのマネジメントを続けることを決定、翌5月には早くもピーター・ジェナーが主導して、ソロのデモ録音が開始された。7月まで断続的にスタジオに入っていたようだが成果は芳しくなく、シドはしばらく音楽から離れることになる。入院した、とされているのはこの時期のことだ。

ケンブリッジに戻っていたシドが、再びロンドンのアパートを借りたのは69年初めのこと。音楽の世界に戻る意欲を示した彼は、EMIが新たに興したハーヴェストでレコーディングを継続することになった。プロデュースを行うことになった、レーベルの責任者であるマルコム・ジョーンズが前年のテープを検証し、4月にはギターとヴォーカルを録り直し始める。B面の最後に収録された「レイト・ナイト」は、このセッションの早い段階でヴォーカルを差し替え、シドのスライド・ギターをダビングすることで仕上げられた。

4月17日にはハンブル・パイのドラマー、ジェリー・シャーリーと、ジョーカーズ・ワイルド（デイヴィッド・ギルモアが在籍）のドラマーだったウィリー・ウィルソン（本作ではベースを担当）がレコーディングに参加した。「ノー・マンズ・ランド」も「ヒア・アイ・ゴー」もストレートなアレンジで、あまり煮詰めないままセッションを終えた感があるが、決して物足りないわけではない。

さらに5月に入ると、同じハーヴェストからセカンド・アルバムをリリースしたばかりのソフト・マシーンがセッションに加わる。このときのラインナップは、ロバート・ワイアット、ヒュー・ホッパー、マイク・ラトリッジ。シド独特のリズム感を損なうことなく、当意即妙なプレイを聴かせてくれる。彼らが参加した「ノー・グッド・トライング」や「ラヴ・ユー」が、アルバム中最もシドが開放されているように感じられるのだ。

このあとシドは、デイヴィッド・ギルモアとロジャー・ウォーターズに残りのアルバム制作のサポートを依頼する。シド抜きのピンク・フロイドは『神秘』を完成させたあと、『モア』を手がけ、この頃は『ウマグマ』に取り組んでいた。マルコムが現場から手を引き、フロイド組が限られた時間を使ってセッションを行い、なんとかレコーディングは終わりを迎える。とはいえ、「ダーク・グローブ」などはギルモアがシドのギターを補完しているくらいのプレイだし、総じて少し整理してみせたようなもの。ほかのセッションほど、シドに歌やギターに反応した形跡は見られない。

先行シングルとして10月に「オクトパス／ゴールデン・ヘア」を発売、翌70年1月に『ザ・マッドキャップス・ラフス』がリリースされる。結局のところ、曲順までギルモアとウォーターズが決めることになったという。

『幽幻の世界』（オデオン）や『帽子が笑う…不気味に』（東芝ＥＭＩ）という邦題は、レコード会社のイメージ戦略としては成功したと思う。〝シド・バレット（歌・呪い・ギター）〟という帯の惹句は悪ノリが過ぎるが。〝幽幻〟さを醸し出しているのは、冒頭の「テラピン」の印象が強いこともあるだろう。ただし、それはピックの握りが甘いおかげでギターの音がフワフワしていることと、バンド時代と比べて肩の力がヌケまくったヴォーカルによるもの。先入観を取っ払って耳を傾ければ、自らダビングしたエレキも含めてシド流のブルーズになっていることがわかるだろう。私には「こんなこともできるけど、どうよ？」と舌を出すシドの顔が浮かんで仕方がない。改めてタイトルを意訳するならば、〝悪たれ小僧、アッカンベーッのベロベロバァー〟である。

森

SYD BARRETT
Barrett
シド・バレット・ウィズ・ピンク・フロイド（その名はバレット）

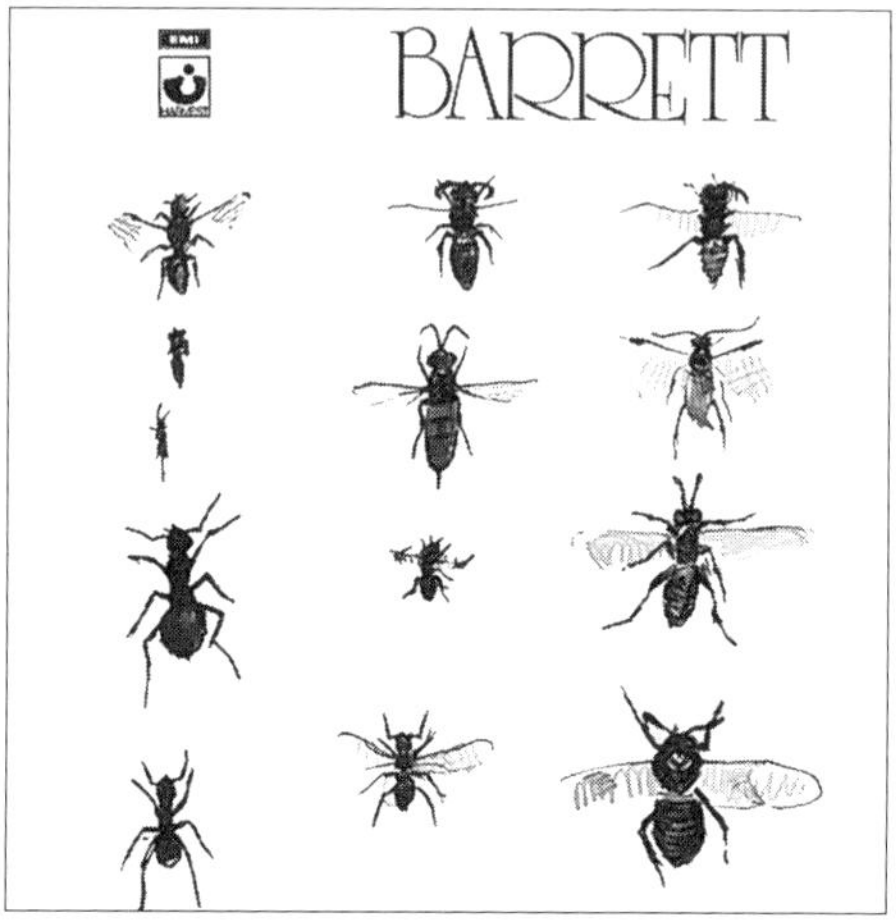

Harvest：SHSP 4007
録音：1970年2月26日〜7月21日
発売：1970年11月14日
［A］
1. Baby Lemonade
2. Love Song
3. Dominoes
4. It Is Obvious
5. Rats
6. Maisie

［B］
1. Gigolo Aunt
2. Waving My Arms In The Air / I Never Lied To You
3. Wined And Dined
4. Wolfpack
5. Effervescing Elephant

プロデューサー：David Gilmour, Richard Wright
参加ミュージシャン：
David Gilmour (b, g, organ, ds)
Richard Wright (kbd)
Jerry Shirley (ds, per)
John "Willie" Wilson (ds, per)
Vic Saywell (tuba)

1994 Reissue CD
Harvest：7243 8 28907 2 0
Bonus Tracks:
13. Baby Lemonade (Take 1)
14. Waving My Arms In The Air (Take 1)
15. I Never Lied To You (Take 1)
16. Love Song (Take 1)
17. Dominoes (Take 1)
18. Dominoes (Take 2)
19. It Is Obvious (Take 2)

『ザ・マッドキャップス・ラフス』は英40位とまずまずのチャート・アクションを示し、概ね好意的に受け容れられたことから、すぐにセカンド・アルバム発売の計画が持ち上がった。70年2月24日、シドはギルモア、シャーリーとともに、BBCのラジオ番組『トップ・ギア』に出演する。ファースト・アルバム発売から2か月も経っていなかったが、同作から披露したのは「テラピン」の1曲のみ。ほかには2日後から開始されたレコーディングで取り上げられることになる3曲と、おそらくこの一回限りの演奏となった「トゥー・オブ・ア・カインド」の録音が残されている。

ファーストの制作が長期に渡り、かつさまざまなセッションが行われた点を軌道修正して焦点を絞るために、プロデュースはギルモアとリチャード・ライトに委ねられた。基本的にシャーリーを加えたラインナップで録音が行われたが、ピンク・フロイドが並行して『原子心母』のレコーディングやツアーを行っていたため、作業はしばしば中断されている。

メンバーが固定され、全編にわたってバンドの音になったため、アルバムとしての統一感は確かにある。シドのポップさも前作にも増して表に出ただろう。しかし、どうにも希釈された印象が否めないのだ。

　ジャケットのイラストは、シド自身がケンブリッジで描いたもの。またもや彼の精神構造とリンクさせてしまいそうになる。レコーディング中の6月6日、シドはオリンピア・ロンドンで最初で最後のソロ・パフォーマンスを行った。《エクストラバガンザ’70～ミュージック&ファッション・フェスティヴァル》に出演したもので、ラジオ収録と同様にギルモア、シャーリーとステージに立ったが、ノイズまみれのギターの音がデカいまま4曲を演奏した直後、突然ステージを降りたとも伝えられている。また、この頃にはレコーディング・スタジオやラジオ局では、ギルモアとしかコミュニケーションをとらなくなっていたというのだ。〝狂気〟が次第に彼自身の内側に向かっていったことが想像できる。

　アルバムは、シドがギターのウォーミング・アップをしている音をイントロに配した「ベイビー・レモネイド」で始まる。バンドが加わってからはさすがによくまとまっているが、前作で見られたシドが枠からはみ出そうとする様子を伺うことはできない。続く「ラヴ・ソング」にしても、歌詞に奇を衒ったような面は感じられず、シンプルな言葉とポップなメロディを訥々と歌っているのだ。むしろ突っかかるようなライトの鍵盤が、不安定さを煽っているかのよう。「ドミノウズ」に至ってはギルモアがドラムを叩いているので、簡素なリズムと浮遊感のあるギターが印象的だ。

「イット・イズ・オブヴィアス」でようやく暗喩に富んだともとれる歌詞が出てくる。ジャムを発展させた「ラッツ」でスリリングさが垣間見えるが、長続きはせずにフェイド・アウト。ブルーズの「メイジー」では、シドはほぼ呟きのような語りに終始した。この2曲が、僅かながらシドがバンドを介して外界と繋がっているように思える。

「ジゴロ・アーント」は軽快なポップ・ナンバー。初期フロイドに通じる雰囲気があるが、よく聴くと中空に向かって声を出しているようなシドのヴォーカルの力の抜け具合が不気味さを助長しているのだ。とはいえ、B面も既視感のある演奏とポップスの範疇に収まった歌ばかりだった。

　ライトによれば、シドをマイクの前で歌わせることが仕事だったという。内なる〝狂気〟など誰しも抱えているものだが、それを表現としてかたちにできるのはシドのような限られた人間だけ。彼のその稀有な能力を封じ込める結果になったことが残念でならない。

森

SYD BARRETT
Opel
オペル

Harvest：SHSP 4126
録音：1968年5月14日〜1970年7月17日
発売：1988年10月17日

［A］
1. Opel
2. Clowns & Jugglers (Octopus)
3. Rats
4. Golden Hair (vocal version)
5. Dolly Rocker
6. Word Song
7. Wined And Dined

［B］
1. Swan Lee (Silas Lang)
2. Birdie Hop
3. Let's Split
4. Lanky (Part I)
5. Wouldn't You Miss Me (Dark Globe)
6. Milky Way
7. Golden Hair (instrumental)

1994 Reissue CD
Harvest：7243 8 28908 2 9
Bonus Tracks:
15. Gigolo Aunt (Take 9)
16. It Is Obvious (Take 3)
17. It Is Obvious (Take 5)
18. Clowns And Jugglers (Take 1)
19. Late Night (Take 2)
20. Effervescing Elephant (Take 2)

1988年に突如リリースされた、シド・バレットの未発表曲／デモ・テイク集。68年のデモ・レコーディングから70年の『その名はバレット』用の録音まで、シドのソロ・キャリアを補完する内容だ。

基本的にシドの弾き語りで、アルバム・タイトルになった「オペル」は68年のデモ。本番のレコーディングでも録音されたが、なぜかアルバムには収録されていない。「ドリー・ロッカー」「ワード・ソング」「バーディー・ホップ」「レッツ・スピリット」「ミルキー・ウェイ」はセカンド・アルバム用に録音されたデモだが、これ以上煮詰める作業は行われなかったらしい。「クラウンズ・アンド・ジャグラーズ」は「オクトパス」の原型ヴァージョン。シドの弾き語りにソフト・マシーンが見事に呼応したダビングを施している。「スワン・リー」と「ランキー」の演奏がピンク・フロイドだという説があるが、どうやら既存のテイクを流用した可能性が高い。

そのほか、「ゴールデン・ヘア」が2テイク収録されるなど、若干の水増し感はあるが、シドの個性を理解するにはじゅうぶんな内容だ。ある程度決まったパターンの中で作曲していたということも明らかになってしまったが。現在の耳で聴けば、彼は弾き語りにわずかなポスト・プロダクションを加えるだけで成立するだけのポップさを備えた、（アシッド）フォーク／ブルーズ系シンガー・ソングライターだったことがよくわかるだろう。その系譜はロビン・ヒッチコックらに継承されている。

森

シド・バレットのコンピレイション

納富廉邦

シド・バレットの編集盤はさほど多くリリースされていない。80年代の終わりまで、2枚のソロ・アルバムをセットにした『ザ・マッドキャップス・ラフス／バレット』しか出なかったのだ。内容はストレートなリイシューだが、ジャケットのデザインがヒプノシスで、内側にシドのさまざまな写真があしらわれているので、持っておいて損はない。

88年になってようやくＢＢＣラジオ出演時の音源が日の目を見た。70年2月24日にジョン・ピールの『トップ・ギア』用に収録された5曲が“The Peel Sessions”（Strange Fruit/SFPS043）としてリリースされている。さらに71年2月16日にボブ・ハリスの『サウンズ・オブ・ザ・セヴンティーズ』に出演した際の音源を加えたＣＤが『ザ・レイディオ・ワン・セッションズ』だ。追加された3曲の音質はあまりよくないが、明らかにシドが虚ろになっていることが聴いてとれるドキュメントになっている。

『クレイジー・ダイアモンド』は、2枚のアルバムと『オペル』にそれぞれボーナス・トラックを6～7曲加えたボックス・セット。その後のアルバムのリイシューでは、基本的にこのボートラがつくようになった。録音日などのデータも整理されたので、ＣＤを買うのであれば94年版以降のものがオススメ。

『ウドゥント・ユー・ミス・ミー？（僕がいなくてさみしくないの？）』は、『オペル』を含む3枚からの抜粋と、ジョン・ピール・セッションの「トゥー・オブ・ア・カインド」、未発表曲の「ボブ・ディラン・ブルーズ」を収録したベスト盤。

なお、ケヴィン・エアーズの「レリジャス・エクスペリエンス」には、シドがギターを弾いたヴァージョンが存在する。03年版ＣＤ“Joy Of A Toy”（Harvest/07243-582776-2-3）のボーナス・トラックで聴ける。

SYD BARRETT
The Best Of Syd Barrett - Wouldn't You Miss Me?
Harvest：7243 5 32320 2 3［CD］
2001年

SYD BARRETT
Crazy Diamond
Harvest：SYD B-OX 1［CD］
1993年

SYD BARRETT
The Radio One Sessions
Strange Fruit：SFRSCD127［CD］
2004年

SYD BARRETT
The Madcap Laughs / Barrett
Harvest：SHDW 404
1974年

An Introduction To Syd Barrett
幻夢〜シド・バレット・オールタイム・ベスト

Harvest：50999 9 07736 2 4［CD］
発売：2010年10月８日

1. Arnold Layne - Pink Floyd
2. See Emily Play - Pink Floyd
3. Apples And Oranges - Pink Floyd (Stereo Version)
4. Matilda Mother - Pink Floyd (2010 Mix)
5. Chapter 24 - Pink Floyd
6. Bike - Pink Floyd
7. Terrapin
8. Love You
9. Dark Globe
10. Here I Go (2010 Remix)
11. Octopus (2010 Mix)
12. She Took A Long Cool Look (2010 Mix)
13. If It's In You
14. Baby Lemonade
15. Dominoes (2010 Mix)
16. Gigolo Aunt
17. Effervescing Elephant
18. Bob Dylan Blues

エグゼクティヴ・プロデューサー：David Gilmour

２００６年７月７日、長い隠遁生活の末にシドはこの世を去った。本作は彼の没後、初めて編まれたコンピレイション・アルバムだ。ピンク・フロイド時代の楽曲が収録されたことで、シド・バレットという音楽家の全体像を掴むことができる内容になっている。デイヴ・ギルモアが監修し、デザインはヒプノシスのストーム・トーガソンが担当するという、この上ないスタッフィングにも注目だ。すべての曲にリマスターが施され、一部の曲は新しいミックスで収録されている。

幕開けはピンク・フロイドのデビュー・シングルから３枚目までのＡ面３曲で、いずれもオリジナル・アルバムには未収録。「アップルズ・アンド・オレンジズ」は、シングルはモノだったがステレオ・ヴァージョンだ。『夜明けの口笛吹き』からは３曲。「マチルダ・マザー」は、アンディ・ジャクソン、デイモン・イディンス、そしてギルモアによる２０１０年ミックスだ。

ソロ・アルバムからは、『ザ・マッドキャップス・ラフス』の７曲、『バレット』の４曲を収録。それぞれニュー・ミックスを含むほか、「ヒア・アイ・ゴー」にはギルモアがベースをダビングしている。「ボブ・ディラン・ブルーズ」は『ウドゥント・ユー・ミス・ミー？』が初出。ディランの影響が丸出しなところが微笑ましい。発売当初はジャケットにＵＲＬが印刷され、20分以上にわたる「ラマダン」がダウンロードできるようになっていた。本編と併せて聴いて欲しいセッションだ。　**森**

VARIOUS ARTISTS
Tonite Let's All Make Love in London

Instant：INLP 002
録音：1967年 1 月～ 5 月
発売：1968年 7 月18日

[A]
1. Interstellar Overdrive - Pink Floyd
2. Changing Of The Guard - The Marquess Of Kensington
3. Night Time Girl - Twice As Much
4. Out Of Time - Chris Farlowe

[B]
1. Interstellar Overdrive - Pink Floyd
2. Winter Is Blue - Vashti
3. Paint It Black - Chris Farlowe
4. Here Come The Nice - Small Faces
5. Interstellar Overdrive - Pink Floyd

1990 Reissue CD
Tonite Let's All Make Love In London…Plus
See for Miles：SEECD 258

スウィンギン・ロンドンの実態をドキュメントしたピーター・ホワイトヘッド監督による同名映画のサントラ盤として、68年7月18日にインスタントからリリースされたのがオリジナル。ジャケはこれに尽きるからいまだに人気があるが、内容をオススメしたいのは90年にシー・フォー・マイルズから出た拡大版“Tonite Let's All Make Love In London...Plus”だ。アンドルー・オールダム、ミック・ジャガーらのインタヴューに加えて、オリジナル版では3分強のエディット・ヴァージョンと、54秒のリプライズという形で収録されていたフロイドの「インターステラー・オーヴァードライヴ（星空のドライヴ）」の、16分49秒におよぶフル・レングス・ヴァージョンが初めて陽の目を見たからである。

『夜明けの口笛吹き』に収録のヴァージョンも9分40秒に編集されているから、シー・フォー・マイルズ盤の登場は快挙と謳われ、再発LP／CDとしてはかなりのヒットになった。91年にアメリカのソニーから出た再発CDの「星空のドライヴ」は3分強だが、日本のビクターが2012年にリリースしたCDにはフル・レングス・ヴァージョンでの収録で、この版はジャケットもオリジナル・デザインを復刻しているという優れものだった（見た目は同じと言っていい現行の央インスタント／イミディエイト版などは3分強のエディット・ヴァージョンなので要注意）。何やらややこしいが、“時代の気分”を知っておくと初期のフロイドがよくわかる。

和久井

VARIOUS ARTISTS
Zabriskie Point

MGM：2315 002
発売：1979年 3 月
[A]
1. Heart Beat, Pig Meat – The Pink Floyd
2. Brother Mary – The Kaleidoscope
3. Excerpt From Dark Star – The Grateful Dead
4. Crumbling Land – The Pink Floyd
5. Tennessee Waltz – Patti Page
6. Sugar Babe – The Youngbloods

[B]
1. Love Scene – Jerry Garcia
2. I Wish I Was A Single Girl Again – Roscoe Holcomb
3. Mickey's Tune – The Kaleidoscope
4. Dance Of Death – John Fahey
5. Come In Number 51, Your Time Is Up – The Pink Floyd

ミケランジェロ・アントニオーニ監督の映画『砂丘』のサントラ盤。アントニオーニは「ユージン、斧に気をつけろ」に感心してフロイドに音楽を依頼、69年12月には10日間のローマ・レコーディングが行われたが、アントニオーニはそれを気に入らず、わざわざ録音した新曲は使用されなかった（2016年のボックス『ジ・アーリー・イヤーズ』で初めて蔵出しされた）。

フロイドの3曲のほか、グレイトフル・デッド、ヤングブラッズ、カレイドスコープ、ジョン・フェイヒーらのナンバーも既発曲だから、よほど映画自体に思い入れがなければ価値を見出せないサントラ盤だ。ただ、アントニオーニがアメリカ・ロサンゼルスを舞台に撮り、若き日のサム・シェパードが脚本に参加しているというのは見逃せないところで、カルト映画のファンにはいまだにそれなりの人気がある。

ウォーターズはのちにこのときのレコーディングは「地獄だった」と語り、メイスンも「アントニオーニの音楽の使い方はイモ」という発言を残している。厳しいスケジュールだけが設定され、具体的な音は要求されなかったため、バンド側のアイディアに「ノー」が突きつけられるばかりだったらしい。ジェフ・ベックとジミー・ペイジがいる時期のヤードバーズが記録された『欲望』にしても撮影現場はバタバタだったそうだが、アントニオーニはイタリア時代の『情事』『夜』『太陽はひとりぼっち』『赤い砂漠』がピーク。『欲望』以降は観なくてもいいとさえ思う。

和久井

Chapter 3

1971-1979 Golden Age of PINK FLOYD

Koji Wakui
Rokuro Makabe
Takashi Ikegami
Isao Inubushi
Shoji Umemura

ロックのサブ・ジャンル化が進んだ時代にフロイドが見ていたオーヴァーグラウンド

●和久井光司

確実に言えるのは、ウォーターズ、ライト、メイスン、ギルモアの4人になってからのピンク・フロイドは、自分たちがどういうバンドになったらいいかを当初は考えられていなかったということだ。ライトとメイスンはソングライターとしての力量に欠け、ウォーターズも演奏でバンドを支配できるようなミュージシャンではない。〝助っ人〟として加入したギルモアにいたってはどこまで自分の色を出していいのか摑めなかったのではないかと思う。

『モア』の評価は収録曲に対してのものではなく、〝ロック・バンドが映画のサントラをつくったこと〟への関心だったはずだ。マリファナやコカインありきの〝愛（＝性の解放）と平和（＝ヴェトナム戦争におけるアメリカへの抗議）〟が盛り上がっている時期にヨーロッパでヒッピーイズムを感じさせる映画がつくられ、映画自体よりも音楽の方が売れたのだから、「なかなかやるじゃん」ということにもなる。だって、ウッドストックに40万人の若者が集まった年のリリースだもん、前後のアメリカン・ロックと比べた方が『モア』の〝威力〟がわかるはずだ。

69年4～5月は、ビートルズが出版管理会社ノーザン・ソングスの株をＡＴＶに買い占められるという失態で、虎の子を失ったのが英国音楽界最大の事件だった。

〝解散は秒読み〟の報にショックを受けたのは、バンドが学校の軽音のような気分で運営されていると思っている日本のウブなファンだけで、英米の音楽新聞は〝ビートルズに会社を続けることができるか？〟という観点からXデイを予想し始めたのである。ＥＭＩは、もしビートルズがキ

Overground 1967

ビートルズの『サージェント・ペパーズ』が6月1日に英国で発売され、ロックが芸術として認められた年に、ピンク・フロイドがデビューした意味は大きい。同じEMI、録音スタッフもハリケーン・スミスらビートルズ流れということもあって、フロイドこそ英国サイケの本流と目されたわけだが、『夜明けの口笛吹き』が一般には“オルタナ”だったのも事実。新しさがありつつも王道的だったプロコル・ハルムやトラフィックを聴くとそれがよくわかる。

PROCOL HARUM

Procol Harum
米・Deram：DE 16008
発売：1967年9月

TRAFFIC

Mr. Fantasy
Island：ILPS 9061
発売：1967年12月8日

ャピトルとの再契約（9月20日）に失敗したら……とビビらせて、総力をあげた『アビイ・ロード』を持ってこさせたわけだが、ほしいのは国内の売り上げを支えるバンドだった。そこで、『サージェント・ペパーズ』以降、国内売上は社内でトップ・クラスだったフロイドを推すことを決め、ピーター・ジェナーと新レーベル、ハーヴェストをスタートさせることにしたのだ。が、そんな話が持ち上がっても、バンドは蚊帳の外だったのだろう。

ピンク・フロイドがデビューした67年に、オーヴァーグラウンドな地平で成功した新人バンドは、「青い影」を世界的なヒットにしたプロコル・ハルムと、スペンサー・デイヴィス・グループ時代から天才少年と謳われていたスティーヴ・ウィンウッドが率いるトラフィックだった。

プロコル・ハルムを売ったデニー・コーデルは、アイランド・レコーズがまだ本当にジャマイカ産の音楽を売るインディー・レーベルだった時代に、社主クリス・ブラックウェルの片腕として働き、ザ・ムーディー・ブルースを見つけて独立した人だ。65年にムーディーズとデッカの契約を決め、いきなり「ゴー・ナウ」をナンバー・ワン・ヒットにしたのだから注目されたのは当然で、その後、ザ・ムーヴとジョージー・フェイムを手がけて、プロコル・ハル

THE NICE

The Thoughts Of Emarlist Davjack
Immediate：IMSP 016
発売：1968年3月1日

JETHRO TULL

This Was
Island：ILPS 9085
発売：1968年10月25日

THE SOFT MACHINE

The Soft Machine
米・Probe：CPLP 4500
発売：1968年12月

CARAVAN

Caravan
米・Verve Forecast：FTS-3066
発売：1969年1月

ムとジョー・コッカーをマネージメントするようになった。

彼はEMIのリーガル・ゾノファンでムーヴとジョー・コッカーを成功させ、69年にEMI傘下でフライ／キューブ・レコーズをつくる。同レーベルでコッカーとティラノザウルス・レックスを売りながら、ムーディーズでデッカの新レーベル、デラムに貢献。そして70年にはリオン・ラッセルとシェルター・レコーズを設立するのだから、この時代のインディペンデント系の出世頭だった。

コーデル以前にいた独立系プロデューサーは、アニマルズ、ヤードバーズ、ドノヴァン、ハーマンズ・ハーミッツを独特な契約でアメリカに売ったミッキー・モストや、ローリング・ストーンズのマネージャーとして得た金でイミディエイトを起こしたアンドルー・オールダムがいたが、レゲエやスカをいったん棚上げにし、トラフィックを引っ提げてアイランドのロック・レーベル化をはかったクリス・ブラックウェルと、その弟子とも言えるコーデルが、業界人の目をインディペンデントに向けさせたのだ。

69年には、パイがドーン、フィリップスがヴァーティゴというサブ・レーベルを創設して、4大メジャーの中では〝ロックは苦手な会社〟のイメージを払拭する策に出た。〝アルバム時代〟への切り替えは　マネージメント・サイドにも出てきていて、ミッキー・モストと並ぶ古豪プロデューサー、ジョルジオ・ゴメルスキーがソフト・マシーンを米・ABCに売ったのを皮切りに、68、69年にはレッド・ツェッペリンとイエスが多額の契約金で米・アトランティックと直接契約を交わすという〝快挙〟も起こった。

だから、EMIが本体のコロンビア・レーベルにいたピンク・フロイドと、リーガル・ゾノファンにいたティラノザウルス・レックスやジョー・コッカーに〝新しいレーベル〟を用意したのは、遅すぎたぐらいだった。コッカーをアメリカでは最初からA&M配給にしていたコーデルは、EMI傘下で仕事を続けることに積極的ではなかったらしく、爆発的に売れるようになったT・レックスを独立させるのだが、ピーター・ジェナーはブラックヒル・エンタープライズを解散させて、ハーヴェストというレーベルをマネージメントするようになるのだ。

69年に英国のロック・レーベルが急激に発展したのは、インディペンデントであることで配給会社から原盤印税をせしめることができたアイランドのような会社と、大手がつくった新レーベルの運営を請け負うことで潤沢な制作費を得たハーヴェスト（=ジェナー）のやり方に二分されるようになり、「大手と契約できても旧態然としたポップ・レーベルにいては売れない」というのが70年代前半の英国ロックの特徴となっていくのである。

69〜70年は60年代後半組にとっては契約満了、新契約という時期でもあったため、ロックのサブ・ジャンル化を推進する新レーベルで〝それらしいバンド〟を動かす方が注目されたのだ。ブルーズ・ロックをヘヴィ・メタリックに発展させた「ハード・ロック」、サイケデリック・ロックとオルガン・ロックやジャズ・ロックを渾然一体とさせた「プログレッシヴ・ロック」が瞬く間に台風の目となったことは、本稿の横に並べた、いまでもショップでプログレのコーナーに入れられるバンドのデビュー・アルバムが放つ匂いからも明らかだろう。その〝イメージ勝負〟ぶりは、ギターの歪みやリズム・セクションのダイナミズムにブルーズ・ロックとの違いが現れたハード・ロックの〝具体性〟を際立てせたが、逆にプログレは「プログレと承認されたバンドのメンバーがいる」とか、「メロトロンが鳴っている」なんてことでもその仲間に入れる〝曖昧なジャンル〟になってしまう。

GENESIS

From Genesis To Revelation
Decca：SKL 4990
発売：1969年3月7日

COLOSSEUM

Those Who Are About Die Salute You
Fontana：STL 5510
発売：1969年3月

YES

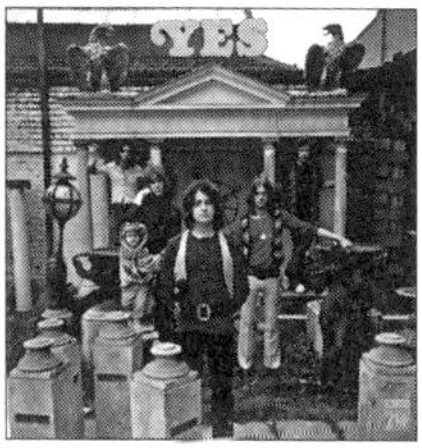

Yes
米・Atlantic：SD 8243
発売：1969年7月25日

THVAN DER GRAAF GENERATOR

The Aeriosol Grey Machine
米・Mercury：SR 61288
発売：1969年9月

ピンク・フロイドの場合、サイケでポップな曲が書けるシド・バレットがいなくなった『神秘』の段階では、ほぼ同期と言ってもいいプロコル・ハルムやトラフィックのような〝サウンドの明快さ〟がどうやったらつくれるか、と、メンバーの顔がわからないほどの〝匿名性〟で逆にカリスマ不在の窮地を脱することが考えられたはずだが、両極とも言える狙いが『神秘』で果たされたため、「サイケからプログレへ」というイメージが（偶然？）できてしまったのだ。『ウマグマ』に収録されたライヴからは、ギルモアのギターとメイスンのドラムにハード・ロック的なダイナミズムを加えようとしていたのが窺えるが、それが可能になったのも、ジェナーがＰＡシステムや楽器類をグレードアップさせる金をＥＭＩ（＝ハーヴェスト）との契約金で賄ったからだろう。『ウマグマ』の裏ジャケに楽器やＰＡ機材を並べて見せたのも、ＥＭＩに対して、「マネージメント・サイドはここまでやってるよ」という圧力だったに違いない。ここに写っているＷＥＭの縦長のスピーカーを、私は高校のころ、成毛滋さんに（ＰＡ用に）借りたことがあったが、フロイドの用途は実はモニターで、ここにはメインのＰＡスピーカーは写っていないのだ。だから、そのときのコンサートは音が小さくて、お客に「ショボい」と言われてしまった。けれども成毛さんのＷＥＭは中村とうようさんが内田裕也さんとやっていた日比谷野音のコンサートでも活躍した〝名機〟なのである（さすがに野音ではモニターだったはずだが）。

　一方スタジオ・ワークでは、『ウマグマ』以降、時間の制約がなくなり、「イメージを音にする」ためにスタッフも労を惜しまなくなっていく。アビイ・ロード・スタジオにおける破格の待遇はビートルズ以来だったそうだ。

　ロン・ギーシンのオーケストレイションとヒプノシスに

KING CRIMSOM

In The Cout Ot The Crimson King
Island：ILPS 9111
発売：1969年10月10日

RENAISSANCE

Renaissance
Island：ILPS 9114
発売：1969年11月

EMERSON LAKE & PALMER

Emerson Lake & Palmer
Island：ILPS 9132
発売：1970年11月20日

GENTLE GIANT

Gentle Giant
Vertigo：6360 020
発売：1970年11月27日

Overground 1971

シングル・ヒットを連発しながらテレビで国民的な人気を摑んだT・レックスによってグラム・ロックの時代が始まると、アルバム至上主義のプログレ勢の旗色が悪くなっていった。EL＆Pやイエスは世界で通用してもジェネシスはまだダメ、という“時代感”を受けて、明快な『おせっかい』をものにしたのがオーヴァーグラウンドへの転換点。それがアメリカでは売れなかったから、さらにドラマティックな『狂気』でフロイドは勝負に出たわけだ。

T.REX

Electric Warrior
Fly：HIFLY 6
発売：1971年9月24日

DAVID BOWIE

Hunky Dory
RCA Victor：SF 8244
発売：1971年12月17日

よるジャケットのおかげで大ヒットとなった『原子心母』だが、内容に不満を持っていたメンバーは、「次作こそ〝ピンク・フロイドの音〟を決める一枚にしなければならない」という想いで『おせっかい』に取り組む。そこで明確になったのは、コンセプト・メイカーとしてのウォーターズの求心力と、シンガー／ギタリストとしてフロントに立つギルモアの技量、そして単なる演奏者に終わらないライトとメイスンのサウンド・クリエイターぶりだった。アナログ盤の片面を占める「エコーズ」は、71年中盤までに形になったプログレの要素を巧妙に掬いあげた結果とも受け取れるが、私が注目したいのは、曲のイメージとは相反する〝サウンドの明快さ〟である。

71年といえばT・レックスの人気が爆発し、デイヴィッド・ボウイのグラム・ロックが形になり始めたときだ。ポップでキャッチーなナンバーをシングル・ヒットさせ、テレビ番組に口パクで出てしまうマーク・ボランのアイドル性などフロイドのメンバーにはないし、音は対極にあるとも言えるが、『おせっかい』には、トニー・ヴィスコンティがT・レックスに与えた具体的なサウンドから、〝オーヴァーグラウンドになりえる音響〟を学んだ形跡があるのを見逃してはならないと思う。

PINK FLOYD
Atom Heart Mother
原子心母

Harvest：SHVL 781
録音：1970年3月1日〜7月26日
発売：1970年10月2日
[A]
1. Atom Heart Mother
   a) Father's Shout
   b) Breast Milky
   c) Mother Fore
   d) Funky Dung
   e) Mind Your Throats Please
   f) Remergence

[B]
1. If
2. Summer '68
3. Fat Old Sun
4. Alan's Psychedelic Breakfast
   a) Rise And Shine
   b) Sunny Side Up
   c) Morning Glory

プロデューサー：Pink Floyd

我が国では当時の担当ディレクター、故・石坂敬一氏がつけたタイトル『原子心母』の方が圧倒的に通りがいい。帯のコピー「ピンク・フロイドの道はプログレッシヴ・ロックの道なり」も効いて、フロイドは押しも押されぬ〝プログレの代表格〟となる。牛がいるだけのジャケットなんて60年代には考えられなかったから、ヴィジュアル・イメージだけで革新的だった。音のイメージにこの牛がマッチしているとは思えないが、それがプログレなんだと言われれば「そうなのかもしれない」と妙に納得させられた。全英1位、映画のおかげでウッドストックの気分が続いていたアメリカでも55位まで上がったのだから、作戦は成功だったと言えるだろう。

ヒプノシスのストーム・ソーガソンは〝ロック・アルバムのジャケットにふさわしくないもの〟として、意味づけを拒絶するような牛の写真を提案。メンバーの賛同を得たのは、酪農家アーサー・チョークが飼っていたホルスタイン種の乳牛「ララベル3世」らの写真だった。チョークはアルバムが大ヒットしたことを知るとフロイド側に牛のギャラを要求したそうだが、却下されたことは言うまでもない。

タイトル曲は70年1月から「ジ・アメイジング・プディング」としてステージで披露されていた。ギルモアが西部劇をイメージしてつくったテーマに、他のメンバーがさまざまなヴァリエイションを加えていった組曲である。ところがそれがいい形でつながらなかったため、ウォーターズのゴルフ仲間でもあった作・編曲家のロン・ギーシンに丸投げしてしまうのだ。ギーシンは残されたテープの山と格闘して組曲を再構成し、チェロやホーンに合唱団まで起用して壮大なロック交響学に仕上げた。ＢＢＣの「イン・コンサート」に出演した際にＤＪのジョン・ピールから曲名をたずねられ、たまたま新聞にあった〝アトム・ハート・マザー・ネイムド〟という見出しから名づけられたのだという。それは英国で初めて「プルトニウム２３８」なるペースメーカーを埋め込まれた、当時56歳、バーネット在住の未亡人の記事だったそうだが、乳牛とはマッチする〝ハート・マザー〟に〝アトム〟がついたことで醸し出されたプログレ感は、偶然にしてはできすぎだ。狙ってつくられたヒットではないから予定調和におさまらず、〝発明の瞬間〟のような永遠性が生まれたのかもしれない、と思わずにはいられない。

タイトル曲に目を奪われがちだが、アナログB面に並べられた小品こそがキモと言える。ウォーターズが自身の孤独を描いた「イフ」は牧歌的なナンバーだが、優しく語りかけるように歌ったことでシンガー・ソングライター的な雰囲気が出ている。「サマー’68」はライト作。グルーピーへの嫌悪感を軽快なメロディに乗せて、フロイドのポップな面をアピールしてみせた。「ファット・オールド・サン」はギルモア、ウォーターズ、バレットが幼〜青年期を過ごしたケンブリッジへの想いをギルモアが控えめなヴォーカルで切々と歌っている。この曲のギター・ソロは何とも美しい。「アランズ・サイケデリック・ブレックファスト」は4人の共作とクレジットされたインストゥルメンタルだが、骨格となったのはメイスンの曲だ。3つのセクションをくっつけたり重ねたりしたものに、ローディだったアラン・スタイルズのつぶやきを加えたため、このタイトルになった。

フロイドの名を高めたヒット作だが、ウォーターズは「ゴミ箱に捨てるべきもの」、ギルモアは「残り物を仕方なく使っている」と明かしていて、92年のボックス『シャイン・オン』には含まれなかった。しかし２０１２年、フランス教育省は「音楽部門で学ぶべき作品」に選出している。

真下部

ピンク・フロイド
原子心母（箱根アフロディーテ50周年記念盤）

日・ソニー：SICP-6396～7［CD+Blu-ray］
撮影：1971年８月６～７日(Live)
発売：2021年８月４日
［CD］『原子心母』Atom Heart Mother
［Blu-ray］
1. 原子心母（箱根アフロディーテ1971）
2. スコット&ワッツ（箱根アフロディーテB-roll）

日本独自企画盤。ピンク・フロイドの初来日公演となった71年8月6日と7日に行われた野外フェス、箱根アフロディーテの動画は、79年にテレビ埼玉で放送されたものが知られていたが画質が悪かった。今回、そのマスターの16ミリ・フィルムが撮影者本人から提供され、時間をかけて丹念にノイズを取り除いた貴重な映像を、アフロディーテにまつわるさまざまなグッズと共に復刻。『原子心母』の7インチ・サイズの紙ジャケという形で製品化となった。フロイド側からはなかなか発売ＯＫが出なかったが、アフロディーテから50周年のタイミングでようやくリリースが決定した。

箱根アフロディーテでのピンク・フロイドの演奏は、霧による偶然の演出などのエピソードと共に、伝説的に語られてきた。この来日のおかげで、分かりやすい内容ではないはずの『原子心母』が、日本ではかなり売れたという話もあるように（『狂気』に次ぐ売上だとか）、日本におけるフロイド人気を決定づけた重要な記録だ。しかし、この映像には謎が多く、誰が撮ったのかも、その目的も謎だった。フロイド側もボックスセット『ジ・アーリー・イヤーズ １９６５－１９７２』（16年）に収録するために、より良い画質のものを探したが見つからなかったという。結果的には個人で撮影し、仲間内で編集したものであることが判明。編集前のフィルムは、残念ながら捨ててしまったようだ。新たに発見された「スコット&ワッツ」という、設営スタッフを撮影した短いフィルムも追加収録された。 **池上**

RON GEESIN, ROGER WATERS
Music From The Body
ボディー(肉体)

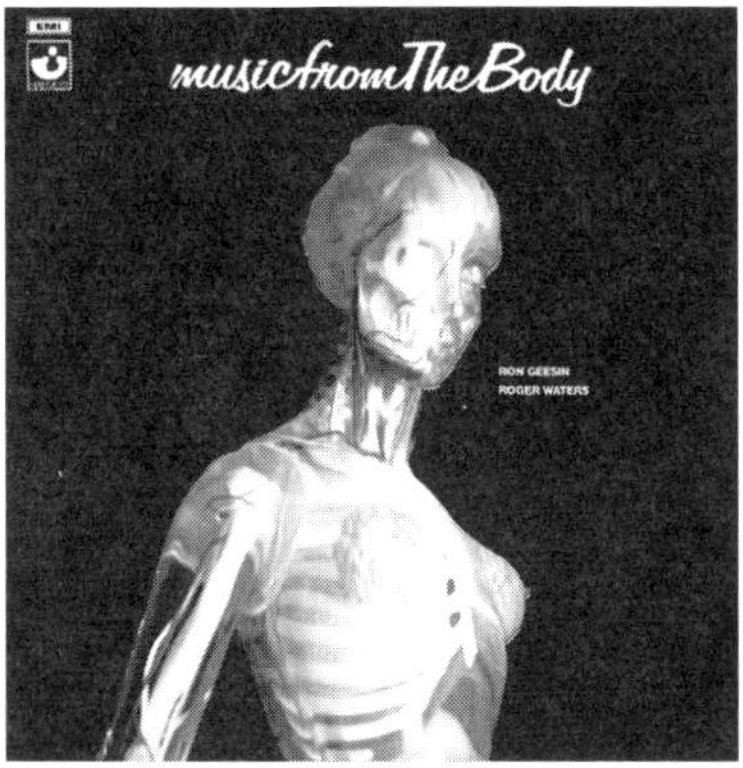

Harvest：SHSP 4008
録音：1970年1月～3月、8月～9月
発売：1970年11月27日
[A]
1. Our Song
2. Sea Shell And Stone
3. Red Stuff Writhe
4. A Gentle Breeze Blew Through Life
5. Lick Your Partners
6. Bridge Passage For Three Plastic Teeth
7. Chain Of Life
8. The Womb Bit
9. Embryo Thought
10. March Past Of The Embryos
11. More Than Seven Dwarfs In Penis-Land
12. Dance Of The Red Corpuscles

[B]
1. Body Transport
2. Hand Dance - Full Evening Dress
3. Breathe
4. Old Folks Ascension
5. Bed-Time-Dream-Clime
6. Piddle In Perspex
7. Embryonic Womb-Walk
8. Mrs. Throat Goes Walking
9. Sea Shell And Soft Stone
10. Give Birth To A Smile

プロデューサー：Ron Geesin, Roger Waters
参加ミュージシャン：
David Gilmour (g)
Nick Mason (ds)
Richard Wright (organ)
Hafliði Hallgrímsson (cello)

ロイ・バターズビィ監督が人体の神秘に迫ったドキュメンタリー『ザ・ボディ』のサウンドトラックとして制作された22曲を収録したアルバム。ギーシンの仕事に協力したのは『原子心母』と連動させることでサントラ盤が売れると踏んだからのようで、ウォーターズが全面的に協力し、「シー・シャル・アンド・ストーン」「チェイン・オブ・ライフ」「ブレス」「ギヴ・バース・トゥ・ア・スマイル」を提供しているほか、3曲をギーシンと共作。ギルモア、ライト、メイスンも参加したため、発売当時はフロイドの準オリジナル・アルバムという位置づけで語られたものだ。

キーシンは43年12月にスコットランドで生まれ、67年にノッティング・ヒルの自宅スタジオで録音した初ソロ・アルバム〝A Raise Of Eyebrows〟をトランスアトランティックからから発表していたジャズ系のマルチ・ミュージシャン。70年の大阪万博では、英国パヴィリオンの音楽を担当していた。『原子心母』におけるオーケストレーションと本作で有名になったあと、さまざまな分野で活躍してきたが、サントラ制作やアレンジを主戦場とする人で、自身の作品やポップ・ソングの作曲で食べている人ではない。このアルバムもウォーターズの曲以外は〝劇伴〟という印象だが、フロイドが『雲の影』に至るのは本作からの流れ、という気もする。コレクター向けのアルバムと解釈して聴かなくてもさほど問題はないはずだが、こういうのが好きな人の気持ちもわからなくはない。

和久井

PINK FLOYD
Meddle
おせっかい

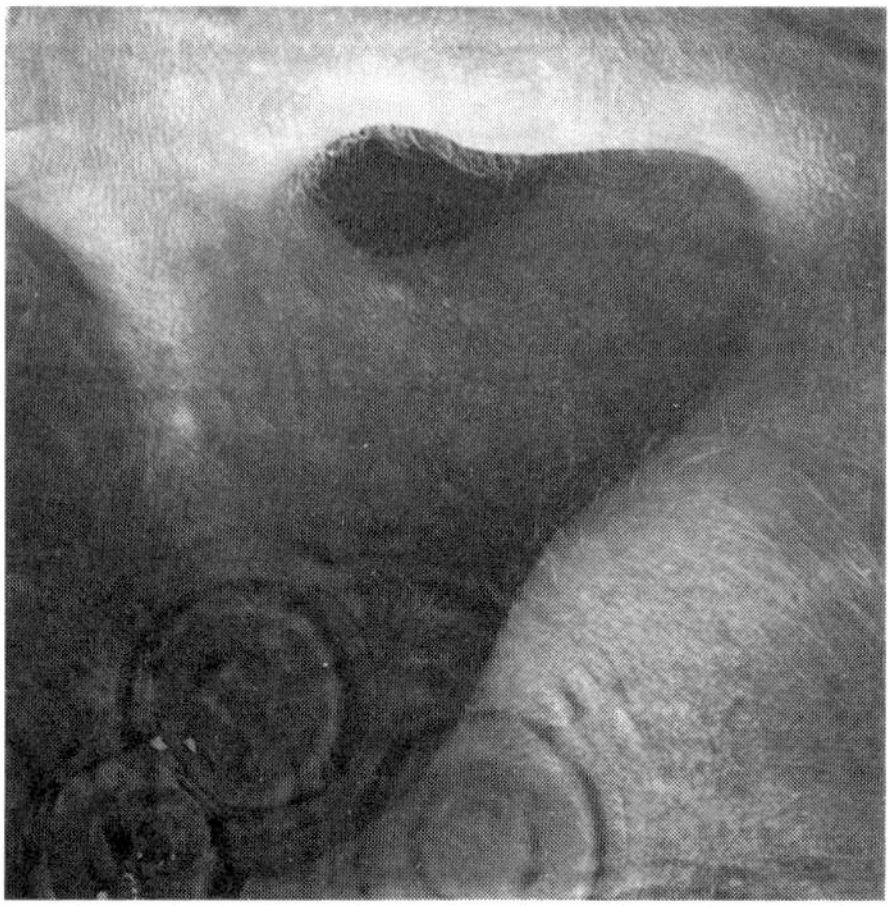

Harvest：SHVL 795
録音：1971年１月４日〜９月11日
発売：1971年11月13日
［A］
1. One Of These Days
2. A Pillow Of Winds
3. Fearless
4. San Tropez
5. Seamus

［B］
1. Echoes

プロデューサー：Pink Floyd

『原子心母』の成功で世界的なバンドとなったフロイドだったが、ロン・ギーシンに丸投げしたようなところが評価されたことには反省もあった。おそらく、「なぜ自分たちでアルバムにまとめられなかったか」が話し合われ、スタジオ・ワークに当てられる時間と、締め切りが合っていないという結論に至ったのだろう。そこで彼らは新たな契約をＥＭＩと結ぶ。ロイヤリティを少し減らす代わりにスタジオの制限時間をなくすという取り決めである。そんな新体制で始まったのは、新作に向けたスケッチという名目での録音で、36にものぼったというそれらは「ナッシング」とか、「ザ・リターン・オブ・ザ・サン・オブ・ナッシング」と呼ばれた。

本作の発端となったのは、ライトがエレクトリック・ピアノのアウトプットをスピーカーに繋いだ時に偶然発見した、電気的な共鳴音だった。その音色から名曲「エコーズ」が生み出されていくのだが、初期のインスト曲とは異なる４人の共同作業が、時間の制限なく始まったことで、バンドの在り方が前作までとは違うものとなっていくのである。

アナログ盤ではB面を占める「エコーズ」が、小品をつないだだけの組曲ではなくなったのは、ケンブリッジからロンドンに出てきた際の孤独感を忍ばせたウォーターズの歌詞が方向を決める指針となったからだろうし、ギルモアはそれを音楽化することで貢献しようとしている。彼のギターに圧倒的な記名性が生まれたのはこの曲からと言ってもいい。イントロの泣きのメロディ、じわじわと盛り上げていく中間部、浮遊感漂うソロ、という構成がリスナーに想起させる〝ストーリー〟は、ぐちゃぐちゃしたサイケデリック感を古臭く思わせるだけの進化と捉えられる。ウォーターズとメイスンのリズム・セクションもきちんとアレンジされ、ヴォーカル・ハーモニーとの整合性が意識されているのは明らかだ。

アナログA面、オープニングを飾る「ワン・オブ・ジーズ・デイズ」は「吹けよ嵐、呼べよ風」という邦題のほうがなじみ深い。日本ではシングル・カットされ、のちにアブドーラ・ザ・ブッチャーの入場テーマ曲として知られることになった。地を這うようなベース・ラインを刻むのはウォーターズとギルモアで、途中の叫びはメイスン。彼がヴォーカルを取った唯一のフロイド・ナンバーである。

恍惚感漂うスライド・ギターが心地よい「ア・ピロー・オブ・ウインズ」は、当時メンバーが夢中だった麻雀のことを歌ったものらしい。カントリー風の「フィアレス」はエンディングにリヴァプールＦＣのアンセム「ユール・ネヴァー・ウォーク・アローン」が流れる。「サン・トロペ」はジャズ風味も漂う軽快なポップ・チューン。「シーマス」はスティーヴ・マリオットの愛犬の鳴き声を挿入した前衛的なナンバーだが、この犬、ギルモアが世話したことがあった縁で出演となったらしい。まさか声が収録されるとは、当のお犬様もさぞやびっくりしたことでありましょう。

全英チャートでは3位まで上がったものの、米ビルボードでは前作に及ばず、70位がハイエスト・ポジション。音楽メディアにおける評価も、ＮＭＥが「素晴らしくよく出来ている」、ローリングストーンが「的確かつ豪快に宣言しているのは、このバンドが再び成長段階にいるということだ」と好意的だったのに対して、メロディメーカーは「駄作、馬鹿みたいなヴォーカルと古臭いインスト練習曲」と酷評した。

ジャケットも「青い光に照らされた謎の物体は何だ？」と物議を醸したが、これは浅い水に浸かった人間の耳のクローズアップで、波紋は音の波形を表わしているそう。バンド側も「『原子心母』は中身よりジャケットの方がよかったけれど、『おせっかい』では逆転した」と語っている。

真下部

PINK FLOYD
Obscured By Clouds
雲の影

Harvest：SHSP 4020
録音：1972年 2 月23日〜 4 月 6 日
発売：1972年 6 月 2 日
［A］
1. Obscured By Clouds
2. When You're In
3. Burning Bridges
4. The Gold It's In The ...
5. Wot's ... Uh The Deal
6. Mudmen

［B］
1. Childhood's End
2. Free Four
3. Stay
4. Absolutely Curtains

プロデューサー：Pink Floyd

『おせっかい』と『狂気』のあいだ、地味に発表されたサントラ盤だったから、谷間という印象で、ゆえに語られることが少なくなってしまったが、こういうアルバムをスルーすると、ピンク・フロイドは5枚持っていればいい、なんてことにもなりかねない。ずばぬけた曲はないし、ジャケットも『原子心母』のような強烈なものではないから、目立たないのは確かだけれど、次の大傑作『狂気』に向けてのステップだとみれば、納得できる部分も多い秀作だと思う。

全英6位はともかく、米ビルボードで46位という過去最高の成績を残したのは見逃せないところだ。ピンク・フロイドへの期待が世界的に高まっていた証拠だろうし、情報が少なかった70年代の音楽ファンは、地味なアルバムから未だ語られていない真実を掴もうと躍起になったものだ。

『モア』のバーベット・シュローダー監督の第2作『ラ・ヴァレ』のサントラ盤というのが本作の立場で、レコーディングはパリ郊外のシャトー・ドゥ・デルヴィーユで行われた。

１７４０年に創建、かつてゴッホが描き、ショパンが滞在したこともあった30部屋を擁する大邸宅を改装したストロベリー・スタジオである。エルトン・ジョンの『ホンキー・シャトー』、デイヴィッド・ボウイの『ピンナップス』などといった名作を産んだ場所だ。

72年2月23日から29日の日本〜オーストラリア公演のあと、いったん帰国した際に曲が準備されたのだろう。3月23日から27日までの13日間という短い期間で仕上げるというハードなスケジュールだった。ギルモアはのちに、「どうやってアルバムをつくるべきか、ぼくらは議論した。ただ曲を並べておけばいいというヤツもいたし、きっちりコンセプトを決めるべきだと主張するヤツもいたが、結局は、ゆるく統一するのを目標にアルバムをつくっていったんだ」と語っている。その通りになったわけか。

ギルモアのつんざくようなスライド・ギターが耳に残る「雲の影」から始まる10曲には、それなりの一体感があり、劇伴を詰めたサントラ盤とは一線を画している。メイスンの荒々しいドラムスがいい「ホエン・ユーアー・イン」も主役はギルモアのギターだ。「バーニング・ブリッジ」はブルージーな味わいの佳曲で、ヴォーカルはギルモアとライト。再びギルモアのヘヴィなギターがリードする「ザ・ゴールド・イッツ・イン・ザ…」はアメリカのサザン・ロックのようで、翌年デビューするレナード・スキナードに近かったり。一転、「ウォッツ…アー・ザ・ディール」はスロー・バラードで、叙情的なピアノ・ソロとスライド・ギターが印象に残る。インストの「マッドメン」でアナログA面を終えると、ギルモアらしいギター・サウンドの「チャイルドフッズ・エンド」でB面がスタート。このタイトルはアーサー・C・クラークの同名小説からの引用だろうから「大人への躍動」って邦題には疑問が残る。「幼年期の終わり」でしょ、やはり。

陽気な「フリー・フォア」はアルバムで唯一ウォーターズがヴォーカルの曲だが、歌詞はグループのその後を暗示させるような内容。ライトがたおやかに歌いあげる「ステイ」は佳曲だし、映画用に録音されたマプカ族のアカペラをフィーチャーした「アブソルートリー・カーテンズ」も面白い。

サウンドトラックとして制作されたこれらの曲たちが、映画ではほんの少ししか使われていないのは残念だし、フランス領事と結婚している若妻がニューギニアで知り合った冒険家たちと処女地「ラ・ヴァレ」を目指して旅をするという映画は何とも評価し難いと記しておく。シュローダーの狙いなんか考えず、ピンク・フロイドのオリジナル・アルバムとして、普通に聴いていただいた方がいいだろう。

真下部

PINK FLOYD
The Dark Side Of the Moon
狂気

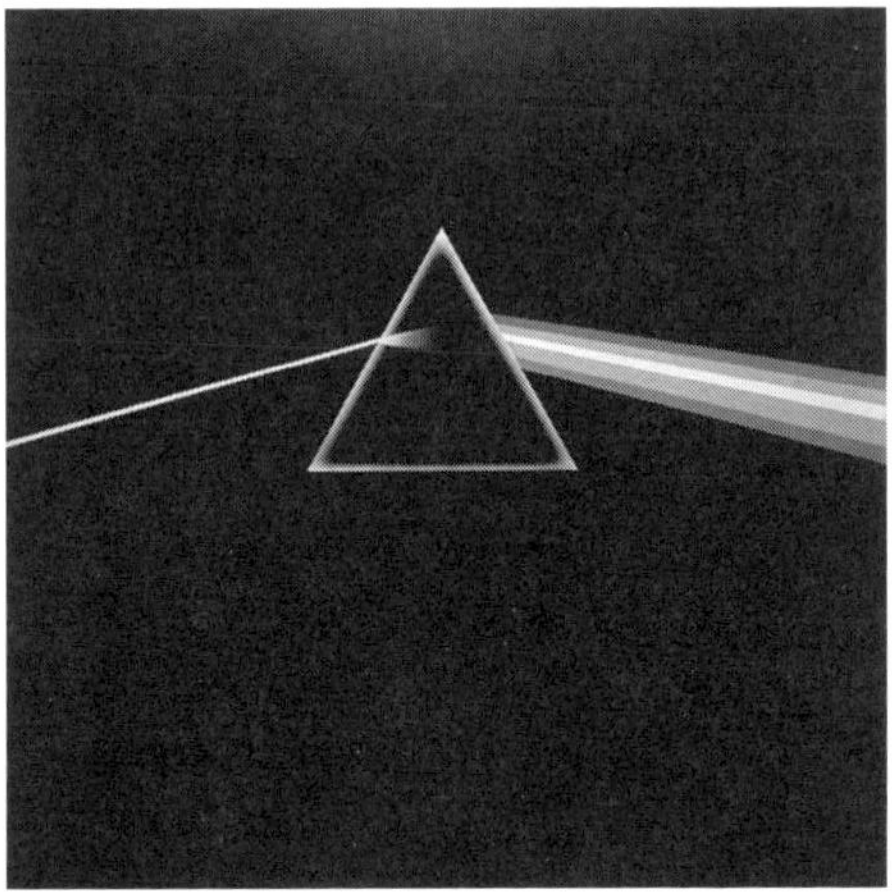

Harvest：SHVL 804
録音：1972年５月31日〜1973年２月９日
発売：1973年３月16日
［A］
1. Speak To Me
2. Breathe
3. On The Run
4. Time
5. The Great Gig In The Sky

［B］
1. Money
2. Us And Them
3. Any Colour You Like
4. Brain Damage
5. Eclipse

プロデューサー：Pink Floyd
スーパーヴァイザー：Chris Thomas
参加ミュージシャン：
Dick Parry (sax)
Clare Torry (vo)
Doris Troy (cho)
Lesley Duncan (cho)
Liza Strike (cho)
Barry St. John (cho)

フロイドと言えばこれ、という大傑作であるばかりでなく、70年代ロックを代表するウルトラ・メガ・ヒット・アルバムである。英・ミュージック・ウィークでは２９２週、米・ビルボードでは何と７４１週に渡ってトップ２００内に居座り続けるという快挙を成し遂げ、ＣＤ化やリマスターの際にもチャート・イン。現在までの累計売上は７０００万枚に達していると言われるほどの怪物だ。

謎めいたストーリー性が売りなのかと思えば、サウンドは明快でヴァラエティに富んでいる。まるで優れたＳＦ映画のみたいにドラマティックなのに、イージーリスニングやアンビエント・ミュージックのように生活の中に溶け込める心地よさを兼ね備えているのだ。こんなロック・アルバムは他にない。ピンク・フロイドが好きとは言えないが、『狂気』は持っているという人は沢山いるし、日本の野球で言えば長嶋茂雄ぐらい〝特別な存在〟なのである。

制作が始まったのは72年初頭。時間や金の流れを含む文明社会、もしくは〝現代の生活全般から、象徴となる部分を切り取ったコンセプト・アルバム〟を提案したのは、作詞のすべてを担当したウォーターズだった。メンバーで曲（というよりシークェンス）を書き分け、各パーツを煮詰めながら、ステージで演奏することで、取捨選択が行われていった。題して、「月の裏側　多彩な狂人のための作品」。

構成を決めていったのはウォーターズだが、このころはまだ合議制で、『アニマルズ』以降のような独裁化はなかった。明らかに次作が分岐点だから、本作は4人が平等だった最後の作品だったのかもしれない。

冒頭、心臓の鼓動にさまざまな生活音・環境音に会話や笑い声がオーヴァーラップしてくるという演出は、〝人間〟がいる場所を表現したかったからに違いない。そのシークェンス「スピーク・トゥ・ミー」の作者がメイスンとなっているのは、印税の分配を考慮した結果だろう。ライトを作者とした「ザ・グレート・ギグ・イン・ザ・スカイ」はクレア・トリーによるアドリブのスキャットのおかげでアルバムのハイライトとなったが、トリーが自分のヴォーカルがこんなにメインなのを知ったのは発売後のことであり、のちのステージでは別の女性シンガーがこのスキャットを再現することになる。そのため、２００５年に彼女に作曲クレジットが与えられたのだが、過去32年の分が精算されたわけではなかったはずだ。「マネー」と「アス・アンド・ゼム」で素晴らしいサックス・ソロを吹いたディック・パリーは一体いくらもらったんだろう？　「エニー・カラー・ユー・ライク」がウォーターズを除く3人の作となっているのも、印税の分配で揉めないように、という策だったに違いない。

アナログの16トラック時代にこれほど凝ったレコーディングができたのは、エンジニアの技術的なサポートによってメンバーのアイディアがみごとに具現化されたから。名盤の制作の裏側に迫る映像ドキュメント『クラシック・アルバム』でも取り上げられ、（現在は絶版だが）ソフト化もされているから興味がある人は必見だが、何メートルもあるテープ・ループや、キャッシュ・レジスターの音が入ったテープを録音テープに等間隔で切り貼りしてつくられた「マネー」のリズムなどは、近代レコーディング史に残る革命だ。

しかし、さまざまな手法を試しすぎたため、各曲のミックスも終わり、さあ全体をつなげようとなったときに、メンバーは誰も明確な意見を言えなかった。そこで急遽、エンジニアのアラン・パーソンズの先輩にあたるプロデューサー、クリス・トーマスが呼ばれ、スーパーヴァイザーとしてアルバムの流れを決めたのである。

真下部

PINK FLOYD
The Dark Side Of The Moon – 30th Anniversary Edition
狂気〜2003年リマスター

EMI：7243 582136 2 1［SACD］
発売：2003年３月31日
［SACD］The Dark Side Of The Moon: 5.1 remix and stereo remaster
［CD］The Dark Side Of The Moon: stereo remaster

Discogsで『狂気』を検索すると、何と1200近いヴァージョンが表示されるが、その中で一際目を引くのが、〈ステンド・グラス・ジャケット〉として知られるこの03年版だ。CD／SACDハイブリッド盤となっており、『ザ・ウォール』（79年）以来、長年に渡ってフロイド作品のエンジニアリングを担当しているジェイムズ・ガスリーによって、新たに24ビット・デジタル・リマスタリングが施された通常のステレオ音源と、5・1チャンネル・サラウンド・ミックスが収録されている。

『狂気』は73年の発売と同時に、クアドラフォニック・レコードと8トラック・テープも発売されており、オリジナルのエンジニアを担当したアラン・パーソンズによる、なかなか実験的な仕上がりの4チャンネル・ミックスが収録されていた。対してガスリーのミックスは、オリジナルに忠実ではあるが、奥行きのある臨場感たっぷりの仕上がりになっている。古くから音響効果を重視していたフロイドは、ライヴでも複数のスピーカーを使って立体的な音像を作り出しており、88年の来日公演でも5チャンネルの音場が造られていた。それを考えると、ライヴの音響の再現を意識していた一面があったのではないか。『狂気』はリリース前からライヴで演奏することで磨かれてきた作品だけに、ようやく本来目指していた形でのリリースが叶ったと言ってもいいのかもしれない。

なお、5・1ミックスは11年の『狂気コレクターズ・ボックス』にも収録。**池上**

PINK FLOYD
The Dark Side Of the Moon - Immersion Box Set
『狂気』コレクターズ・ボックス

EMI：50999 029431 2 1［CD+DVD+Blu-ray］
発売：2011年 9 月27日

［CD1］The Original Album, Remastered In 2011
［CD2］The Dark Side Of The Moon Live At Wembley 1974
［DVD1］The Original Album, Multi-Channel Audio Mixes
［DVD2］
Audio-Visual Material
・Live In Brighton 1972
・The Dark Side Of The Moon 2003 Documentary
Concert Screen Films In LPCM Stereo And 5.1 Surround Mixes
・British Tour 1974
・French Tour 1974
・North American Tour 1975
［Blu-ray］High Resolution Audio And Audio-Visual Material
Audio
［CD3］Previously Unreleased Tracks
The Dark Side Of The Moon Early Mix (1972)
1. Breathe (In The Air)
2. On The Run
3. Time
4. The Great Gig In The Sky
5. Money
6. Us And Them
7. Any Colour You Like
8. Brain Damage
9. Eclipse

Extra Audio Tracks
10. The Hard Way (From 'Household Objects')
11. Us And Them (Richard Wright Demo)
12. The Travel Sequence (Live In Brighton June 1972)
13. The Mortality Sequence (Live In Brighton June 1972)
14. Any Colour You Like (Live In Brighton June 1972)
15. The Travel Sequence (Previously Unreleased Studio Recording)
16. Money (Roger Waters Demo)

２０１１年９月に始まった、英ＥＭＩによるピンク・フロイドの一大リマスター・プロジェクトのハイライトとなった集大成的ボックス・セット。ＣＤ３枚にＤＶＤ２枚、ブルーレイ1枚が26センチ角の箱に収められている。ヒプノシスのストーム・トーガソンがアートワークを手掛け、写真集や当時のチケットのレプリカ、ポスターなどに加え、黒いビー玉が3個が付属していたことも話題となった。

　このセットは、数々のメモラビリアを提示することで、発売当時のムードを立体的に伝える〝豪華ボックス〟の先駆けとなったが、デジタル・メディアだけで構成されているなど、時代を感じさせるところもある。現在なら、アナログ・レコードも同梱されるだろう。

　アルバム本編はジェイムズ・ガスリーによる11年リマスターを軸に、ガスリーによる03年版5.1chサラウンド・ミックス、73年にリリースされていたアラン・パーソンズによるクアドロ・ミックスなどをＤＶＤ／ブルーレイ・ディスクに収録。さらに、当時ＢＢＣラジオでオン・エアされた74年11月の英ウェンブリー・アリーナ公演などのライヴ録音や、パーソンズによるアルバムの初期ミックスとアウトテイク、頓挫したアルバム『ハウスホールド・オブジェクツ』用のトラックなどが発掘された。

　また、03年制作のドキュメンタリーに加えて、72年のブライトン公演、当時のステージで使用されたスクリーン・フィルムなど、映像の発掘も充実。見応え充分だ。　**犬伏**

PINK FLOYD

The Dark Side Of The Moon – 50th Anniversary Box Set

狂気～50周年記念盤ボックス・セット

Legacy：19658713451［CD+LP+Blu-ray+DVD+7″］
発売：2023年３月24日
［CD1］［LP1］The Dark Side Of The Moon: 2023 Remaster
［CD2］［LP2］The Dark Side Of The Moon – Live At Wembley Empire Pool, London, 1974
［Blu-ray1］Original album 5.1 and high-resolution remastered stereo mixes
・5.1 Surround Mix – 24bit/96kHz Uncompressed
・Stereo Mix – 24bit/192kHz Uncompressed
・5.1 Surround Mix – dts-HD MA
・Stereo Mix – dts-HD MA
［Blu-ray2］Original album Atmos and high-resolution remastered stereo mixes
・Dolby Atmos Mix
・Stereo Mix – 24-bit/192kHz Uncompressed
・Stereo Mix – dts-HD MA
［DVD］Original album 5.1 and remastered stereo mixes
・5.1 Surround Mix – Dolby Digital @448 kbps
・5.1 Surround Mix – Dolby Digital @640 kbps
・Stereo Mix (LPCM) – 24-bit/48 kHz Uncompressed
［7″-1］Money / Any Colour You Like
［7″-2］Us And Them / Time

The Dark Side Of The Moon – Live At Wembley Empire Pool, London, 1974

狂気：ライヴ・アット・ウェンブリー1974

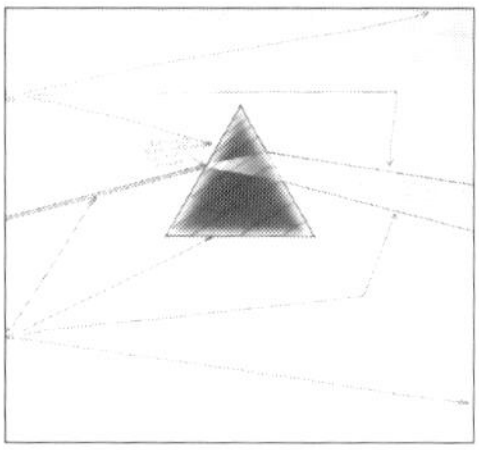

Legacy：19658713472［CD］

『狂気』が発売50周年を迎えた。当然のように超豪華なボックス・セットが用意されていたわけだが、その前後の動きも含めて書いてみたいと思う。現時点では現物が届いておらず、音を聴けていないことはご了承いただきたい。

23年1月17日。ユーチューブのピンク・フロイド・オフィシャル・チャンネルに、“#TDSOTM50”というタグとともに、黒い三角のマークが鼓動する短い動画がアップされると、その2日後の1月19日に『狂気－50周年記念盤ボックス・セット』のリリースが発表された。その中身は、ジェイムズ・ガスリーによる『狂気』の23年最新リマスタリングのCDとLP。ハイレゾ音源を収録した2枚のブルーレイには、1枚には5.1chサラウンド・ミックスなど4種類、もう1枚にはフロイド初のドルビー・アトモスなど3種類。DVDには5.1chサラウンド・ミックスなど3種類の音源が収録された、音響にこだわるフロイドらしい内容となった。さらに、2種のアナログ7インチ・シングル。未発表写真などを収録したハードカヴァー本やスコア集。73年に行われた『狂気』の試聴会のパンフレットと招待状のレプリカなども付属している。

セットの内容でもう1つ重要なのが、74年の〝ブリティッシュ・ウィンター・ツアー〟におけるロンドンのウェンブリー・エンパイア・プール公演から、『狂気』の全曲演奏の部分を抜き出した『狂気：ライヴ・アット・ウェンブリー1974』だ。これはアルバム発売後の『狂気』の演奏の中でも良い出来だとされていたもので、単独のCDとLPでも発売されることになっており、CDは日本のみ紙ジャケット仕様での発売となる。なお、50周年ボックスそのものは輸入盤のみの発売。日本盤を製造するとフロイド側の品質チェックが必要となるため、発売時期が大幅に遅れてしまうためだ。

昨年末にも不思議な動きがあった。22年12月の半ば頃、ストリーミングにライヴ音源が19公演分（日本公演も含む）とデモやアウトテイクなど、72年の音源ばかりが大量に突然アップされたのだ。音質はブートなどで聴けるものそのままで、サウンドのクオリティに異常なほど気を遣うフロイドにしては異例なことだった。これは、ヨーロッパでの著作権保護期間が50年であるために、パブリック・ドメイン扱いにならないように新規リリースしておくという対応だったのだが、実にタイムリー。『狂気』は72年からライヴで演奏し始め、徐々に完成させていった作品なので、これらのライヴ音源で完成への過程を追体験するのも面白いだろう。

日本でも独自の動きがあった。21年に日本独自仕様で『原子心母』の〝箱根アフロディーテ50周年〟記念盤が出たが、今度は72年の2回目の来日公演の50周年記念盤という企画が持ち上がっていたのだ。この来日公演では発売前だった『狂気』の楽曲が演奏されており、そのライヴ音源を『狂気』とのセットで出したいというものだった。それは残念ながらフロイド側のOKが出なかったが、〝箱根アフロディーテ盤〟のクオリティが認められたことで、『狂気』を同じ7インチ紙ジャケット仕様でリリースできることになった。それが、『狂気－50周年記念SACDマルチ・ハイブリッド・エディション』だ。マスターには、ジェイムズ・ガスリーが19年にリマスターし、21年にアメリカの高音質専門レーベル、アナログ・プロダクションズからリリースされた、SACD／CDマルチ・ハイブリッド盤の音源を使用。5.1chサラウンド・ミックスは、03年の『狂気 SACD／CDハイブリッド盤』（ステンド・グラス・ジャケット）に収録の音源をブラッシュ・アップしたものだ。これらの音源は共に日本初リリースとなる。さらに、72年の来日時の復刻グッズなどを15種類も封入。まさに日本側の丁寧な仕事の賜物なのだ。

池上

PINK FLOYD
Wish You Were Here
炎〜あなたがここにいてほしい

Harvest：SHVL 814
録音：1975年１月13日〜７月28日
発売：1975年９月12日
［A］
1. Shine On You Crazy Diamond (1-5)
   a) Part 1
   b) Part 2
   c) Part 3
   d) Part 4
   e) Part 5
2. Welcome To The Machine

［B］
1. Have A Cigar
2. Wish You Were Here
3. Shine On You Crazy Diamond (6-9)
   a) Part 6
   b) Part 7
   c) Part 8
   d) Part 9

プロデューサー：Pink Floyd
参加ミュージシャン：
Dick Parry (sax)
Roy Harper (vo)
Venetta Fields (cho)
Carlena Williams (cho)

『狂気』の驚異的なセールスがフロイドのプレッシャーとなったことは間違いない。既成概念を回避しないかぎり新作をつくれないと踏んだのか、彼らは〝楽器〟を一切使わない実験アルバム『ハウスホールド・オブジェクツ』の制作に取りかかる。輪ゴムや水を入れたワイン・グラスなどの音がリズムや音階にならないか?と考えたのは、「マネー」のレジスターが成功したからだろう。しかし、アナログのシンセサイザーしかなかった時代にそれは無理で、悲しいかなこの試みは実を結ばなかったのだ。が、実験の残骸は「クレイジー・ダイアモンド　パート1」で聴くことができる。

　このアルバムを制作しているスタジオにシド・バレットが姿を現したというエピソードは有名だ。かつての美青年の面影はなかったため、メンバーは最初、それが彼だと気づかなかったという。頭は禿げ上がり、眉毛はなく、だらしなく太ってしまったシド。その変わりようにみんなは涙したそうだ。それは彼へのオマージュとして書かれた「クレイジー・ダイアモンド」の歌入れに差しかかるときだった。

　レコーディングは、74年6月のフランス・ツアーで披露された「クレイジー・ダイアモンド」と「レイヴィング・アンド・ドゥルーリング」から始まった。そこに「ユー・ガッタ・ビー・クレイジー」と「ハヴ・ア・シガー」が加わり、最終的に組曲となった「クレイジー・ダイアモンド」と「ハヴ・ア・シガー」が採用された。「レイヴィング・アンド・ドゥルーリング」と「ユー・ガッタ・ビー・クレイジー」は手直しされたのちに「シープ」「ドッグ」として『アニマルズ』に収録されることになるのだ。途中で曲目の変更を余儀なくされたのは、“British Winter Tour '74”という海賊版が、アン・アフィシャル盤としては異例のヒットとなっていたからで、その結果、次作に収録予定の曲をステージで練り上げていくという方法を取らなくなってしまうのだった。それは〝本作まで〟と〝次作以降〟の大きな違いとなり、バンドの歴史を分断することになる。

　9つのパートに分かれている「クレイジー・ダイアモンド」はトータルで26分に及ぶ。それをアナログ盤の片面に収めようとすれば当然音質は下がるから、ウォーターズは最初と最後に分けた方がいいと主張し、あいだに3曲を挟むことになったのだ（私はたまにメモリー機能を使って通しで聴いてみるが、これもまた乙なものだと思っている）。

「ハヴ・ア・シガー」はウォーターズの声域に合わなかったためギルモアのヴォーカルで試したりしたが、歌詞との整合性を考えてロイ・ハーパーの起用となった。印象的な〝ウィッチ・ワンズ・ピンク？（ピンクさんはどっちなの）〟はレコード会社の重役が実際に口にしたセリフだったそうで、ウォーターズは87年のソロ・ツアーの日程がフロイドとバッティングした際、この言葉でTシャツを作っている。

　フロイド側から「あなたがここにいてほしい」という邦題を指定されたという「ウィッシュ・ユー・ワー・ヒア」は、12弦ギターを弾き語るギルモアの絵が浮かぶ超名曲。同じスタジオでステファン・グラッペリとユーディ・メニューインがレコーディングしていたため、ジャズ界とクラシック界を代表するヴァイオリンの巨匠に参加してもらおうというアイディアが出た。２０１１年に発売されたコレクターズ・ボックスではグラッペリのヴァージョンが日の目を見ることになったが、当時はもちろんノー・クレジット。数小節のプレイに支払われたギャラは３００ポンドだったらしい。

　しかし、メンバーよりもこの作品にノッていたはヒプノシスだろう。アートワークに膨大な金をかけられたのも『狂気』のおかげ。本作は英米で1位となった。

真下部

PINK FLOYD
Wish You Were Here - Immersion Box Set
『炎～あなたがここにいてほしい』コレクターズ・ボックス

EMI：50999 029435 2 7［CD+DVD+Blu-ray］
発売：2011年11月４日

［CD1］The Original Album, 2011 Remaster

［CD2］Unreleased Audio Tracks

1. Shine On You Crazy Diamond (Live At Wembley 1974)
2. Raving And Drooling (Live At Wembley 1974)
3. You've Got To Be Crazy (Live At Wembley 1974)
4. Wine Glasses (From The 'Household Objects' Project)
5. Have A Cigar (Alternative Version)
6. Wish You Were Here (With Stéphane Grappelli)

［DVD1］The Original Album, Multi-Channel Audio Mixes

・5.1 Surround Mix (2009) 448kbps
・5.1 Surround Mix (2009) 640kbps
・LPCM Original Stereo Mix (1975)
・4.0 Quad Mix (1975) 448kbps
・4.0 Quad Mix (1975) 640kbps

［DVD2］Audio-Visual Material

Concert Screen Films, 1975 LPCM Stereo 48kHz/24 Bit: Shine On You Crazy Diamond (Part I) / Shine On You Crazy Diamond / Welcome To The Machine
Storm Thorgerson Short Film, 2000 LPCM Stereo 48kHz/24 Bit
Concert Screen Films, 1975 (5.1 Surround Sound) Dolby Digital @ 448 Kbps: Shine On You Crazy Diamond (Part I) / Shine On You Crazy Diamond / Welcome To The Machine

［Blu-ray］High Resolution Audio And Audio - Visual Material

Audio

・5.1 Surround Mix (2009) 96kHz/24 Bit
・Original Stereo Mix (1975) 96kHz/24 Bit
・4.0 Quad Mix (1975) 96kHz/24 Bit

Audio-Visual

・Concert Screen Films, 1975 LPCM Stereo 48kHz/24 Bit
・Storm Thorgerson Short Film, 2000 LPCM Stereo 48kHz/16 Bit
・Concert Screen Films, 1975 5.1 Surround Sound 48kHz/24 Bit

　2011年9月に発売された『狂気』のボックスに続き、同じ年の11月にリリースされた集大成的セット。2枚のCDにDVDオーディオ、映像版DVD、ブルーレイ・ディスクの計5枚が前作と同じサイズの箱に収められた。本作も付属品が充実している。ストーム・トーガソンによるカラーのブックレットやジル・フルマノフスキーによる当時のショットを集めた写真集、ツアー・チケットやバックステージ・パスのレプリカ、コレクターズ・カードやコースターに加え、なんとスカーフも封入された。前回話題となったビー玉もしっかり箱に収められている。

　本ボックスの軸となるのはジェイムズ・ガスリーによるアルバムの最新リマスター版で、CDとDVDオーディオに加えてブルーレイにもハイ・レゾリューション版が収録されている。DVDとブルーレイには5.1chサラウンド・ミックスもあるが、これはガスリーが09年に制作しながら未発表だったもの。この時期、フロイドはダウンロード販売に関しEMI

に訴訟（アルバムから切り離して販売してはならないという条項を守らなかったとの主張によるもの）を起こしていた。その後決着し、10年の初めには本ボックスを含むリマスター・プロジェクトがスタートしていることから、リジェクトされたのではなく発売のタイミングを探りながら本作に辿り着いたと考えるのが妥当だろう。さまざまなSEが用いられたアルバムだけに、ガスリーによるサラウンド・ミックスは、それらが飛び交う効果が顕著に現れたミックスとなっている。76年にリリースされていながら、長らく入手困難だったオリジナルの4チャンネル・ミックスも発掘され、DVDとブルーレイに収められているのが嬉しい。

もう1枚のCDには6曲の未発表トラックが集められているが、『狂気』ボックスにも収録された74年11月のロンドン、ウェンブリー・エンパイア・プール公演における3曲の〝新曲〟は最大の聴きものだろう。このショウは当時BBCラジオでオン・エアされたが、これらは新曲のため放送ではカットされ、『狂気』ボックスにも収録されていない。「クレイジー・ダイアモンド」は本作の原点となったもので、まだひとつの大きな〝組曲〟として演奏されていた時期のもの。続く2曲は歌詞をごっそり入れ替え『アニマルズ』の収録曲となったもので、公式にリリースされたのはこれが初めてである。「ワイン・グラシズ」は『狂気』発売後に制作がスタートしながら頓挫した『ハウスホールド・オブジェクツ』からのトラックで、『狂気』ボックスに続く2曲目の発掘となるもの。「葉巻はいかが」はロイ・ハーパーが歌ったリリース版とは異なり、ロジャー・ウォーターズのヴォーカルを聴くことができる。「あなたがここにいてほしい」はジャズ・ヴァイオリニストのステファン・グラッペリを大々的にフィーチャーしたヴァージョンで、リリース版ではコーダ部分でわずかに聞こえる彼の演奏が大胆に用いられている。グラッペリの起用は、アビー・ロード・スタジオの別の部屋で彼が録音していることを知り、ギルモアが誘ったためらしい。

映像版DVDは単独での鑑賞にふさわしいとはいえないながらも、この時期のフロイドのステージの記録として極めて資料的価値が高いものが集められている。「コンサート・スクリーン・フィルム」として括られた2本の映像は、それぞれの曲の演奏中にステージのバックで流されたもので、ストーム・トーガソン制作のイメージ映像や、『ザ・ウォール』でお馴染みの漫画家、ジェラルド・スカーフのアニメーションを見ることができる。「ストーム・トーガソンによるショート・フィルム」は彼が本作のCD再発時に制作した6分のイメージ映像を収めたものだ。

犬伏

PINK FLOYD
Animals
アニマルズ

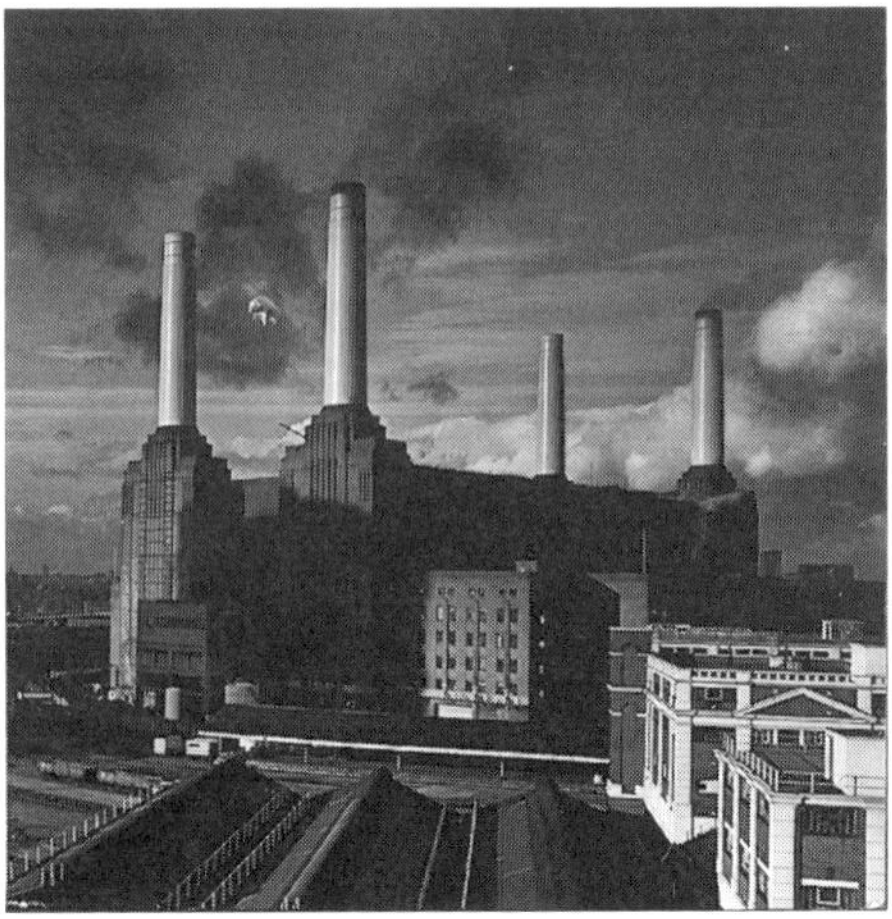

Harvest：SHVL 815
録音：1976年４月～12月
発売：1977年１月21日
［A］
1. Pigs On The Wing 1
2. Dogs

［B］
1. Pigs (Three Different Ones)
2. Sheep
3. Pigs On The Wing 2

プロデューサー：Pink Floyd
参加ミュージシャン：
Snowy White (g)

『狂気』発売後、一時は方向性を見失いそうになったピンク・フロイドだったが、ロジャー・ウォーターズが温め、74年のツアーで演奏された〝新曲〟が功を奏し、かつての盟友シド・バレットとフロイドの今を重ね合わせた大作「クレイジー・ダイヤモンド」を軸に据えたアルバム『炎～あなたがここにいてほしい』は完成した。これにより、『狂気』の作詞を一手に請け負ったウォーターズの〝コンセプト〟志向はより強いものとなり、アルバム制作においては彼による〝独裁〟と呼ぶべき強い体制が敷かれていく。前作において、かつて圧倒的才能を有しながらも壊れていったバレットを自身の中で消化し、ショウビジネスの矛盾や葛藤をストレートな表現で描いたウォーターズは、本作ではその目線を社会へ向けることになる。コンセプトの元となったのは20世紀初期の英国を代表する作家のひとり、ジョージ・オーウェルが44年に発表した小説『動物農場』であり、ウォーターズは豚を資本家、犬をビジネスマン、羊を労働者などと位置付け、現在の社会や文明を痛烈に批判するアルバム制作に挑んだのだ。

　これらのスケッチ的役割を果たしたのが、「クレイジー・ダイヤモンド」とともに74年のツアーで演奏された「レイヴィング・アンド・ドルーリング」と「ユーヴ・ゴット・トゥ・ビー・クレイジー」だった。フロイドは『狂気』の制作にあたり、発表前の楽曲をステージで練り上げていったが、この2曲も同様の効果を狙ったものだった（ただし、74年ツアーで演奏された〝新曲〟がブートレグとして売られ、大きなセールスを記録したことから、これ以降未発表曲がステージで演奏されることはなくなった）。いずれも歌詞が一新され、前者が「シープ」、後者が「ドッグ」として完成したが、言葉のチョイスは極めて辛辣でかつ、直接的になった。このストレートな手触りは演奏面にも顕著で、かつて〝音響派〟とも称されたフロイドとは思えないようなソリッドな手触りがアルバム全編に感じられる。これには、イズリントンの教会を改造した専用のレコーディング・スタジオでの録音が思いのほかうまくいかなかったという事情もあるようだが、歌詞のメッセージが強くなったことで、かつてのようなＳＥが随所にあしらわれてはいるものの、各々の楽曲はよりロック色の強い仕上がりになった。

　本作ではテムズ河沿いに建つバターシー発電所が〝文明の象徴〟としてアートワークに用いられたが、発売したあとは皮肉にも世界的な観光名所となった。煙突の間に巨大な豚のバルーンが浮かんでいるのが見えるが、これは手綱が外れ飛び去っていく場面を捉えたもので、緻密な計算と準備を重ねデザインをカタチにするヒプノシスにしては珍しく、トラブルの〝偶然性〟が功を奏するという希有な例となった。このアートワークに関しても一悶着あり、ウォーターズはスリーヴ・デザインが自分のアイディアであると主張、クレジットに自身の名前を入れたことでヒプノシスとの関係に大きな亀裂が入る原因となった。このように、彼の主導体制はアートワークの領域まで及んだが、これでもまだ他のメンバーが介在する余地が本作にはあった。しかし、次作『ウォール』においてウォーターズの〝完全独裁体制〟が確立し、フロイドはついに崩壊へと突き進んでいく。

　本作はウォーターズの極めて強い〝批判精神〟が具現化したものであり、彼がインスパイアされたオーウェルの『動物農場』は、時のヨシフ・スターリン政権を痛烈に風刺したものだったが、それに感化されたウォーターズが46年後の23年に、再びスターリンを偶像化しボルゴグラードに銅像を建てたウラジミール・プーチンを利する演説を国連安保理で行うとは、なんとも皮肉なものである。

犬伏

PINK FLOYD

Animals (2018 remix) - Deluxe Edition

アニマルズ(REMIX)

Pink Floyd：PFR28D［LP+CD+Blu-ray+DVD］
発売：2022年10月7日
［LP］2018 remix
［CD］2018 remix
［Blu-ray］
・2018 5.1 Surround Mix
・2018 New Stereo Mix
・1977 Original Stereo Mix
［DVD］
・2018 New Stereo Mix
・1977 Original Stereo Mix
・2018 New Surround Mix

ピンク・フロイドの音の番人とも呼ばれるエンジニア、ジェイムズ・ガスリーが、オリジナルのマスターテープからリミックス。新たなステレオと5.1chミックスを収録し、アートワークも一新しての再リリースとなった。発売されたのは22年だが、タイトルに“2018 REMIX”と付いていることからも分かる通り、実は18年にリリースされる予定だったものが一旦棚上げされ、漸くのお目見えとなったものだ。

発売の遅れの原因は、実に大人気ない論争が原因だった。この新装版のためにマーク・ブレイクが新たに書き下ろしたライナーノーツをデイヴ・ギルモアが気に入らず、これを付けるのなら発売しないと拒否権を発動。これにロジャー・ウォーターズが反発。使用が見送られたこのライナーを自身のウェブサイトで公開しつつ、ギルモアの態度を批判した。ギルモア自身もライナーの内容自体は間違ったことが書いてあるわけではないと認めてはいるようで、どうやらウォーターズ中心の内容になっていたことが気に入らなかったのだと推察される。実際、アルバムの制作中は、ギルモアの第一子が生まれるタイミングであったことからあまり熱が入っていなかったとも言われており、制作はウォーターズが主導。唯一、ギルモアの作曲クレジットがある「ドッグ」も既に74年に完成していたものだった（当時のタイトルは‘Gotta Be Crazy’）。かと思えば、つい最近、ギルモアのギター・プレイを貶したライターをウォーターズが批判し、ギルモアのギター・ソロを気に入っていると発言したというニュースがあったりと、当事者同士でないと分からない呼吸のようなものがあるのかもしれない。

さて、肝心の音だが、実に真面目かつ真摯にフロイドの世界観に向き合っているガスリーらしく、オリジナルの世界観を大きく変えることなく、見事にサウンドをブラッシュ・アップしている。このアルバムのメタリックと言いたくなるような冷たく重厚な世界観に合わせ、各楽器の音の分離を際立たせ、輪郭をシャープに仕上げたことで、演奏のニュアンスまでが見事に立ち上がってくる。特に分かりやすいのが、冒頭の「翼を持った豚（パート1）」で、ウォーターズのヴォーカルからエコーが取り除かれていることだ。ドラマティックな演出よりも現実を目の前に晒すかのようなドライな質感を重視したと言えばいいだろうか。リミックスのコンセプトがここに現れているように思う。細かな音の配置なども変わっているようだが、そういったこと以上に現代的な音の鳴りをしているな、という印象を持った。また、5.1chミックスは、音に囲まれている感覚以上に、重心の低いサウンドを意識しているようだ。同じくガスリーがミックスした『狂気』の5.1chでは、オリジナルのスペイシーな空間を拡張していくような作りだったので、ガスリーがいかにオリジナルの世界観やコンセプトと真摯に向き合っているかが伝わってくる。

77年にリリースされたオリジナルの『アニマルズ』は、これまでになくシリアスなトーンとヘヴィな質感のサウンドや、75年の『炎～あなたがここにいてほしい』と79年の『ザ・ウォール』という大ヒット作の間に挟まれていたこともあってか、長年に渡って地味な扱いを受けてきた。しかし、アルバムで描かれた社会問題やバンドの存在自体が大きくなるなど、取り巻く環境が変化する中で、この作品に対する接し方も変わってきたのだろう。近年は本作への評価もポジティヴにシフトしてきた印象があったので、サウンドもそれに相応しい形にアップデイトしたと考えられる。なお、新しいジャケットは、オリジナルと同じバタシー発電所の再開発されゆく姿を違った角度から撮影したもので、アートワークは元ヒプノシスのオーブリー・パウエルが担当している。

池上

DAVID GILMOUR

David Gilmour

デヴィッド・ギルモア

Harvest：SHVL 817
録音：1978年２月〜３月
発売：1978年５月25日

［A］
1. Mihalis
2. There's No Way Out Of Here
3. Cry From The Street
4. So Far Away

［B］
1. Short And Sweet
2. Raise My Rent
3. No Way
4. Deafinitely
5. I Can't Breathe Anymore

プロデューサー：David Gilmour
参加ミュージシャン：
Rick Wills (b, cho)
Willie Wilson (ds, per)
Mick Weaver (p)
Carlena Williams (cho)
Debbie Doss (cho)
Shirley Roden (cho)

　デイヴィッド・ギルモアがピンク・フロイドの一員となってから最初のソロ・アルバムをリリースするまで、実に10年もの歳月を要している。外部参加作品の多さを考えるとそれは不思議ですらあるが、ギルモアは『アニマルズ』のツアー終了後、それまで手を伸ばさなかったソロ・アルバム制作を始めている。彼はアルバム制作の拠点となった仏のスーパー・ベア・スタジオを、ロジャー・ウォーターズによる独裁的体制から〝逃げ込む〟場として選んだようだ。

　本作は緻密な音作りを誇るフロイド作品と比べれば、随分と肩の力が抜けた仕上がりだ。当時のギルモアの心境が現れているのだろう。彼がフロイド以前のバンド、ジョーカーズ・ワイルドのリック・ウィルスや、ニューカマーズ時代のウィリー・ウィルソンをこのセッションに呼んでいることでもわかるが、ギルモアは気心知れた旧友とのリラックスしたセッションを楽しみたかったのだろう。

　自身が手がけたユニコーンの「ゼアーズ・ノー・ウェイ・アウト・オブ・ヒア」やロイ・ハーパーとの共作「ショート・アンド・スウィート」には〝色〟が感じられるが、アルバム全体ではフロイドと比べ、相当に素朴な印象だ。しかし、ヒプノシスによるアートワークといい、フロイド・ファミリーの作品らしい威厳は失われてはいない。

　この頃、ウォーターズはひとりで『ザ・ウォール』のデモを仕込んでいたわけで、本作はギルモアにとって通らねばならない〝道〟だったに違いない。

犬伏

RICHARD WRIGHT
Wet Dream
ウェット・ドリーム

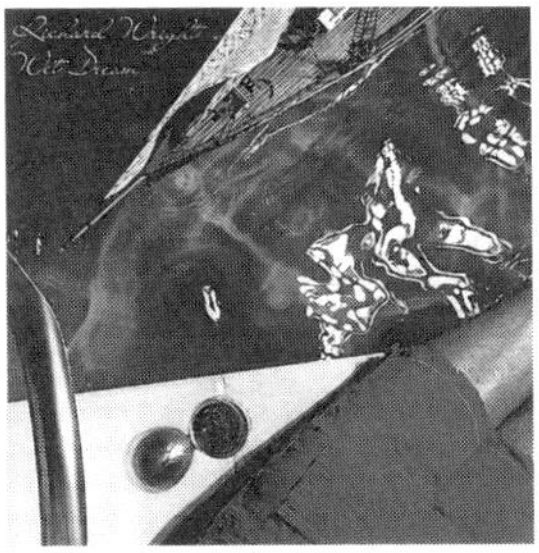

Harvest：SHVL 818
録音：1978年1月10日〜2月14日
発売：1978年9月22日
［A］1. Mediterranean C / 2. Against The Odds / 3. Cat Cruise / 4. Summer Elegy / 5. Waves
［B］1. Holiday / 2. Mad Yannis Dance / 3. Drop In From The Top / 4. Pink's Song / 5. Funky Deux
プロデューサー：Richard Wright
参加ミュージシャン：
Mel Collins (sax, flute) / Snowy White (g) / Larry Steele (b) / Reg Isidore (ds, per)

リチャード・ライトはピンク・フロイドの中における〝バランス感覚〟の要だと思う。押しつけがましいところがないばかりか、音響的に極めて優れた落としどころを見つける術を持っているようだ。だからこそ、バランスを失いそうになったときには、バンドの中で軋轢が生まれ、ライトはバンドから少し距離を置かざるを得なくなるのだろう。

本作はデイヴィッド・ギルモアと同じく78年にリリースされた初のソロ・アルバムで、ギルモアと同じスーパー・ベア・スタジオで、メル・コリンズやスノーウィー・ホワイトらを迎えて録音されている。当時の妻だったジュリエット（彼女はフロイドの前身、ジ・アブダブスのメンバーだった）との共作曲「アゲンスト・ザ・オッズ」を除く9曲はすべてライトによるもの。ギルモアがフロイドとは似て非なるソロを完成させた一方で、本作はまるでフロイド的な仕上がりなのが面白い。ライトがフロイドの〝核〟であることを実感できるアルバムだ。

犬伏

NICK MASON
Nick Mason's Fictitious Sports：空想感覚

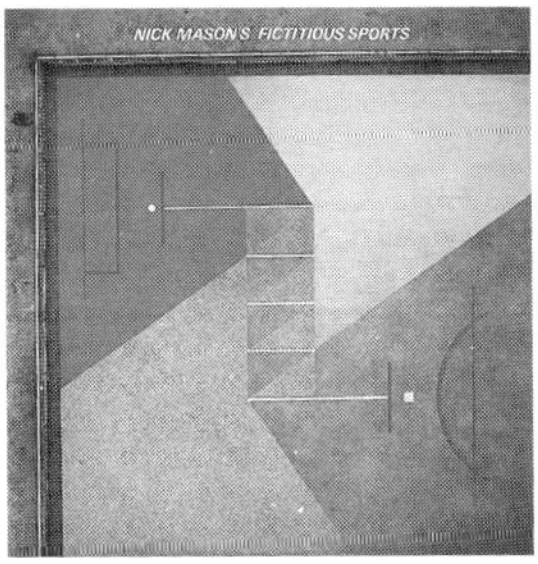

Harvest：SHSP 4116
録音：1979年10月
発売：1981年5月3日
［A］1. Can't Get My Motor To Start / 2. I Was Wrong / 3. Siam / 4. Hot River
［B］1. Boo To You Too / 2. Do Ya ? / 3. Wervin' / 4. I'm A Mineralist
プロデューサー：Nick Mason, Carla Bley
参加ミュージシャン：
Carla Bley (kbd) / Robert Wyatt (vo) / Karen Kraft (vo, cho) / Chris Spedding (g) / Steve Swallow (b) / Michael Mantler (trumpet) / Gary Windo (clarinet, flute) / Gary Valente (trombone) / Howard Johnson (tuba) / Terry Adams (p, harmonica, clavinet) / Carlos Ward (cho) / David Sharpe (cho) / Vincent Chancey (cho) / Earl McIntyre (cho)

デイヴィッド・ギルモアやリック・ライトから遅れること2年、ニック・メイスンにとって初のリーダー・アルバムとなった本作は、『ザ・ウォール』のツアーがまだ続く81年5月にリリースされたが、録音自体は79〜80年に行われていた。先のふたりのソロ作と同様にアートワークはヒプノシスによるもので、それにはある種の〝連作〟的な約束があったのかもしれない。

メイスンと交流があったカーラ・ブレイ、マイケル・マントラー夫妻とのコラボレイション作で、プロデュースはメイスンとブレイの連名だ。作曲はすべてブレイによるもの。彼女のバンドを基本に、ロバート・ワイアットやクリス・スペディングら有名どころも顔を見せた。音楽そのものの軸はブレイ側にあるが、ドラムの音だけは埋もれることなくしっかり前面に出ている。しかし、ドラマーのリーダー作は歌うかドラム・ソロでもなければ個性を出すのは難しい。本作も完成度は高いが、メイスンの立ち位置は不明瞭といわざるを得ない。

犬伏

PINK FLOYD
The Wall
ザ・ウォール

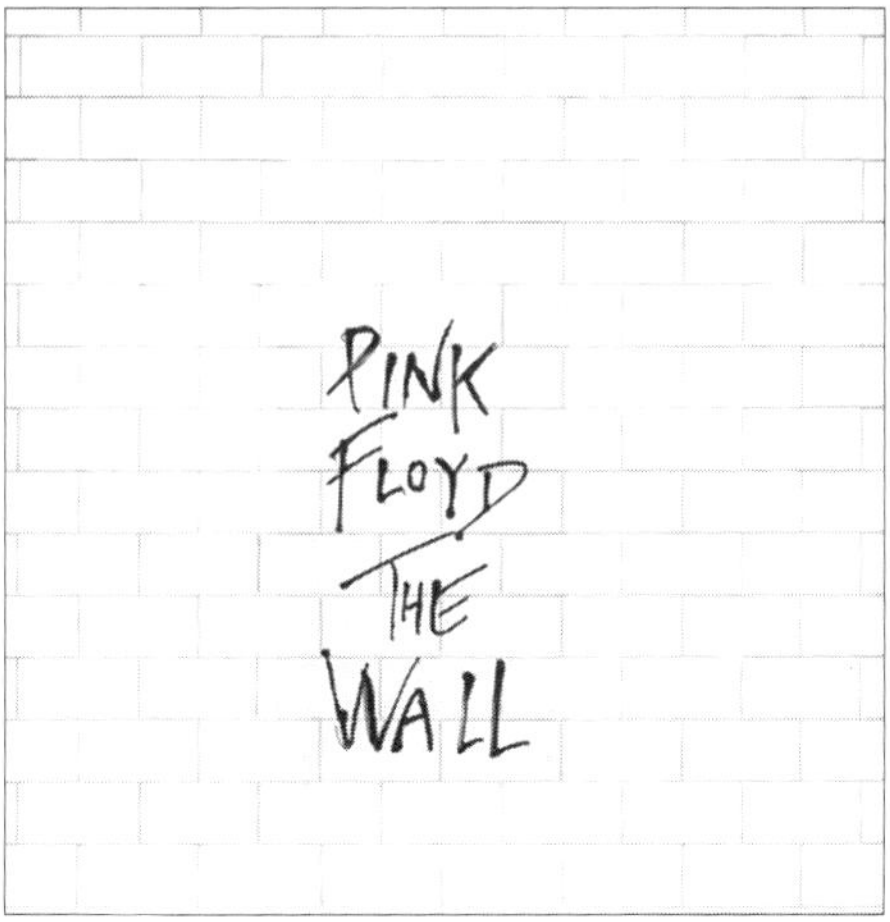

Harvest：SHDW 411
録音：1978年12月〜1979年11月
発売：1979年11月30日
［A］1. In The Flesh? / 2. The Thin Ice / 3. Another Brick In The Wall, Part 1 / 4. The Happiest Days Of Our Lives / 5. Another Brick In The Wall, Part 2 / 6. Mother
［B］1. Goodbye Blue Sky / 2. Empty Spaces / 3. Young Lust / 4. One Of My Turns / 5. Don't Leave Me Now / 6. Another Brick In The Wall, Part 3 / 7. Goodbye Cruel World
［C］1. Hey You / 2. Is There Anybody Out There? / 3. Nobody Home / 4. Vera / 5. Bring The Boys Back Home / 6. Comfortably Numb
［D］1. The Show Must Go On / 2. In The Flesh / 3. Run Like Hell / 4. Waiting For The Worms / 5. Stop / 6. The Trial / 7. Outside The Wall
プロデューサー：Roger Waters, David Gilmour, Bob Ezrin
参加ミュージシャン：
Bruce Johnston (cho) / Toni Tennille (cho) / Joe Chemay (cho) / Jon Joyce (cho) / Stan Farber (cho) / Jim Haas (cho) / Bob Ezrin (kbd, cho, orchestral arrangement) / James Guthrie (per, syn, co-producer, engineer) / Jeff Porcaro (dr) / Children of Islington Green School (vo) / Lee Ritenour (g) / Joe "Ron" di Blasi (g) / Fred Mandel (organ) / Bobbye Hall (per) / Frank Marocco (concertina) / Larry Williams (clarinet) / Trevor Veitch (mandolin) / Vicki Brown (cho) / Clare Torry (cho) / Phil Taylor (sound effects) / New York Opera (choral) / New York Orchestra

ロジャー・ウォーターズは前作『アニマルズ』で痛烈な社会批判を行い、同時にピンク・フロイド内での〝独裁的制作体制〟を確立し始めた。アルバムはアートワークの撮影中に豚のバルーンの綱が外れて飛び去るというトラブルが大々的に報道されたこともあり、発売されると大きな話題となり順調なセールスを記録、世界規模となったツアーも大いに盛り上がりを見せた。しかし、極めてシリアスなアルバムの楽曲と、巨大イヴェントを楽しもうと訪れる観客との意識の〝ギャップ〟は広がる一方だった。挙句の果てにウォーターズは、ツアー最終日となる77年7月6日のカナダ、モントリオールのショウで、騒ぐことを止めない最前列の観客を呼び寄せ、唾を吐きかけてしまうのである。そんなトラブルからデイヴィッド・ギルモアはアンコールでの登場を拒否、セカンド・ギタリストのスノーウィー・ホワイトが代役を務めるという事態も起こっている。その後バンドが暫しの休息に入り、各メンバーはソロ・レコーディングなど個々の活動を行ったが、ウォーターズはツアーでのトラブルからファンとの間にある〝壁〟をあらためて意識するとともに、人々のコミュニケーションに立ちはだかる〝壁〟をテーマに作品を制作することを思い立ち、楽曲を書き進めていった。

　ほかのメンバーがソロ活動で充分にフラストレーションを解消したあとの78年7月、再び招集されたフロイドのミーティングで、ウォーターズは2つのデモ・テープを提示したという。ひとつは〝壁〟を描いた「ブリック・イン・ザ・ウォール」で、もうひとつがウォーターズの欲望をテーマにした「ヒッチ・ハイクの賛否両論」だった。ギルモアは後者があまりに個人的すぎるという理由から前者を選択、作品の方向が定まった。さらにまだ不完全だった楽曲のクオリティとアルバムとしての整合性を高めたいと考えたウォーターズは、ルー・リードの『ベルリン』などコンセプチュアルなアルバムを数多くを手がけていたカナダ人プロデューサー、ボブ・エズリンに協力を依頼する。録音は当初、ロンドンで行われていたが、バンドは税金対策で英国を離れなければならず、ギルモアの提案で彼がソロ・アルバムを制作したフランスのスーパー・ベア・スタジオに拠点を移した。そこではエンジニアとして、今やフロイドのマスタリングでお馴染みになったジェイムズ・ガスリーも加わっている。

　アルバムはコンサートに熱狂するファンを皮肉った「イン・ザ・フレッシュ？」で幕を開け、戦死した父や教育熱心な母、学校で強制される社会への順応など、ウォーターズがそれまで経験したトラウマが次々と描かれていく。主人公はロックスターのピンクへと成長を遂げるが、精神のバランスが崩れていくあたりにシド・バレットの影も見え隠れしている。このように、ウォーターズの極めて個人的な体験がアルバムに散りばめられたが、それは社会における孤独感や断絶、苦悩という人々にとって普遍的なテーマでもあった。本作はウォーターズの〝独裁〟が極まった状態で録音が進められ、対立状態となったリック・ライトとニック・メイスンは制作の最終段階で離脱。そのためアルバムはウォーターズ、ギルモア、エリズンの3人だけがプロデューサーとしてクレジットされる。これまでバンド全員の共同プロデュースでアルバムを制作してきた彼らとしては初めてのことだった。このようにさまざまな〝軋轢〟を描き、現実でもさまざまな〝軋轢〟を産んだのである。しかし、世界を分断する〝壁〟の象徴的存在だったベルリンの壁崩壊後の90年7月、ウォーターズは数多くの有名ゲストを迎え、ベルリンで20万人もの観客を前に『ザ・ウォール』再現ライヴを開催する。それは本作にとって最も象徴的な出来事となった。

犬伏

PINK FLOYD
The Wall - Immersion Box Set
『ザ・ウォール』コレクターズ・ボックス

EMI：5099902943923［CD+DVD］
発売：2012年2月24日
［CD1］［CD2］**The Original Album, 2011 Remaster**
［CD3］［CD4］**Is There Anybody Out There? The Wall Live 1980-1981**
［CD5］**The Wall Work In Progress Part 1, 1979**
1. Prelude (Vera Lynn) / 2. Another Brick In The Wall, Part 2 / 3. Mother / 4. Young Lust / 5. Another Brick In The Wall, Part 2 / 6. Empty Spaces / 7. Mother / 8. Backs To The Wall / 9. Don't Leave Me Now / 10. Goodbye Blue Sky / 11. Don't Leave Me Now / 12. Another Brick In The Wall, Part 3 / 13. Goodbye Cruel World / 14. Hey You / 15. Is There Anybody Out There? / 16. Vera / 17. Bring The Boys Back Home / 18. The Show Must Go On / 19. Waiting For The Worms / 20. Run Like Hell / 21. The Trial / 22. Outside The Wall / 23. Prelude (Vera Lynn) - Roger Waters Original Demo / 24. Another Brick In The Wall, Part 1 / 25. The Thin Ice / 26. Goodbye Blue Sky / 27. Teacher, Teacher / 28. Another Brick In The Wall, Part 2 / 29. Empty Spaces / 30. Young Lust / 31. Mother / 32. Don't Leave Me Now / 33. Sexual Revolution / 34. Another Brick In The Wall, Part 3 / 35. Goodbye Cruel World / 36. In The Flesh? / 37. The Thin Ice / 38. Another Brick In The Wall, Part 1 / 39. The Happiest Days Of Our Lives / 40. Another Brick In The Wall, Part 2 / 41. Mother
［CD6］**The Wall Work In Progress Part 2, 1979**
1. Is There Anybody Out There? - Roger Waters Original Demo / 2. Vera - Roger Waters Original Demo / 3. Bring The Boys Back Home - Roger Waters Original Demo / 4. Hey You / 5. The Doctor (Comfortably Numb) / 6. In The Flesh / 7. Run Like Hell / 8. Waiting For The Worms / 9. The Trial / 10. The Show Must Go On / 11. Outside The Wall / 12. The Thin Ice Reprise / 13. Outside The Wall / 14. It's Never Too Late / 15. The Doctor (Comfortably Numb) / 16. One Of My Turns / 17. Don't Leave Me Now / 18. Empty Spaces / 19. Backs To The Wall / 20. Another Brick In The Wall, Part 3 / 21. Goodbye Cruel World / 22. Comfortably Numb - David Gilmour Original Demo / 23. Run Like Hell - David Gilmour Original Demo
［DVD］**Audio-Visual Material**
・The Happiest Days Of Our Lives (Pink Floyd The Wall - Earls Court, 1980)
・Another Brick In The Wall, Part 2 (Promotional Video - Restored In 2011)
・Behind The Wall - Documentary
・Gerald Scarfe Interview

本作は11年9月に始まった〝豪華ボックス〟の完結編的意味合いをもって12年2月にリリースされた。ＤＶＤとブルーレイ・ディスクによるハイ・レゾリューション音源を目玉としていた2つのボックス、『狂気』『炎～あなたがここにいてほしい』とは異なり、本作ではＤＶＤやブルーレイのオーディオ・ディスクがなくなり、ＣＤを中心とした構成に方針が変更されている。もちろん、従来通りストーム・トーガソンによるカラー・ブックレットや特製のフォト・ブック、アート・プリント、チケットのレプリカ、スカーフやビー玉など、前作から踏襲されたメモラビリアはたっぷり収められている。元々が2枚組のアルバムだけにディスク枚数が増えることは予想できたが、ＣＤだけで6枚、それに映像版ＤＶＤが加わった全7枚となり、本作はシリーズ中最大のボリュームを誇るセットになった。

本ボックスには、オリジナル・アルバムのジェイムズ・ガスリーによる新規リマスター音源に加えて、00年に公式リリースされた2枚組のライヴ・アルバム『ザ・ウォール・ライヴ：アールズ・コート　1980～1981』が、ガスリーによって新たにリマスタリングが施され、丸ごと収められている。既発の録音ではない、新たな発掘に期待したが、これがフロイドの承認した唯一の『ザ・ウォール』ライヴということになるのだろう。

一方で残りの2枚のCDは驚異的というほかにない内容で、本アルバムの制作過程が克明に記録されたものとなっている。『ザ・ウォール』制作過程パート1と題されたディスク5には〈プログラム1〉としてロジャー・ウォーターズによるオリジナル・デモ（全22曲）、同〈2〉にはバンドによるデモ（1曲のみウォーターズのデモ、全13曲）、同〈2〉にはバンドによるデモ（全6曲）を収録。ディスク6の制作過程パート2では〈プログラム1〉に再びウォーターズのデモ3曲とバンド・デモ9曲、同〈2〉に3曲のバンド・デモ、同〈3〉には6曲のバンド・デモ、同〈4〉には2曲のデイヴィッド・ギルモアによるデモが収められ、ほかのメンバーがソロ活動に勤しむ中、ひとりデモ作りに奔走したウォーターズの姿や（特に最初のデモは断片が大半で、リアルな素描に触れることができる）、フロイドと楽曲を練り上げていく過程が生々しく捉えられている。バンド・デモとあるものの大半は、スタジオ・アウトテイクと呼んでも差し支えないもので、彼らのスタジオ作業を覗いているような臨場感がある。その一方で、これらが果たして時系列で並んでいるのか、何らかの意図をもって並び替えられているのか、詳細なデータが一切開示されていない。聴きながら悶々とするファンもいるかもしれないが、ストレートに素顔を見せてくれないところがフロイドらしさと思うべきなのだろう。最後に収められたギルモアのデモは本当に素描といった趣で、ギター・ソロもなし。浮かんだアイディアをそのままテープに捉えただけのものだが、これも非常に貴重な記録である。

映像を収めたDVDには、残念ながら未だリリースが実現しない『ザ・ウォール』ライヴ全編の発掘こそ叶わなかったものの、00年に制作された約50分のドキュメンタリー作品『ビハインド・ザ・ウォール』が丸ごと収録されたのが嬉しい。ここにはインタヴューとともに80年のアールズ・コート公演の映像やレアなフッテージが収められており、断片的ではあるものの当時の壮大なステージを体感することが可能だ。ほかにもアールズ・コート公演より1曲のみだがライヴのフル映像、11年に制作されたプロモーション・ヴィデオや、『ザ・ウォール』のアニメーションでお馴染みの漫画家、ジェラルド・スカーフへのインタヴューも収録されている。**犬伏**

PINK FLOYD

Is There Anybody Out There? (The Wall Live Pink Floyd 1980-81)

ザ・ウォール・ライヴ：アールズ・コート 1980〜1981

EMI：7243 5 23562 2 5［CD］
録音：1980年8月7日〜9日、1981年6月14日〜17日
発売：2000年3月23日

［1］
1. MC: Atmos / 2. In The Flesh? / 3. The Thin Ice / 4. Another Brick In The Wall - Part 1 / 5. The Happiest Days Of Our Lives / 6. Another Brick In The Wall - Part 2 / 7. Mother / 8. Goodbye Blue Sky / 9. Empty Spaces / 10. What Shall We Do Now? / 11. Young Lust / 12. One Of My Turns / 13. Don't Leave Me Now / 14. Another Brick In The Wall - Part 3 / 15. The Last Few Bricks / 16. Goodbye Cruel World

［2］
1. Hey You / 2. Is There Anybody Out There? / 3. Nobody Home / 4. Vera / 5. Bring The Boys Back Home / 6. Comfortably Numb / 7. The Show Must Go On / 8. MC: Atmos / 9. In The Flesh / 10. Run Like Hell / 11. Waiting For The Worms / 12. Stop / 13. The Trial / 14. Outside The Wall

プロデューサー：James Guthrie
参加ミュージシャン：
Peter Wood (kbd, g)
Snowy White (g; 1980 shows)
Andy Roberts (g; 1981 shows)
Andy Bown (b, g)
Willie Wilson (ds, pre; except for the 14 June 1981 Show)
Clive Brooks (ds, per; 14 June 1981 Show)
Joe Chemay (cho)
Stan Farber (cho)
Jim Haas (cho)
Jon Joyce (cho)
Gary Yudman (MC)

80～81年に行われたアルバム『ザ・ウォール』のツアーは、仕掛けが溢れた大規模なステージやシアトリカルな演出など視覚的なインパクトも絶大で、長らく映像版の発掘が熱望されていた。本作は00年に突如リリースされたライヴ・アルバムで、映像こそないものの、80年8月4～9日と翌81年6月13～17日にロンドンのアールズ・コートで行われたショウからベスト・テイクが編集されている。

ロジャー・ウォーターズが脱退して以降、ピンク・フロイドとウォーターズは絶縁状態が続いていた。ウォーターズ脱退後のフロイドが94年にリリースしたアルバム『対』のツアーではウォーターズがフロイドのショウと意図的に日程を被せた公演を行うなど、あからさまに対立を誇示する場面もあったほどだった。

しかし、この出来事をピークとして両者は本当に少しづつではあるが、緩やかな関係を取り戻していったようで、02年にリリースされたベスト・アルバム『エコーズ～啓示』では、

４人のメンバー全員が監修に関わっている。さらに05年7月に開催されるG８首脳会議へのメッセージとして、アフリカの貧困支援チャリティ・ライヴを行うことをボブ・ゲルドフが計画、その趣旨に賛同するかたちでまさに奇跡としか言いようがない一夜限りの〝ウォーターズ入り〟フロイドの再結成ライヴが実現するに至っている。

本作がフロイドの〝雪解け〟にどこまでの影響があったのかはわからないが、ウォーターズが自身のものとしてソロで引き継いだ作品のフロイド版ライヴが発売に至った経緯には、間違いなく両者の接近があったのだろう。

アルバム発売ごとに１００本前後のツアーを繰り返してきたフロイドだったが、『ザ・ウォール』のツアーはステージが過去に例がない規模となり、公演を行うごとに赤字が積み重なっていったという。こうした事情から、本ツアーではたった29回しかコンサートが行われていない。ウォーターズが主導した『ザ・ウォール』は、当初からアルバム、ステージ、映画を融合させたメディア横断型プロジェクトだったようだが、アルバム『ザ・ウォール』本編はレコードの収録時間の関係から土壇場で「ホワット・シャル・ウィー・ドゥ・ナウ」を短縮、「エンプティ・スペイス」のタイトルで収めたという経緯があった。本ライヴでは「ホワット～」のフル・ヴァージョンに加え、ステージで即興的に演奏されていた「ザ・ラスト・フュー・ブリックス」も収録されており、これこそが『ザ・ウォール』の完全版だと捉えることもできる。

映像がないため舞台上の演出を確認することができないが、観客の盛り上がりでそれを想像をすることは可能だ。むしろ映像で追体験するよりも想像力を掻き立てられるライヴ・アルバムと言えるのかもしれない。バンドが正式に関わった作品だけにクオリティは申し分なく、スタジオ版を彷彿させるクリアな音像でバンドの細部までを見渡すことができる。アルバム『ザ・ウォール』でエンジニアを務めていたフロイドお抱えのエンジニア、ジェイムズ・ガスリーが本作の編集およびミックスを担当しているのも納得の人選だ。

フロント・カヴァーにあしらわれた4人のマスクは、バンドのメンバーが「イン・ザ・フレッシュ」の演奏の際に着用し、フロイド本人たちと錯覚させるための仕掛けとして使われたもの。徐々に積み上がる壁が崩壊するクライマックス等、ステージを捉えた数々の写真がブックレットに掲載され、実際のステージの雰囲気を追体験することが可能だ。

なお、本作は12年に発売されたＣＤ６枚＋ＤＶＤの『ザ・ウォール・コレクターズ・ボックス』に組み入れられたが、その際にガスリーは新たなマスタリングを施している。**犬伏**

ピンク・フロイドが歩んだ〝激動〟の所属レーベル変遷史

●犬伏 功

ピーター・ジェナーとアンドリュー・キングが設立したブラックヒル・エンタープライズが新進気鋭のバンド、ピンク・フロイドを売り出そうと奔走する中、それに力を貸したのがジョー・ボイドだった。アメリカ出身のボイドは64年、エレクトラ・レコードのジャック・ホルツマンの指示により、新人発掘を目的として同社の英国オフィスを設立、66年12月には写真家のジョン・ホプキンスとともに、英国アンダーグラウンド・シーンの中心的役割を果たしたＵＦＯクラブをトッテナム・コート・ロードのブラーニー・クラブで開催するようになった。

ボイドはフロイドを売り込むためにレコーディングが必要だという判断から、映画監督のピーター・ホワイトヘッドからの資金援助を受け、67年1月、サウンド・テクニック・スタジオでフロイド初のプロパーなレコーディングを敢行し、「アーノルド・レイン」「星空のドライヴ」など5曲を録音。ボイドはこれを自身が籍を置くエレクトラに送ったが、これといった反応が得られなかったため、複数の英国レーベルにも打診した。そして、ポリドールとＥＭＩが好意的な反応を示したが、最終的に条件面で上回ったＥＭＩと契約を交わすに至っている。

その際、ジェナーはボイドをプロデューサーに推したがＥＭＩは外部制作に難色を示し（但し、デビュー・シングルはボイド制作の「アーノルド・レイン」「キャンディ・アンド・ア・カレント・バン」が選ばれている）、かつてビートルズのエンジニアを務めたコロンビア・レーベルのＡ＆Ｒ、ノーマン・スミスを推薦。フロイド側も提案を受け入れた格好で、EMIの看板レーベルだったコロンビアから67年3月10日にシングル「アーノルド・レイン」でレコード・デビューを果たしている。

　コロンビアは、シングルのデモ盤（英国ではプロモーション盤のことをそう呼ぶ）に3作連続でピクチャー・スリーヴをつけるという力の入れようだった。米国ではキャピトル傘下のレーベル、タワーより約ひと月遅れの4月に英国と同じカップリングのデビュー・シングルが発売されたが、米国でも最初の2枚のシングルのプロモーション盤にはピクチャー・スリーヴが付けられており、しっかりと宣伝にコストがかけられていたようだ。以降、しばらくは英コロンビア、米タワーがフロイド作品の配給元となった。

　この頃、英国の音楽業界はデッカ傘下のデラムを皮切りに、フィリップス傘下のヴァーティゴ、パイ傘下のドーン、RCA傘下のネオンなど各社が新しいシーンの〝受け皿〟となるレーベルを続々とスタートさせていた。EMIもその流れに乗り、マルコム・ジョーンズが社内で新レーベル設立の構想を提案、アンダーグラウンド／プログレッシヴ・ロックを対象にしたハーヴェストが設立されている。ハーヴェストはジョーンズとスミスが中心となって運営され、スミスが手がけていたフロイドやプリティ・シングス、英ではパーロフォン配給だったディープ・パープルらが同レーベルで統轄されたが、中でもヒールスが堅調だったフロイドは重要視されており、69年のアルバム『ウマグマ』がハーヴェスト・レーベルの記念すべき第一弾リリース作品となった。

『ウマグマ』以降、フロイド作品は英米ともにハーヴェストにレーベルが統一され、続く70年発売の『原子心母』が初の全英ナンバー1、73年の『狂気』が初の全米ナンバー1（英国では2位が最高）を記録している。このようにフ

The Piper At The Gates Of Dawn
Columbia：SX 6157
1967年
英コロンビア・レーベルの一例

Arnold Layne
米・Tower：333
1967年
米国プロモ盤に付属のスリーヴ

A Saucerful Of Secrets
米・Tower：ST 5131
1968年
タワー・レーベルの一例

Ummagumma
Harvest：SHDW 1/2
1969年
ハーヴェスト・レーベルの一例

ロイドとハーヴェストの蜜月が続く中、米国では75年に世界を驚かせた突然のレーベル移籍が発表されている。

　この巨額の移籍劇を取り仕切ったのが、元ゾンビーズのギタリストでＣＢＳのエグゼクティヴＡ＆Ｒを務めていたポール・アトキンソンだった。彼はゾンビーズ解散後にディック・ジェイムスのＤＪＭに所属してＡ＆Ｒの仕事を開始、まだ売れる前のエルトン・ジョンとバーニー・トーピンと出会い、彼らの才能を見事に見抜いている。ＣＢＳに籍を移した後は、海外進出前だったアバを見出し、彼らを世界的成功へと導いたが、契約時のアドヴァンスはたった１０００ポンドだったという。

　元ミュージシャンのアトキンソンはアーティストからの信頼も絶大で、フロイドとともにポール・マッカートニーも79年に北米およびカナダの作品配給をＣＢＳ／コロンビアに委ねている。これによって、英国および欧州はＥＭＩ／ハーヴェストとの契約が変わらず継続される一方で、北米およびカナダ、アジア、オセアニアのフロイド作品の配給はＣＢＳに統一された。

　ここで、日本での配給状況についても振り返っておこう。67年10月5日に日本で最初のフロイド作品、英国でのセカンド・シングル「シー・エミリー・プレイ」（当時の邦題は「エミリーはプレイ・ガール」）が東芝よりリリースされたが、以降のフロイド作品はビートルズでもおなじみ、欧州（ドイツ）由来のオデオン・レーベルが用いられており、英国でのハーヴェスト・レーベル設立後も同社のロゴを小さくあしらっただけの旧オデオン・スタイルの黒いレーベルが踏襲されている。英米に見られるようなライト・グリーンを基調にしたデザインは用いられなかったが、これは70年に徳間音楽工業が「ハーヴェスト・レコード」を商標登録していたためらしい。なお、75年の『炎〜あなたがここにいてほしい』以降の作品は日本でも米国同様に販売権がＥＭＩ（東芝）からソニーへと移っている。

　英米の状況に話を戻そう。87年のアルバム『鬱』では英国で遂にハーヴェストの名は消え、以降の英国および欧州盤はレーベル名がＥＭＩに統一されている。米でＣＢＳ／ソニーが配給先なのはそれまでと同じだ。この関係はフロイドとしての活動がない時期も変わらず続いていたが、07年に投資ファンドが英ＥＭＩを買収、その後に起こった世界的な金融危機に加え、経営方針に異を唱えた所属アーティストが次々とレーベルを離れるトラブルも発生、急激に業績が悪化したことで、12年には投資ファンドがユニバーサル・ミュージック・グループへＥＭＩを売却することで合意している。
しかし、業界のトップ同士による買収は市場の占有率が極めて高い企業を生み出すことになり、日本で言うところの独禁法に相当する法律に抵触することから分割の必要が生じた。EMIの出版部門をソニーが取得、音楽部門のうちカタログ（過去作品）を統括したパーロフォン・レーベルがワーナー・ミュージック・グループへ分割されることが取り決められ、13年にフロイドはワーナー所属アーティストとなっている。そのため、14年にリリースされたニュー・アルバム『永遠／TOWA』は英国でワーナー／パーロフォンからのリリース（米国はこれまで通りCBS／コロンビアでの発売）となり、これ以降、過去作品も同レーベルからの発売となったが、日本においても14年よりワーナーがフロイドの全作品の配給元となった。

そしてデビュー50周年を目前にした16年に彼ら自身のレーベル、ピンク・フロイド・レコーズが新たに設立され、英国および欧州の配給をワーナー・ミュージック、北米、日本やその他の地域での配給をソニーが統括することを発表。22年には94年発売の『対／TSUI』以来となる完全な新録音（14年の『永遠』は『対』のセッションを元にしたもので完全な新録ではない）によるウクライナ支援を目的としたチャリティ・シングル「ヘイ・ヘイ・ライズ・アップ」がリリースされている。

このように、現在はワーナーとソニー・ミュージックがフロイド作品を統括する配給元となったが、ソニーがコロンビアを傘下に収めているためか、フロイドの初期作品にかつての英コロンビアのロゴが復活、デビューから50年以上もの長い時間を経て、一本の線が繋がり大きな輪となったような印象だ。フロイドの歴史はレーベルとともに、これからも〝永遠／TOWA〟に続いていくに違いない。

Atom Heart Mother
日・Harvest：OP-80102
1971年
オデオン／ハーヴェスト（東芝）・レーベルの一例

Wish You Were Here
米・Columbia：PC 33453
1975年
CBS／コロンビア・レーベルの一例

Ummagumma
EMI：CDEMD 1074［CD］
1994年
英EMIのCDレーベルの一例

The Piper At The Gates Of Dawn
Pink Floyd (Columbia)：PFRLP26
2018年
英ピンク・フロイド（コロンビア）・レーベルの一例

THE MASSED GADGETS of AUXIMENES:
MORE FURIOUS MADNESS from
PINK FLOYD

オーグジマインズの集合装置：ピンク・フロイドによるさらに猛烈な狂気

梅 村 昇 史

俺はピンク・フロイド。
1987年、バンドの活動継続をめぐり
ウォーターズとギルモアの間に起きた
裁判沙汰は、条件付きで和解。
ピンク・フロイドの名は残り、
ウォーターズの許可なく、ライヴで豚を
飛ばすことは出来なくなった。
ロジャー、話はまとまったよな。
せめて握手くらいしようぜ
何だロジャー
それはお前の怒りの炎か？
BOWWOOOOOO
CRACKLE
CRACKLE

もし僕が炎だったら〜すべてをきれいに焼き尽すだろ〜〜う♪
って歌ってる場合じゃないか。
“If”の替え歌です
おう、ちょうどいい火を貸してくれ、葉巻を吸いたいんだ。
ピンク・フロイドは続くらしいなよかったじゃないか。お前にも金が入るだろ。
ところで君はピンク君か？フロイド君か？
黙れ資本家野郎!!
そして私はお前の雇い主でなおかつ指導者でもある。
俺はベース・ギターで男を破壊した。そしてオフィスから飛び降りた。
そこへ豚が飛んできた
おい、このまままっすぐケンブリッジまで飛んでくれ。
ロジャー、何かあったな、この先には壁があるぞ、お前が作った壁だぜ。

このまま壁につっこむぞーー!!
BREAKING THE WALL
おい！壁の向こうは1967年のUFOクラブじゃないか!!
あれは20年前の俺たちだぜ。
pink
こうして即興演奏を続けると
みんな熱狂してくれる
俺はもっと曲を書かないといけないんだ。
でも俺がやりたいのはサイケデリックなのか？
シドのやつちょっとやばくなりかけてるぜ。

なあ悪いことは言わない、シドを休ませろ。

?

俺たちはヒットシングルが作りたいわけじゃないんだ。もっと複雑で変わったことがしたいんだ。

シドお前は何がやりたい？

ライヴででっかい豚を飛ばそう。

映画音楽でもやるか。

オイ、これがシドの頭の中か？

ステージに壁を作って俺たちは向こうでプレイするんだ。

狂人についての40分の曲を作ろう、アメリカで700週間チャート・インするぞ。

ATOM HEART MOTHER
タイトルが全部動物の名前のアルバムってどう？

イイネ!! それで俺たちはどうしたらいい？

俺たちはシドの夢想の中で生きてきたのかい？

シドの事、いっぱい歌ってきたしネ。

ロジャー、これは夢でもなければジョークでもない、現実とも違うかもしれない。でも真実なんだ。

お前は誰だ？

俺は……お前たちの不在感、欠落感、喪失感が生んだ、ピンク・フロイドという影さ。

俺たちは影の中から曲を生み、作品という光にしてきたんだよ。

シドの魂が光り続けるにはロジャーのハートが必要ってことさ。

なんてこった。

60年後の2027年にまたバンドを始めよう。牛と犬と豚と羊になってさ。

会場はポンペイ？それとも箱根？

THE END
2023.3. SHOJI UMEMURA

Chapter 4

1980-
Gilmour vs Waters

Jiro Mori
Kohichi Moriyama
Takashi Ikegami

ピンク・フロイドは〝産業ロック〟だったのか?

●森 次郎

　１９８０年代の話をする前に、少し時代を遡っておきたい。ピンク・フロイドの、と言うよりもロック史上最大規模のメガ・ヒットとなったアルバム『狂気』の発売は、米国は73年3月1日、英国は同年3月16日だった。しかし、《ダーク・サイド・オブ・ザ・ムーン》と名づけられたツアーは、その1年以上前の72年1月20日に開始されている。

　72年のツアーは、バンドにとって69年以来の大規模な英国サーキットを含むもので、周到に準備が進められた。『おせっかい』のリリースに合わせた短い北米ツアーを71年11月に終えると、早速デッカ・スタジオでツアー用の新曲の制作に着手、『狂気』の基本的な構成はこの時点で出来上がっていたようだ。並行してクアドラフォニック(サラウンド)の音響システムや、新しい視覚効果を得るための照明設備を導入、バンドはリハーサルを続け、72年1月17日から3日間、レインボウ・シアターを借りてゲネプロが行われている。初日のブライトン・ドーム公演で『狂気』がお披露目された。それ以降、欧州、北米、日本を行き来しながら続けられた90本近い公演の中で『狂気』は練り上げられ、5月にはツアーと並行してレコーディングに突入したのだ。

　アルバムが仕上がったあとは、73年3月4日から再び北米ツアーが行われた。3月24日までの間に16本、5月のロンドン2公演を挟んで、6月には米国で13公演を実施。さらにアメリカ盤シングル「マネー」が5月7日に発売され、全米13位まで上昇したことを受けて、アリーナやスタジアムを含む全公演でチケットは売り切れている。10月のヨーロッパ2公演でツアーは終了した。

ライヴを活動の中心に据え、新曲のプロトタイプを演奏してはブラッシュ・アップさせ、その成果をレコーディングする。リリースしたら今度はプロモーションを兼ねたツアーを組み、シングルを発売してラジオのオンエアを稼ぎ、さらにレコードとチケットのセールスに繋げていく、といったバンドの理想的な動き方が出来つつあったと思うのだが、そこに落とし穴もあった。

そもそもフロイドは英国でしばらくシングルを発売してこなかった。シド・バレット時代は別として、アルバムの時代のバンドとして活動してきたのだ。それだけにライヴで組曲的なアプローチをとったとしても、静かに聴いていたオーディエンスが多かったそうだ。しかし、アメリカで出した「マネー」が売れてしまう。そうすると会場の規模が大きくなったこともあって、シングル曲を望む観客が増えてくる。客層の変化に、メンバーのストレスも大きくなっていったようだ。

しかし、世界のエンタテインメントの中心的なマーケットである米国に軸足を置き、つまりはバンド自体が巨大化していくためには、良かれ悪しかれ通る道だったのだろう。そのうえ、まだこの時期には大規模のコンサート・ツアーをスムーズに運営するだけのシステムが確立していなかったこともあり、『狂気』発売前と発売後のライヴの本数がアンバランスになってしまっている。

さて、『狂気』と並ぶメガ・ヒット・アルバムと言って思い浮かぶのは、フリートウッド・マックの『噂』だろう。こちらは77年2月4日に発売され、同月24日から北米ツアーをスタート、その後77年いっぱいをかけて欧州、再び北米、オセアニア〜日本〜ハワイと巡っている。さらに翌78年7月から8月にかけて、スタジアム級の会場を回った《ペンギン・カントリー・サマー・サファリ》を加えると、北米を中心に実に96公演を行っているのだ。この頃、ようやく音楽業界でリリースとツアーが連動するようになってきたことがよくわかる。

あのローリング・ストーンズでさえ、アルバム発売と同時に北米ツアーを敢行することが慣例化したのは、78年の『女たち』からになるし、莫大な興行成績を挙げるのは80年代に入ってからのこと。81年の『刺青の男』発売ツアーで、アメリカ国内の50公演で２００万人を動員し、チケットの売上だけで５０００万ドルを叩き出している。

その間、フロイドの動きはどうだったのか。『炎〜あなたがここにいてほしい』は75年9月12日にリリース、売上は『狂気』に及ばなかったものの、英米で一位を獲得する。

しかしツアーはアルバム発売前の同年4月と6月の北米28公演のみ（7月に英国のネブワース・フェスティヴァルに出演しているが）。前半はアリーナ中心、後半はスタジアム中心ではあるものの、やはりまだガッツリ稼ぐ方向へはシフトしていない。しかもファースト・セットは発売前の『炎』の曲が占めるという、従来のフロイドのやり方が残っている。英国ではやはりシングル・カットはなし。米国ほかで「ハヴ・ア・シガー」が発売されている。

続く『アニマルズ』は、77年1月21日発売。1月23日から《イン・ザ・フレッシュ》ツアーが開始され、ヨーロッパからアメリカ、カナダへと移動しながら、7月6日までの間に55回のショウが行われた。この頃になると積極的なマーケティング戦略が立てられ、マディソン・スクエア・ガーデンの4日間連続公演の宣伝のために、ニューヨーク六番街で豚と羊をフィーチャーしたパレードが行われている。そのおかげもあってか、アルバムの売上自体は前2作に及ばなかったものの、アリーナとスタジアム公演のチケットは売り切れ、コンサート・ツアーの規模としてはロック界最大級のバンドとなった。

また、『炎』のツアーから使用されたミラーボールをはじめ、巨大な人形が登場するなど、ステージ・セットも大がかりなものになっている。しかし、一部の観客の、会場で花火を打ち上げたりする破壊的な行動に対するロジャーの鬱憤が爆発し、唾を吐き怒鳴り散らすこともあったという。なお、英米ともシングル・カットはなし。

79年11月30日に発売された『ザ・ウォール』をフォローする《ザ・ウォール》ツアーは、もはや従来のコンサート・ツアーの概念からは逸脱し、フロイド／ウォーターズ独自の世界をつくりあげたもの。ＬＰ２枚組のコンセプト・アルバムを再現するために、巨大なセットと大勢のオペレーターが配置された。80年2月7日から81年6月17日にかけて、わずか4会場で31回ものショウが行われたのだ（ロンドンのアールズ・コート・エキシビション・センターでは2回のレグに分けて計11公演）。

このツアーを失敗させるわけにはいかないと考えたのか、シングル「アナザー・ブリック・イン・ザ・ウォール（パート2）」が英国でも発売され、英米で1位を獲得している。バンド内での緊張が高まった時期でもあるが、映像の収録が行われるなど、バンドのアイデンティティを確保しつつ新しい時代に対応しようとする動きも見られた。

ちょうど70年代半ばから、スタジアム・ロック、産業ロックという言葉が使われ始める。定義は曖昧だが、コマーシャル性の強い＝わかりやすくキャッチーな音楽性で人気を博し、大会場で派手なライヴを行うバンド／アーティストと理解しておけばいいだろう。ジャーニー、ナイト・レンジャー、デフ・レパードなんかを挙げるとわかりやすいだろうか。一般的には、エアロスミスもキッスもクイーンもボン・ジョヴィも同じ括りになってしまうのだが。

　こうなってくるとバンド側の考えはさておき、〝大きいことはいいことだ〟的な戦略が重視されるのは仕方がないところ。フロイドのアルバム主義、コンセプト重視のステージングなど、重厚長大な部分だけでは〝ウケない〟時代ということになってしまったのだ。

　しかし、だ。ちょうど《ザ・ウォール》ツアーが終わるのと入れ替わるように、81年8月にＭＴＶが開局する。産業ロックの入口になったようなメディアと距離を置いたまま、フロイドは『ザ・ファイナル・カット』を残し、静かにステージを降りたように見えた。

　ウォーターズ抜きのフロイドが『鬱』をリリースしたのは87年9月7日。9月9日のオタワから始まったツアーは、スタジアム級の会場を中心に90年6月30日まで続き、実に１９８公演を行った。バンドは大所帯になり、もちろん、セットはグレード・アップされた。「ラーニング・トゥ・フライ」を皮切りにシングル・カットは3枚、いずれもアメリカではチャートの上位に躍り出ている。ミュージック・ヴィデオもつくられ、かつてのバンドとは別物のような動き方だったのだ。

　さらにはツアーからライヴ・アルバム『光〜パーフェクト・ライヴ！』が生まれ、映像作品もつくられた。ありとあらゆるメディアをミックスして数年かけて1枚のアルバムを拡張させていった〝新生〟フロイドは、産業ロックの手法を取り込みつつ、時代に合わせて自らのアイデンティティを保ち続けたとも考えられるのだ。

　もう一度『対』で同様の試みがなされている。3枚のシングル、すべて球場クラスの１１２公演におよんだツアー、ライヴ・アルバムと映像作品『P.U.L.S.E』。規模だけを見れば、スタジアム・ロックの極みではないか。

　フロイドを離れたロジャー・ウォーターズに至っては、99年の《イン・ザ・フレッシュ》ツアー以降、バンド時代の作品を看板にして、毎回2〜4年をかけて１００か所以上を回るスタジアム・ツアーを続けている。映像作品を残すところも、新生フロイドと同じだ。ギルモアのソロ・ツアーもまた然り。フロイドの最終形態は、アイデンティティを死守した〝産業ロック〟と言っていいだろう。

PINK FLOYD
The Final Cut
ファイナル・カット

Harvest：shpf 1983
録音：1982年 7 月〜12月
発売：1983年 3 月21日
［A］
1. The Post War Dream
2. Your Possible Pasts
3. One Of The Few
4. The Hero's Return
5. The Gunners Dream
6. Paranoid Eyes

［B］
1. Get Your Filthy Hands Off My Desert
2. The Fletcher Memorial Home
3. Southampton Dock
4. The Final Cut
5. Not Now John
6. Two Suns In The Sunset

プロデューサー：Roger Waters, James Guthrie, Michael Kamen
参加ミュージシャン：
Michael Kamen (kbd, conduct)
Andy Bown (kbd)
Ray Cooper (per)
Andy Newmark (dr)
Raphael Ravenscroft (sax)
Doreen Chanter (cho)
Irene Chanter (cho)
National Philharmonic Orchestra

ロジャー・ウォーターズが主導権を握り、リック・ライトを馘にしてまで完成させた『ザ・ウォール』が大成功したあと、82年にピンクフロイドは新作についてのメンバー・ミーティングを行う。この時点ではデイヴィッド・ギルモアも協力的で、ロジャーと一緒に曲作りをすることを望んでいたという。しかし、既にのちに『ファイナル・カット』となるデモを作り終えていたロジャーは、前作の没曲と併せてアルバムの全体像を提示。ギルモアとニック・メイスンからの代替案もなく、強引に作業が進められた。

プロデュースはロジャーと、お抱えエンジニアのジェイムズ・ガスリー、管弦楽のアレンジで腕を振るったマイケル・ケイメンの3人。当初はギルモアも制作クレジットに名を連ねていたが、ロジャーとの確執により辞退している。

アンディー・ボウン（kbd）、レイ・クーパー（per）、アンディー・ニューマーク（ds）ほか、ゲストが多数召還された一方で、ロジャーの独裁を嫌ったメンバーの貢献度は少なく、最初は乗り気だったギルモアもアイディアを次々と却下されるのに腹を立て、ロジャーとは別々にスタジオ入りしてギターをダビングしていた。（そんな状況で、曲が求めるバッキングやソロを完璧にキメるんだから、やはりとんでもないプレイヤーなのだが）。メイスンに至っては、ドラムもマトモに叩かせてもらえず、当時の最新機器での効果音の録音をするなど、まるで雑用係扱いだったようだ。

　ジャケットに副題として「ロジャー・ウォーターズによる戦後の夢への鎮魂歌」という一文が刻まれていたり、「（大戦で命を落とした父親の）エリック・フレッチャー・ウォーターズに捧げる」とのクレジットがあったりと、ロジャーのソロアルバム的な意味合いも強く、フロイド作品としての評価は今ひとつだが、収録曲のレベルは総じて高く、当時の彼の溢れんばかりの創造性が遺憾なく発揮されている。

　世の為政者をコケにした「ザ・フレッチャー・メモリアル・ホーム」、フォークランド紛争をテーマにした「サザンプトン・ドッグ」、自殺願望を仄めかした「ザ・ファイナル・カット」など、苦悩や怒りに満ちた情熱的な楽曲が並んだ。

　唯一のギルモア歌唱曲「ノット・ナウ・ジョン」では、狡賢く金を稼いだ当時の日本も標的にされた。オープニングの「ザ・ポスト・ウォー・ドリーム」も日本との経済競争に負け、閉鎖を余儀なくされたイギリスの造船所について歌われている。この頃の元気な我が国は一体何処へ行ってしまったのだろうか…。

　伝えたいことが山ほどあったのか、言葉先行型や〝ドラマティックの押し売り〟みたいな展開の曲が多いのが玉に瑕だが、戦場で命を落とした兵隊がテーマの「ガンナーズ・ドリーム」は、構成もメロディーも突出している。ロジャーが愛聴していたという、ジョン・レノン『ジョンの魂』収録の「アイソレイション」ばりにオーギュメント・コードを効かせたクリシェが美しいナンバーだ。惜しむらくは、間奏のソロがサックスだけなこと。ここにギルモアの揺動ギターが入っていたら、「コンフォタブリー・ナム」ばりの人気曲になったのでは。フロイドと袂を分かった直後のソロ・ツアーでも連日演奏されていたので、彼自身もイチ押しだったのだろう。ロックダウン・セッションで取り上げていたのも記憶に新しい。

　ご存知のように、ロジャー・ウォーターズが参加した最後のピンク・フロイド作品となった本作。発表後のインタビューで、タイトルと引っ掛けて「これを最後に解散するのでは？」と聞かれたロジャーが「当分しないことを願うよ」と答えているのだが、まさかあんな未来が待っていようとは、本人も想像していなかったに違いない。

森山

DAVID GILMOUR
About Face
狂気のプロフィール

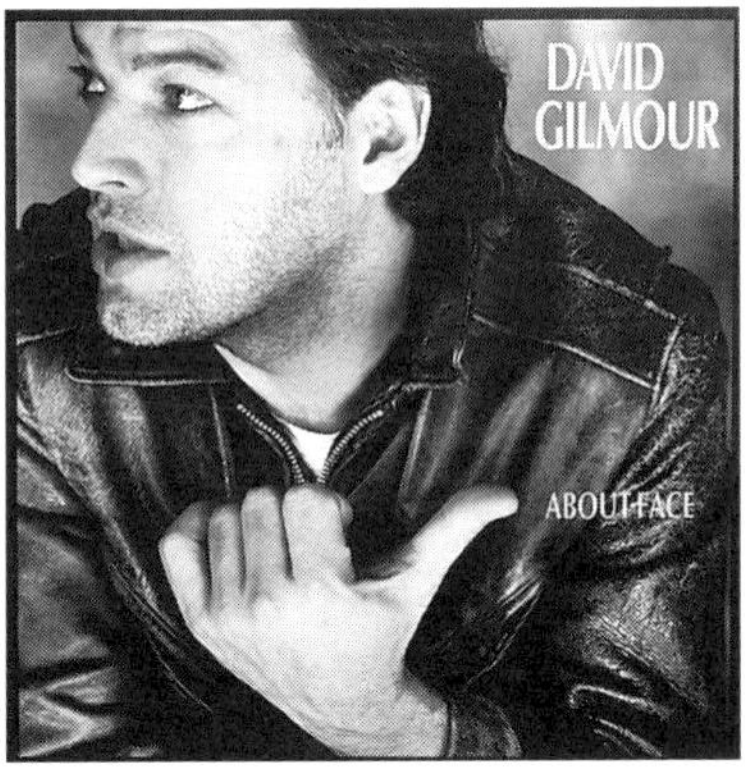

Harvest：SHSP 2400791
録音：1983年
発売：1984年3月5日
[A]
1. Until We Sleep
2. Murder
3. Love On The Air
4. Blue Light
5. Out Of The Blue

[B]
1. All Lovers Are Deranged
2. You Know I'm Right
3. Cruise
4. Let's Get Metaphysical
5. Near The End

プロデューサー：Bob Ezrin, David Gilmour
参加ミュージシャン：
Jeff Porcaro (ds, per)
Pino Palladino (b)
Ian Kewley (kbd)
Bob Ezrin (kbd, orchestral arrangement)
Steve Winwood (kbd)
Anne Dudley (syn)
Jon Lord (syn)
Steve Rance (programming)
The Kick Horns (brass)
Luís Jardim (per)
Ray Cooper (per)
Roy Harper (cho)
Sam Brown (cho)
Vicki Brown (cho)
Mickey Feat (cho)
The National Philharmonic Orchestra
Michael Kamen (orchestral arrangement)

83年のピンクフロイド活動休止期間中に制作された、デイヴィッド・ギルモアのセカンド・ソロ。昔の仲間とリラックスした雰囲気の中で作られた一枚目とは打って変わって、『ザ・ウォール』を手掛けたボブ・エズリンを共同プロデューサーに迎え、TOTOのジェフ・ポーカロ（ds）、ポール・ヤングのサポート・メンバーだったピノ・パラディーノ（b）、イアン・キューリー（kbd）と共に、プロフェッショナルなバンド・サウンドを作り上げた。ゲスト陣も豪華で、ジョン・ロード（ディープ・パープル）、スティーヴ・ウィンウッド等のスターが花を添えている。

本作を「80'sサウンド沼に落ちた失敗作」と切り捨てるリアルタイム世代の方々もいらっしゃるが、それではあまりに勿体ない。確かにジャケットのイケメン具合や、シングル「ブルー・ライト」のMOR路線は鼻につくかもしれないが、収録曲の半数は非常にフロイド的だ。「アウト・オブ・ザ・ブルー」における荘厳な世界観や、ギターが泣きむせぶ「レッツ・ゲット・メタフィジカル」から、音響的な魅力に溢れたハチロクナンバーの「ネヴァー・ジ・エンド」へと続く結びの2曲は、新生フロイドの予行演習にさえ思える。エズリンのプロデュースでギルモア曲を腕利きミュージシャンで録音するという手法は『鬱』と同じで、あとに繋がる萌芽がそこここに見受けられるのも当然だ。実際、曲順を入れ替えて聞いてみればかなり印象が違ってくるので、是非とも試してみて欲しい。 **森山**

ROGER WATERS
The Pros And Cons Of Hitch Hiking
ザ・プロス・アンド・コンス・オブ・ヒッチハイキング

Harvest：SHVL 24 0105 1
録音：1983年2月〜12月
発売：1984年4月30日

［A］ **The Pros and Cons of Hitch Hiking (Parts 1-6)**
1. 4:30 (Apparently They Were Traveling Abroad)
2. 4:33 (Running Shoes)
3. 4:37 (Arabs With Knives And West German Skies)
4. 4:39 (For The First Time Today - Part 2)
5. 4:41 (Sexual Revolution)
6. 4:47 (The Remains Of Our Love)

［B］ **The Pros and Cons of Hitch Hiking (Parts 7-12)**
1. 4:50 (Go Fishing)
2. 4:56 (For The First Time Today - Part 1)
3. 4:58 (Dunroamin, Duncarin, Dunlivin)
4. 5:01 (The Pros And Cons Of Hitch Hiking - Part 10)
5. 5:06 (Every Strangers Eyes)
6. 5:11 (The Moment Of Clarity)

プロデューサー：Roger Waters, Michael Kamen
参加ミュージシャン：
Michael Kamen (p, conduct)
Eric Clapton (g, cho)
Andy Newmark (ds, per)
Ray Cooper (per)
Andy Bown (organ, g)
David Sanborn (sax)
Raphael Ravenscroft (horns)
Kevin Flanagan (horns)
Vic Sullivan (horns)
Madeline Bell (cho)
Katie Kissoon (cho)
Doreen Chanter (cho)
The National Philharmonic Orchestra

タイトルの"Pros and cons"はラテン語由来の表現で、Proが「賛成」Conが「反対」を意味し、決めごとをする時の長所と短所を表すフレーズだそう。70年のロン・ギーシンとの実験的作品を除けば、ロジャーにとって最初のソロ・アルバムとなる。精神疾患を持つ主人公が見た夢を追体験するといった内容で、各曲につけられた数字は、夢を見た時刻を示している。元々は『ザ・ウォール』に取りかかる前に提案されたコンセプトだそうだが、当時は難解で個人的すぎるという理由で却下されている。

本作のセールス・ポイントは、エリック・クラプトンの全面参加。あるパーティーで知り合い意気投合したというが、この組み合わせがサウンド面では何ともチグハグなのが絶妙に面白い。静から動へのロジャー得意の展開から、待ってましたのギター・ソロ。伸びやかなギルモア・フレーズが入るべき所に、例のクラプトン節が飛び出すが、とにかくサステインが足りない。一聴してそれと分かるチョーキングや巧みなスライド・ギターは堪能できるとはいえ、違和感は否めない。ほかにも異業種のデイヴィッド・サンボーンらが健闘しているが、フロイド時代の整合感にはほど遠い。

ロジャーの気合は凄まじく、言葉を羅列して捲し立てるのもどこか寒い。例えるなら、宗教団体の教祖だけ残って周りが総とっかえされたみたいな？祭壇とか装身具とか、似てはいるけど何か違う。でも、これはこれで面白い集会なんですよね。僕はギリギリProに一票。

森山

ZEE
Identity
アイデンティティー

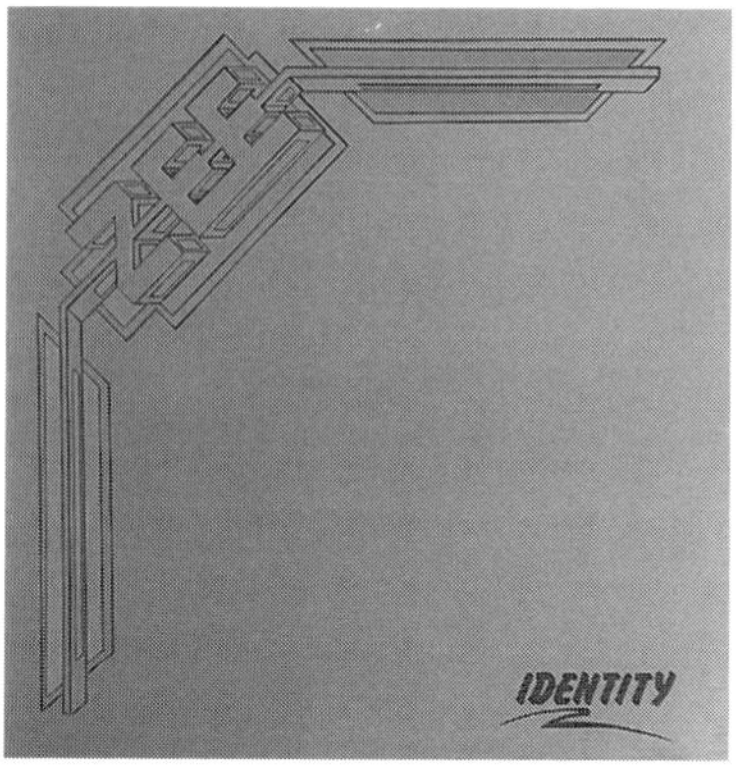

Harvest：SHSP 24 0101 1
録音：1983年9月
発売：1984年4月9日
[A]
1. Confusion
2. Voices
3. Private Person
4. Strange Rhythm

[B]
1. Cuts Like A Diamond
2. By Touching
3. How Do You Do It
4. Seems We Were Dreaming

プロデューサー：Richard Wright, Dave Harris
参加ミュージシャン：
Richard Wright (kbd, syn, cho)
Dave Harris (g, kbd, per, vo)

Richard Wright & Dave Harris
Zee (Identity 2019)

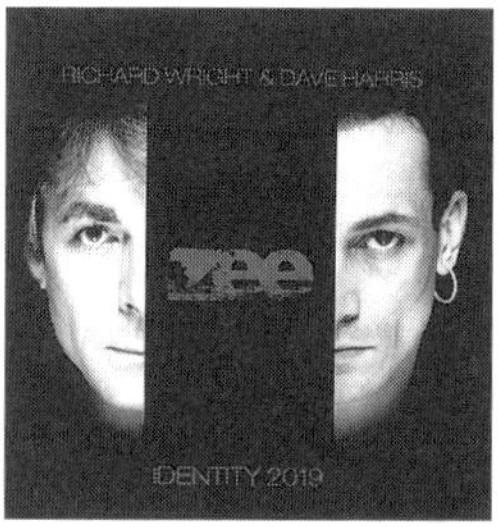

Gonzo Multimedia：HST490CD［CD］
発売：2019年5月10日
Bonus Tracks:
9. Confusion (7″ Single)
10. Eyes Of A Gypsy (7″ Single)
11. Confusion (12″ Single)
12. Eyes Of A Gypsy (12″ Single)

フロイドを離脱していたリチャード・ライトが、ニュー・ロマンティクス系バンド、ファッションのメンバーだったデイヴ・ハリスと組んだユニット、ZEEによる唯一のアルバム。ファッション時代にはギター、ヴォーカル、プログラミングのほか、ベースをジャコ・パス風に抱え、スラップまで決めていたハリスは、ここでもマルチ・プレイヤーぶりを発揮している。

フェアライトによる80'sシンセ・サウンドが全編を支配しており、打ち込みと手弾きレコーディングの区別は付け難いのだが、タイトル曲「アイデンティティー」の合いの手で入る、出来損ないのオケ・ヒットや、「ストレンジ・リズム」でギターと絡むベタなカウンター・フレーズは、ライトによるものだろう。

プログレッシヴ・ロック界隈では珍しく、アタックの弱い繊細なプレイが特徴だが、その独特の優しいタッチを味わえるのがB面トップを飾る「カッツ・ライク・ア・ダイアモンド」だ。イントロのフルートの音色、ハモンドでのムード作りが実に彼らしい。ギルモアを意識したであろうハリスのギター・ソロもご愛嬌。「シームス・ウィー・ワー・ダンシング」でのドラマチックな展開とオルガン・ワークもフロイド風味だが、音色が信じられないくらいショボいのが残念。元々生楽器でのアプローチが得意だったので、デジタル機器では勝手が違ったのかもしれない。チープなサウンド・メイクが本作を凡庸な出来に終わらせてしまった理由の一つだ。

森山

MASON + FENN
Profiles
プロファイルス〜ピンクの進化論

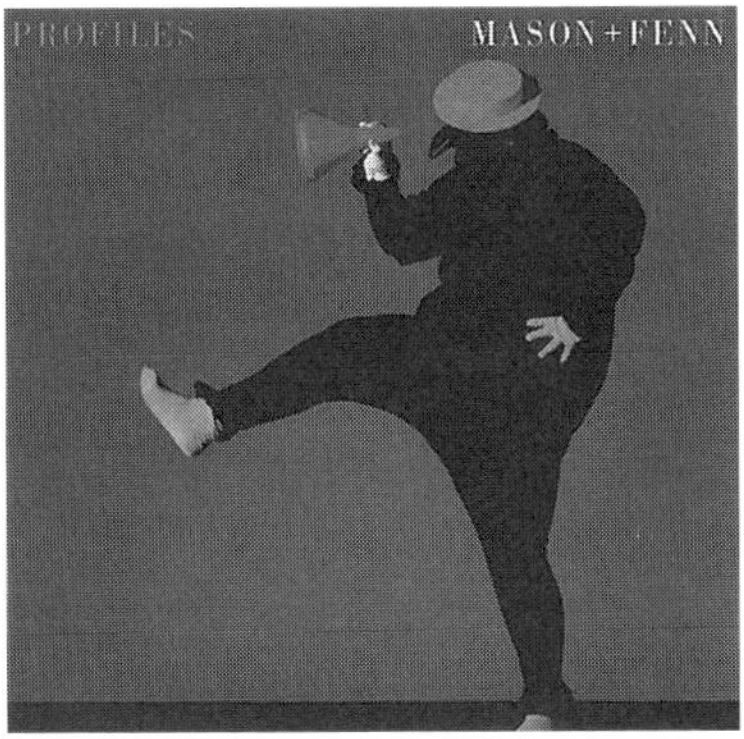

Harvest：MAF 1
録音：1984年〜1985年
発売：1985年７月29日
［A］
1. Malta
2. Lie For A Lie
3. Rhoda
4. Profiles Part 1 / Profiles Part 2

［B］
1. Israel
2. And The Address
3. Mumbo Jumbo
4. Zip Code
5. Black Ice
6. At The End Of The Day
7. Profiles Part 3

プロデューサー：Rick Fenn, Nick Mason
参加ミュージシャン：
Mel Collins (sax)
David Gilmour (vo)
Maggie Reilly (vo)
Danny Peyronel (vo)
Craig Pruess (emulator)
Aja Fenn (kbd)

80年代はニック・メイスンにとって辛い時期だったのでは。マイケル・マントラー夫妻とのジャンルを超えた交流はあったものの、デジタル・サウンドが隆盛を極め、タイトでスクエアなビートを好む世の中では、独特のタメが効いたドラムは、バンドからも大衆からも求められる対象では無くなっていた。本家フロイドでもロクに叩かせてもらえず、一番凹んでいたのは本人だろう。まさに内憂外患。マイク・オールドフィールドとの活動で知られ、10ccにも加入していたリック・フェンと立ち上げた、この新プロジェクトのデビュー盤でも、残念ながら生ドラムは殆ど聞かれない。

ミュージシャン以外に、レーサーとしての顔も持つメイスンの生活を追いかけたドキュメンタリー映画『ライフ・クッド・ビー・ア・ドリーム』のサントラ用に作られた楽曲を手直しすることで完成した本作は、11曲中9曲がインスト。打ち込み主体のオケに、フェンの達者なギターやゲストのメル・コリンズ（sax）が時折インタープレイを聞かせるのだが、フュージョンまでいかないポップさが中途半端で、お世辞にも名演とは言い難い。辛うじてヒットするポテンシャルを秘めたヴォーカル曲、盟友デイヴ・ギルモアとマギー・ライリーのデュエット「ライ・フォー・ア・ライ」も、構成の稚拙さのせいか、チープな伴奏に完全に埋もれてしまっている。同じメイソン＋フェンのコラボレーションとして軍配が上がるのは、次頁のサウンドトラック「ホワイト・オブ・ジ・アイ」の方だろう。　**森山**

Various Artists
When The Wind Blows - Original Motion Picture Soundtrack：風が吹くとき

Virgin：V2406
録音：1985年冬
発売：1986年5月16日
［A］1. When The Wind Blows - David Bowie / 2. Facts And Figures - Hugh Cornwell / 3. The Brazilian - Genesis / 4. What Have They Done - Squeeze / 5. The Shuffle - Paul Hardcastle
［B］Roger Waters & The Bleeding Heart Band: 1. The Russian Missile / 2. Towers Of Faith / 3. Hilda's Dream / 4. The American Bomber / 5. The Anderson Shelter / 6. The British Submarine / 7. The Attack / 8. The Fallout / 9. Hilda's Hair / 10. Folded Flags
参加ミュージシャン(The Bleeding Heart Band)：Jay Stapley (g) / John Gordon (b) / Matt Irving (kbd) / Nick Glennie-Smith (kbd) / Freddie Krc (ds, per) / Mel Collins (sax) / Paul Carrack (kbd, vo) / Clare Torry (cho) / John Lingwood (programming)

米科学誌BASが毎年発表している人類滅亡までの残り時間を象徴的に示す「終末時計」が今年、過去最短の「90秒」になったらしい。ロシアのウクライナ侵攻を理由に大幅に針を進めたそうだ。「優れた芸術家の作品は未来を予見する」と言われるが、核戦争の恐怖を描いたレイモンド・ブリッグスによる絵本を映画化した『風が吹くとき』も例外ではない。ロジャー・ウォーターズが手掛けたB面の冒頭曲（というよりは効果音だが）のタイトルを見て、絵空事だと笑う人間はもういないだろう。「NO WAR」のスローガンを貫いてきたロジャーが、デイヴィッド・ボウイが降板した（主題歌だけはボウイ）このサントラのスコア依頼を受けたのは当然とも言える。

　その筋の先輩、ジョン・レノン流アルペジオを下敷きに書いた「狂人は心に」の進化形とも受け取れる「フォールデッド・フラッグス」が素晴らしい。本人も手応えを感じたのか、この時に結成したTBHBと共に次作の制作に入った。

森山

NICK MASON + RICK FENN
White Of The Eye

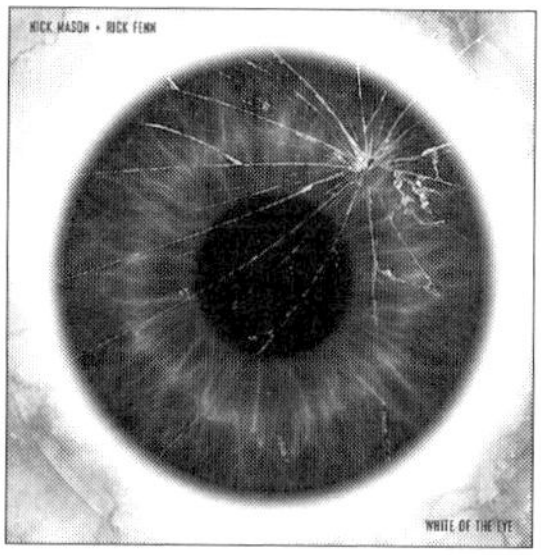

Parlophone：0190295660147-3 (as a part of Nick Mason "Unattended Luggage")
［CD］
録音：1986年
発売：2018年8月31日
1. Goldwaters / 2. Remember Mike? / 3. Where Are You Joany? / 4. Dry Junk / 5. Present / 6. Thrift Store / 7. Prelude And Ritual / 8. Globe / 9. Discovery And Recoil / 10. Anne Mason / 11. Mendoza / 12. A World Of Appearances / 13. Sacrifice Dance / 14. White Of The Eye
プロデューサー：クレジットなし
参加ミュージシャン：クレジットなし

87年に公開された映画「ホワイト・オブ・ジ・アイ」のサウンドトラックとして制作されたニック・メイスンとリック・フェンによる2度目のコラボレイト作。80年代のメイスンのソロを集めた3枚組ボックス中の一枚として、08年に初めてフィジカル化された。

　米アリゾナ州を舞台にしたサイコ・スリラーだそうで、サスペンス風の楽曲も多いのだが、マイナー・ペンタやスライドを用いたブルージーなナンバーから、バンジョーが鳴り響くカントリー風まで、曲調は幅広い。後半3曲はクライアント側の発注だろうか？ピンク・フロイド的な世界観が続くのが興味深い。「ア・ワールド・オブ・アピアランセス」やタイトル曲で、あからさまにギルモアぶるフェンに失笑、「サクリファイス・ダンス」にはロジャー・ウォーターズの影さえチラつく徹底ぶりだ。聞いてるとちょっとだけ本編が見たくなるが、当時リリースされたVHSのパッケージを見ると、Z級映画の臭いがプンプンするんですよね〜。

森山

ROGER WATERS

Radio K.A.O.S.

Radio K.A.O.S.～混乱の周波数

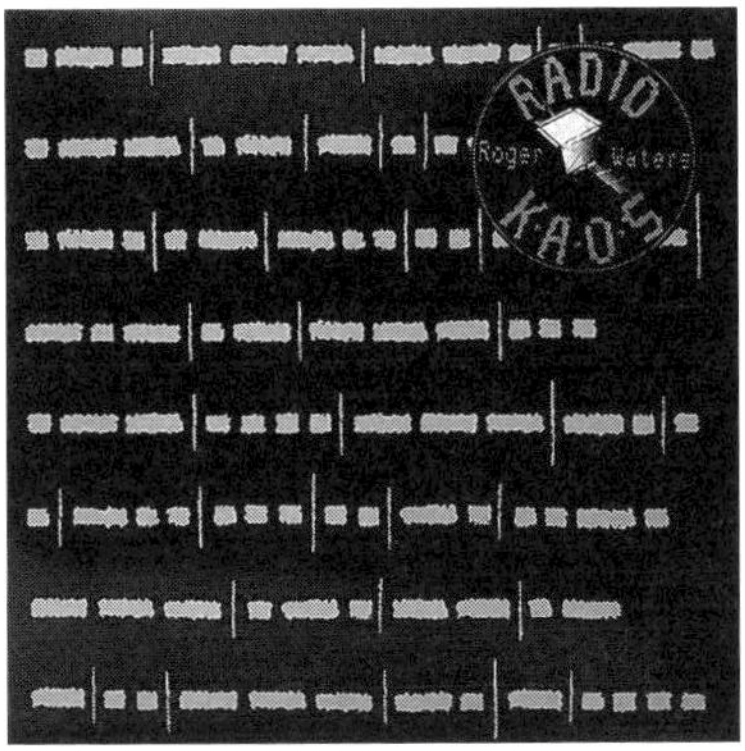

EMI：KAOS 1
録音：1986年10月～12月
発売：1987年6月15日
［A］
1. Radio Waves
2. Who Needs Information
3. Me Or Him
4. The Powers That Be
［B］
1. Sunset Strip
2. Home
3. Four Minutes
4. The Tide Is Turning (After Live Aid)
プロデューサー：Roger Waters, Ian Ritchie, Nick Griffiths
参加ミュージシャン：
Graham Broad (ds, per)
Mel Collins (sax)
Andy Fairweather Low (g)
Nick Glennie-Smith (syn)
Matt Irving (organ)
John Lingwood (ds)
Suzanne Rhatigan (cho)
Ian Ritchie (kbd, sax, programming, per)
Jay Stapley (g)
John Thirkell (trumpet)
Peter Thoms (trombone)
Katie Kissoon (cho)
Doreen Chanter (cho)
Madeline Bell (cho)
Steve Langer (cho)
Vicki Brown (cho)
Clare Torry (vo)
Paul Carrack (vo)
Pontarddulais Male Voice Choir (cho)
Noel Davis (choir master)
Eric Jones (choir arrangement)

87年に発表されたロジャー・ウォーターズのセカンド。またしても専売特許のコンセプト・アルバムで、今回はウェールズの炭鉱で兄夫婦の世話を受ける植物人間ビリーが主人公。チューナーを使わずして電波を受信できる特殊能力を持つビリーは、兄が巻き込まれた殺人事件を機に老いた叔父（核兵器開発に関わったことを悔やみ続けている）のいるカリフォルニアへ移住する。そこでラジオDJのジムと出会い、電波で大衆の思考を均一化させ、社会を支配しようとする権力側に立ち向かう、といった内容だ。書いているコチラも理解できてるのか甚だ不安だが、そもそもストーリーが難解な上、レコード会社の要請で収録時間も大幅に短縮された為に、一聴しただけでは分かり辛く、それを案じたロジャーもライナーに〝あらすじ〟を記載している。

ザ・ブリーディング・ハート・バンドを補強し、タイトな生演奏とシンクラヴィアによる打ち込みの融合が試みられた。少々デジタル臭すぎるものの、中音域にまとまった活きのいいミキシングだ。「ラジオ・ウェイヴ」や「サンセット・ストリップ」でのポップな爽快感といい、ラストを飾る「ザ・タイド・イズ・ターニング」の晴れやかさといい、希望に満ちたサウンドは、堅物ロジャーのイメージを払拭するかのようだ。実際に「ザ・タイド～」は90年に行われたベルリンの壁崩壊を祝うビッグ・イベント、『ザ・ウォール～ライヴ・イン・ベルリン』のフィナーレで豪華キャストで再演され、拍手喝采を浴びことになる。**森山**

PINK FLOYD
A Momentary Lapse Of Reason
鬱

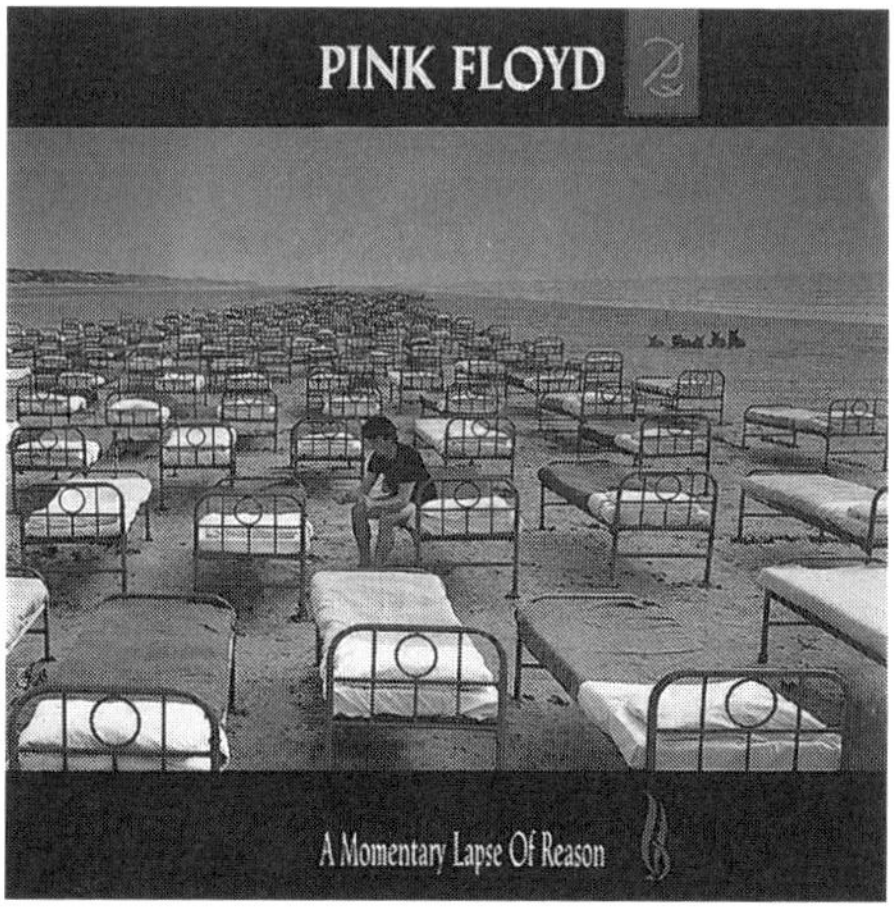

EMI：EMD 1003
録音：1986年11月〜1987年３月
発売：1987年９月７日
［A］
1. Signs Of Life
2. Learning To Fly
3. The Dogs Of War
4. One Slip
5. On The Turning Away
［B］
1. Yet Another Movie
1a. Round And Around
2. A New Machine (Part 1)
3. Terminal Frost
4. A New Machine (Part 2)
5. Sorrow
プロデューサー：Bob Ezrin, David Gilmour
参加ミュージシャン：
Bob Ezrin (kbd, per)
Jon Carin (kbd)
Patrick Leonard (syn)
Bill Payne (organ)
Michael Landau (g)
Tony Levin (b)
Jim Keltner (dr)
Carmine Appice (dr)
Steve Forman (per)
Tom Scott (sax)
John Helliwell (sax)
Scott Page (sax)
Darlene Koldenhoven (cho)
Carmen Twillie (cho)
Phyllis St. James (cho)
Donny Gerrard (cho)

1985年12月、ピンク・フロイドを正式に脱退したロジャー・ウォーターズは翌年、バンド名使用の差し止め請求を裁判所に起こした。しかし、その訴訟を無視する形で残りのメンバー、デイヴィッド・ギルモアとニック・メイスンはニュー・アルバムの制作を開始する。ロジャーから「お前らにレコード一枚作れる訳がない」と罵られたことで怒りが爆発したのがキッカケだという。もっとも一番腹を立てたのはグループ分裂の元凶で、ギルモア側のマネージャーだったスティーヴ・オルークかも知れない。ロジャーとは犬猿の仲になっていた彼は、ピンク・フロイドという巨大な船を再び動かすために、自身の人脈を駆使して万全の御膳立てをしている。

元々ギルモアのサード・ソロのつもりで進めていたレコーディングをフロイドの新作に急遽シフト・チェンジ、楽曲制作のパートナーに、元ブライアン・フェリー・バンドのキーボーディスト、ジョン・カーリンや、ロキシー・ミュージックのフィル・マンザネラといったフロイド・フリークを招集、不安材料だった作詞にはスラップ・ハッピーのアンソニー・ムーアやマドンナの作品で知られるパトリック・レオナルドなど、外部の協力を仰いだ。ジャケットのデザインには、久しぶりに元ヒプノシスのストーム・トーガソンを復帰させ、折よく連絡してきたリチャード・ライトも、ゲスト・プレイヤーとして呼び戻し（脱退時の条件で、正式メンバーとしての復帰は禁止されていたらしい）、まさに鉄壁の布陣でフロイド再生を試みている。

　プロデュースは『ザ・ウォール』も担当したボブ・エズリンとギルモア。同時期にロジャーからも制作依頼を受けていたというエズリンがコチラを選んだのは、ロサンゼルスでのオーヴァー・ダブをギルモアが承諾したからだそうだ。もちろん、提示されたギャランティも膨大だったのだろうが。

　レコーディングにはトニー・レヴィン（b）やジム・ケルトナー（ds）、カーマイン・アピス（ds）といった当代きっての腕利きプレイヤーが招かれ、過去のフロイド作品を彷彿とさせるイメージの断片が、高級感を伴って見事に構築されていく。発表時のインタビューではぐらかしていたが、演奏面で力量不足だったメイスンとライトは殆ど録音に関わっていないことを、のちにギルモアも認めている。

　本作を聞いたロジャーが発した「よく出来た模造品」という有名なセリフがあるが、ギルモア達の照準も実はソコだったのでは、と思えてくる。のちに代表曲となる「幻の翼」や「現実との差異」をはじめ、全編で繰り広げられる荘厳なサウンドスケープ。空間処理にたっぷり時間をかけた生楽器類、幾重にも積まれたシンセパッドや各種効果音、厚塗りの女性コーラス等々で彩られたゴージャスな世界観。いにしえのムードを踏襲しながらも、デジタル技術を導入することを厭わないハイブリッドなアプローチは、従来のファンのみならず、新たなオーディエンスを獲得し、グループを更なる高みへと押し上げた。

　当時僕は中1、13歳。ほんのり蘇るＦＭ雑誌とレンタル・レコード店の記憶。プロモーションにも相当な予算が掛けられたであろう本作で『鬱』の字を覚えさせられた世代としては、バンド内の確執など知る由もなく、「なんか壮大やなぁ」ぐらいにしか思ってなかったけれど、ひょっとしたら大半の欧米人も同じ様にざっくり受け止めていたのかも。でないと、評論家連中からの「薄っぺらい」「上っ面だけ」「延命工作」といった辛辣なレビューに反して、チャートで好成績を収め、リリース・ツアーを大成功させることなど出来なかったはずだ。多数のファンが求めていたのは、単純に「スケールのデカさ」だったのかも知れない。

森山

Delicate Sound Of Thunder

光〜Perfect Live!

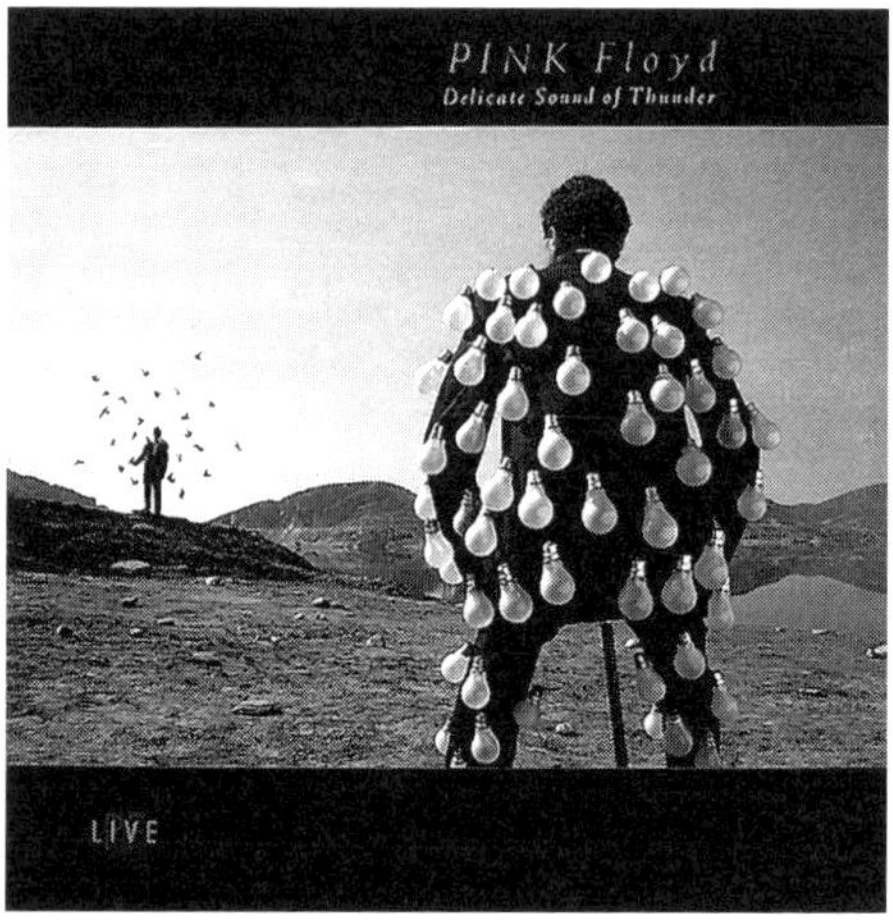

EMI：CDEQ 5009［CD］
録音：1988年８月19日〜23日
発売：1988年11月21日

［1］
1. Shine On You Crazy Diamond
2. Learning To Fly
3. Yet Another Movie
4. Round And Around
5. Sorrow
6. The Dogs Of War
7. On The Turning Away

［2］
1. One Of These Days
2. Time
3. Wish You Were Here
4. Us And Them
5. Money
6. Another Brick In The Wall Part II
7. Comfortably Numb
8. Run Like Hell

プロデューサー：David Gilmour
参加ミュージシャン：
Jon Carin (kbd, cho)
Tim Renwick (g, cho)
Guy Pratt (b, cho)
Scott Page (sax, oboe, g)
Gary Wallis (per, kbd)
Rachel Fury (cho)
Durga McBroom (cho)
Machan Taylor (cho)

　１９８７年９月から９０年６月まで、延べ４年間で１９７回、観客動員数５５０万人、興業収入１億３５００万ドル。数字だけ並べてみても如何にスケールのデカいモノだったのかが分かる《ア・モメンタリー・ラプス・オブ・リーズン・ツアー》。その中から88年８月のニューヨーク、ナッソー・コロシアム公演の模様を収めたのが本作『光〜パーフェクト・ライヴ！』だ。実況録音盤は69年の『ウマグマ』以来となる。コンサートの二部構成を再現したダブル・アルバムで、ディスク１は主に新譜『鬱』の曲が中心、２枚目には往年のヒット曲の数々が収録された。全体の構成をデイヴィッド・ギルモアと一緒に考えたのは、プロデューサーのボブ・エズリンだそうで、総勢10名という大所帯に膨れ上がったツアー・メンバーのアレンジ面についても助言している。新曲とスタンダードナンバーを前後半で分けて演奏するというスタイルは、これ以降、長きに渡って定着するわけだが、その影に大物プロデューサーのアドバイスがあったとは驚きだ。

ツアー開始当初はニック・メイスンとリチャード・ライトも勘が戻らず四苦八苦したようだが、弱点補強メンバーのゲイリー・ウォレス（per）とジョン・カーリン（kbd）の助けもあり、88年の段階では如才ないプレイを披露できるまでになっていた。

適材適所で重要なリフやフレーズを受け持つティム・レンウィック（g）、派手な出で立ちで超絶ブロウを決めるスコット・ペイジ（sax）、ベーシストの座を射止めた若きガイ・プラットも、各々モダンなプレイで的確に新生フロイド・サウンドをサポート。レイチェル・フューリーほか、見目麗しい3人の女性コーラス陣は声だけでなく、視覚的にもしっかり役目を果たしてくれた。

所々で音像処理が度を越して、本来の魅力を失わせてる部分もあるにはあるが（その点では20年のレストア版での処理は素晴らしかった）、空前絶後のド派手なステージ・セットを背景に、バンドが目指したスペクタクルな音空間を堪能できるライヴ作品となっている。

カーリンとライトが作り出す淡いシンセ・ウェイヴの中、ギルモアの79年製レッド・ストラトキャスターがむせび泣くオープニングの「クレイジー・ダイアモンド」から客席は大興奮。「時のない世界」での永遠に続くようなサステインや「コンフォタブリー・ナム」のソロで見せる大蛇のようなネチっこい絡みも凄まじい。

それにしても、なんて太い音なのだろう。力任せに弾いている訳でもないのに常に伸びやかでファットな単音の秘密は一体何？もちろん竿本体やミッドレンジがガチ上がりするというアクティヴのピックアップ、使用アンプのハイワットに、有名なピート・コーニッシュのエフェクター等、さまざまな要因が考えられるはずだが、先日ひとつ発見があったので、ここで報告させていただきます。

たまたま寄った楽器屋でギルモアのシグネイチャー弦を発見、パッケージに御大が写ってて格好良かったんで勢いで購入。で、帰ってちゃんと見たら極太だったんです。1弦＝0・10、5〜6弦＝0・50インチというサイズで、後輩のギタリストに話したら「そんなんナット壊れまっせ！」レベルの代物らしい。もちろん構わず自分のギターに張り替えてみたら、扱いにくいのなんの。ライヴ一回演って速攻で外しましたわ。でも、音が確かに太くなった気がしたんですよね。

フロイド再始動後の90年代から00年代にかけて、ギルモアのギター・サウンドが更に骨太に、伸びやかになった理由には、この弦の開発が一役買っているのかも知れません。信じるか信じないかは貴方次第です。

森山

ROGER WATERS
The Wall - Live In Berlin
ザ・ウォール～ライヴ・イン・ベルリン

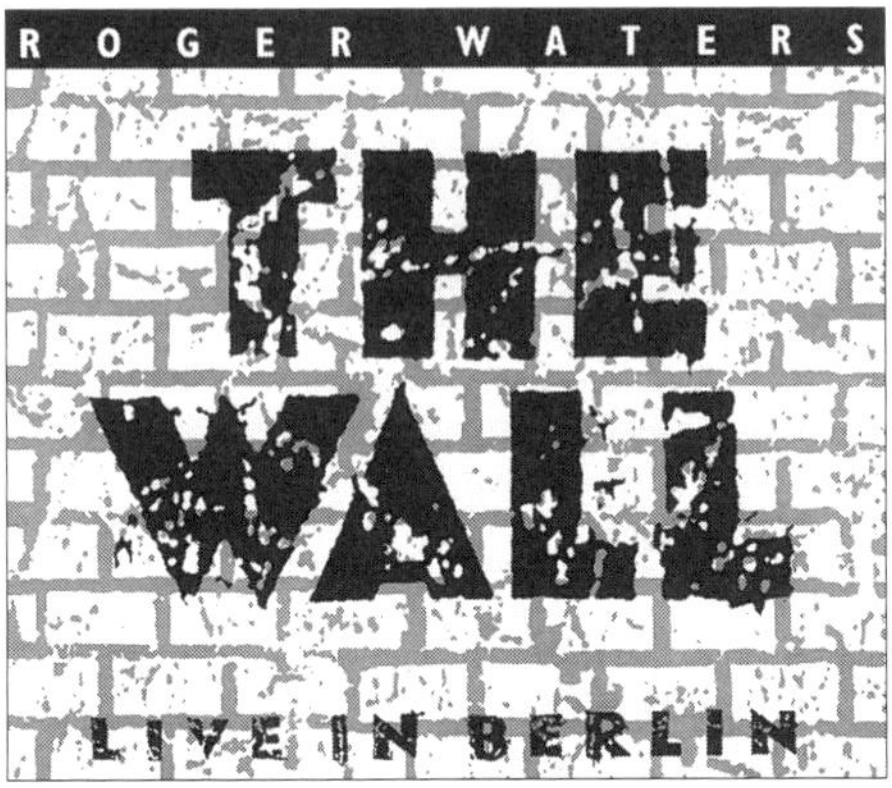

Mercury：846 611-2［CD］
録音：1990年 7 月21日
発売：1990年 8 月21日
［1］1. In The Flesh? / 2. The Thin Ice / 3. Another Brick In The Wall (Part 1) / 4. The Happiest Days Of Our Lives / 5. Another Brick In The Wall (Part 2) / 6. Mother / 7. Goodbye Blue Sky / 8. Empty Spaces / 9. Young Lust / 10. One Of My Turns / 11. Don't Leave Me Now / 12. Another Brick In The Wall (Part 3) / 13. Goodbye Cruel World
［2］1. Hey You / 2. Is Anybody Out There? / 3. Nobody Home / 4. Vera / 5. Bring The Boys Back Home / 6. Comfortably Numb / 7. In The Flesh / 8. Run Like Hell / 9. Waiting For The Worms / 10. Stop / 11. The Trial / 12. The Tide Is Turning
プロデューサー：Roger Waters, Nick Griffiths
参加ミュージシャン：
Scorpions: Klaus Meine (vo), Rudolf Schenker (g, cho), Matthias Jabs (g, cho), Francis Buchholz (b, cho), Herman Rarebell (ds, cho) / Ute Lemper (vo) / Cyndi Lauper (vo, per) / Thomas Dolby (vo) / Sinéad O'Connor (vo) / The Band: Rick Danko (vo), Levon Helm (vo), Garth Hudson (accordion, sax) / The Hooters: Eric Bazilian (g, vo), Rob Hyman (kbd, vo), John Lilley (g, vo), Fran Smith Jr. (b, vo), David Uosikkinen (ds) / Joni Mitchell (vo) / James Galway (flute) / Bryan Adams (vo, g) / Jerry Hall (vo) / Paul Carrack (vo) / Van Morrison (vo) / Tim Curry (vo) / Marianne Faithfull (vo) / Albert Finney (vo) / The Bleeding Heart Band: Rick Di Fonzo (g), Snowy White (g), Andy Fairweather-Low (g, b, cho), Peter Wood (kbd), Nick Glennie-Smith (kbd), Graham Broad (ds, per), Jim Farber (cho, per), Joe Chemay (cho), Jim Haas (cho, per), John Joyce (cho) / The Rundfunk Orchestra (directed by Michael Kamen) / The Rundfunk Choir / The Marching Band of the Combined Soviet Forces in Germany and the Red Army Chorus. / Paddy Moloney (tin whistle)

2003 reissue

Universal：38 437-9［DVD］

１９８９年11月、東西冷戦の象徴であったベルリンの壁が崩壊、その８か月後の90年７月21日に行われたチャリティ・コンサートの模様を収めた二枚組ライヴ・アルバム。会場は実際に壁によって分断されていたポツダム広場で、40万人を超える観客が押し寄せる歴史的なイベントとなった。

世界中で「壁といえば誰？」という連想ゲームをしたら、確実に上位にランクインするであろうロジャー・ウォーターズにこの大事業を依頼したのはＥＣ（現ＥＵ）の災害救済記念基金で、一貫して平和を希求し続ける活動姿勢と照らし合わせてみても、これ以上の人選はないだろう。

演目はもちろん『ザ・ウォール』。フィッシャー／パークがデザインした革新的な巨大セットを舞台に、豪華アーティストが個性的なパフォーマンスを次々に披露した。

トップバッターは地元ドイツを代表するハードロック・バンド、スコーピオンズ。当時世界的な人気を誇った彼等らしい力強い演奏が聞ける。続いてもドイツから、女優としても活躍する美人シンガーのウテ・レイパーによる「ザ・シン・アイス」。この曲からロジャー率いるザ・ブリーディング・ハート・バンドがバックを務める。「アナザー・ブリック・イン・ザ・ウォール（パート1）」は本家ロジャーの歌唱。後半ガース・ハドソン（ザ・バンド）の余裕綽々なサックスが絡んでムーディーな雰囲気に。オリジナルでは子供達の声が印象的だった「同（パート2）」にはシンディ・ローパーが登場。若作りしてハシャいでいるのだろうが、もう十分オバハンなので少々イタイ。「エンプティ・スペイシズ」と「ヤング・ラスト」の2曲でリードを任されたブライアン・アダムスも勢いは認めるが、フロイド的な憂いが全く感じられない。その点、「マザー」を歌ったシネイド・オコナーや、「グッバイ・ブルースカイ」を担当したジョニ・ミッチェルは凄まじく、原曲とは違った独特の世界観を作り出す才能は筆舌に尽くし難い。「マザー」には前述のガースのほか、ザ・バンドからリヴォン・ヘルムとリック・ダンコがコーラスで参加。ふたりが歌い出した途端に大西洋をひとっ飛び、北米大陸な雰囲気になるのが本当に不思議だ。

　ここからディスク2。「ヘイ・ユー」は、ポール・キャラックのソウルフルな歌を堪能できる。ロジャーがゲスト・ヴォーカルに何度もキャラックを起用しているのも納得の出来栄えだ。この日はリードギターにリック・ディフォンゾとスノーウィー・ホワイトが抜擢されている。どちらのプレイも素晴らしく、甲乙つけ難いのだが、リックが弾いたここでの流麗なソロや、続く「イズ・ゼア・エニバディー・アウト・ゼア」で披露されたナイロン弦でのアルペジオは聞き所のひとつだろう。個人的にはスノーウィーの武骨さも好きなのだが。後半戦のハイライトはそんなギタリスト2人の壮絶な掛け合いが聞ける「コンフォタブリー・ナム」だ。ギルモアのヴォーカル・パートを受け持つヴァン・モリスンの堂々とした存在感たるや。大観衆が固唾を呑んで見守っているのが此方まで伝わってくる様だ。再びコーラスに入ったリヴォンとリックも熱唱で盛り上げる。

　本コンサートはテレビ放映用に撮影されたので、映像作品としても何度かリリースされている。グラサン姿や軍服など、ロジャーのコスプレも大いに楽しめるが、実は僕のウラ推しはトーマス・ドルビーで、「アナザー・ブリック・イン・ザ・ウォール（パート2）」でショルキー抱えて出てくる姿はオモロすぎるし、前述のウテやマリアンヌ・フェイスフルと繰り広げられる小劇「ザ・トライアル」で、ワイヤーで吊られてフニャフニャ先生になるシーンも爆笑。この辺りは是非とも映像でご覧いただきたい。

森山

ROGER WATERS
Amused To Death
Amused To Death～死滅遊戯

Columbia：468761 2［CD］
録音：1987年～1992年
発売：1992年9月7日
1. The Ballad Of Bill Hubbard / 2. What God Wants, Part I / 3. Perfect Sense, Part I / 4. Perfect Sense, Part II / 5. The Bravery Of Being Out Of Range / 6. Late Home Tonight, Part I / 7. Late Home Tonight, Part II / 8. Too Much Rope / 9. What God Wants, Part II / 10. What God Wants, Part III / 11. Watching TV / 12. Three Wishes / 13. It's A Miracle / 14. Amused To Death
プロデューサー：Patrick Leonard, Roger Waters
参加ミュージシャン：
Patrick Leonard (kbd, programming) / Jeff Beck (g) / Randy Jackson (b) / Graham Broad (ds, per) / Luis Conte (per) / Geoff Whitehorn (g) / Andy Fairweather Low (g, cho) / Tim Pierce (g) / B.J. Cole (g) / Rick Di Fonzo (g) / Steve Lukather (g) / David Paich (organ) / Rick DiFonzo (g) / Bruce Gaitsch (g) / Jimmy Johnson (b) / Brian Macleod (per) / John Pierce (b) / Denny Fongheiser (ds) / Steve Sidwell (cornet) / John Patitucci (b) / Guo Yi & the Peking Brothers (dulcimer, lute, oboe, b) / John Dupree (strings arrange, conduct) / John "Rabbit" Bundrick (organ) / Michael Kamen (orchestral arrange, conduct) / Jeff Porcaro (ds) / Marv Albert (voice) / Alf Razzell (voice) / London Welsh Chorale (choir) / Katie Kissoon (cho) / Doreen Chanter (cho) / N'Dea Davenport (cho) / Natalie Jackson (cho) / P.P. Arnold (vo) / Lynn Fiddmont-Linsey (cho) / Jessica Leonard (cho) / Jordan Leonard (cho) / Screaming Kids (cho) / Charles Fleischer (voice) / Don Henley (vo) / Jon Joyce (cho) / Stan Laurel (cho) / Jim Haas (cho) / Rita Coolidge (vo)

アメリカの心理学者、ダニエル・ゴールマンはリーダーシップの形を6種類に分類している。①チームが目指す目標を提示し、進む方向へ導いていく〈ビジョン型〉、②チーム一人ひとりの能力を尊重する〈コーチ型〉、③メンバーの関係性を重要視する〈関係重視型〉、④提案を広く聞き入れ計画を改善、向上させていく〈民主型〉、⑤リーダー自らが成功イメージを示す〈ペースセッター型〉、⑥強制力を使って目的を果たす〈強制型〉。ロジャー・ウォーターズは一体どれに当てはまるのか？

ピンク・フロイド結成当初は、天才シド・バレットの影に隠れて、グループを率いる立場ですら無かったロジャーにリーダーの意識が芽生えたのは、全曲の作詞を担当した『狂気』からだと思われる。そこから『炎』辺りまで、音楽面はメンバーに委ねる割合も大きく③だったのが『アニマルズ』で⑤に、『ザ・ウォール』『ファイナル・カット』で⑥へと変貌してグループ離脱、というのが一般的なイメージではなかろうか。

脱退後は新生フロイドメンバーへの誹謗中傷や裁判沙汰もあり、独裁者的な見られ方をすることも多いロジャーだが、ところがどっこい、彼と仕事をしたミュージシャンからの評判は、すこぶる良好なのだ。和久井編集長がロジャーの現場を経験したベーシスト、クマ原田氏から引き出した証言では「彼は本当に紳士」だそうで、プレイにさして注文も出さず、「自由にやってくれ」風のスタイルだったそう。何度も仕事をしたアンディー・フェアウェザー・ロウも「自分達ミュージシャンを物凄く大切にしてくれる」と太鼓判を押しているほどだ。確かにソロ1作目でもクラプトンに好き勝手弾かせているし、その後結成したブリーディング・ハート・バンドでも各人が伸びのびプレイしている様子が伺える。

では、本作『死滅遊戯』でロジャーはどんなリーダーシップを発揮したのだろう。先程の形で言うとすれば、コンセプト・メイクこそ単独の発案だが、プリプロやレコーディングは世間の印象とは真逆の①②④で進められた可能性が高いと僕は踏んでいる。90年にベルリンの壁崩壊を受けて現地で開かれた平和の祭典『ザ・ウォール～ライヴ・イン・ベルリン』を成功させ、精神的にも安定していたのがプラスに作用して、重いテーマにも関わらず、未来への前向きなメッセージを伴った力強い作品が完成した。

前作までのデジタル臭さが減少して、生バンドによる溌剌としたサウンドが蘇ったのも特徴だ。ゲスト陣も非常に豪華で、7曲に渡って唯一無二のプレイを繰り広げたジェフ・ベックが群を抜いて素晴らしい。オープニングのインストで聞けるハーモニクスのトーン・コントロールや「神話（パート3）」でのソロはまさしく神業だ。

個人的なフェイヴァリットは、湾岸戦争に着想を得た「レイト・ホーム・トゥナイト（パート1）」。牧歌的な曲調をオーケストラとコーラスが盛り上げる随一のポップ・チューンで、テレビの中の戦争と軍人側の視点を巧みに交差させた描写がいかにもロジャーらしい。P.P.アーノルドがソウルフルな独唱を聞かせる「完全真理（パート1）」や、メディアが子供達の思考を奪う様子を憂う、タイトル曲でのリタ・クーリッジとのデュエットなど、聞きどころも多い。本人が『狂気』『ザ・ウォール』と並んで、お気に入りの作品として挙げているのも納得の名作だ。

さて、上記のゴールマンは、最高の成果を出すリーダーは特定の形に依存せず、状況の変化に応じてスタイルを変えることができる人物だと結んでいる。その意味でロジャーは立派な指導者だと思うのだが、どうだろうか？

森山

PINK FLOYD
The Division Bell
対／Tsui

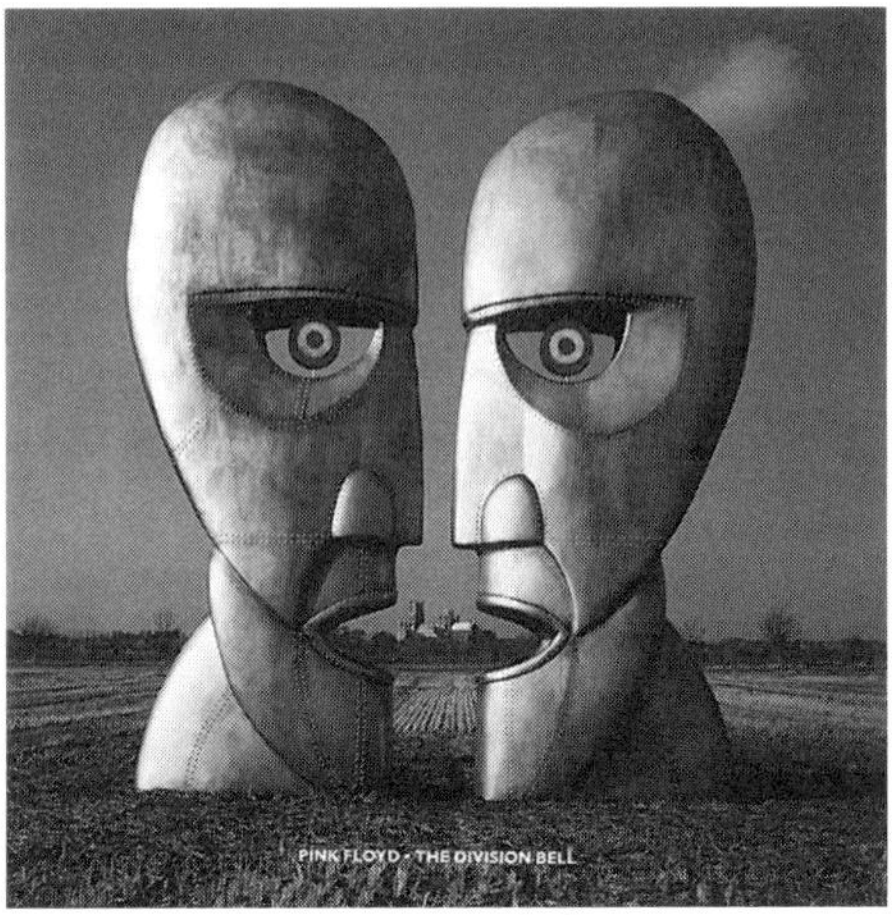

EMI United Kingdom：CDEMD 1055［CD］
録音：1993年1月〜12月
発売：1994年3月28日

1. Cluster One
2. What Do You Want From Me
3. Poles Apart
4. Marooned
5. A Great Day For Freedom
6. Wearing The Inside Out
7. Take It Back
8. Coming Back To Life
9. Keep Talking
10. Lost For Words
11. High Hopes

プロデューサー：Bob Ezrin, David Gilmour
参加ミュージシャン：
Bob Ezrin (per, kbd)
Jon Carin (kbd)
Guy Pratt (b)
Gary Wallis (per, programming)
Tim Renwick (g)
Dick Parry (sax)
Sam Brown (cho)
Durga McBroom (cho)
Carol Kenyon (cho)
Jackie Sheridan (cho)
Rebecca Leigh-White (cho)

テーマは「コミュニケーションの欠如による対立」、原題の〝ディヴィジョン・ベル＝分割する鐘〟はイギリス下院議会で決議の際に鳴らされる鐘の呼称である。

足かけ4年に渡るワールド・ツアーでの経験で、バンドとしての結束力と技術的な信頼を取り戻したデイヴィッド・ギルモア、ニック・メイスン、リチャード・ライト（本作でメンバーに復帰）の3人は93年、ベーシストのガイ・プラットを伴って、ブリタニア・ロウ・スタジオで新作に向けたセッションを開始する。皆で揃って音を出し、サウンドを産み出す作業は『炎』以来だったそうで、ある種のケミストリーが起こったのか、のちに最終作『永遠』で使われることになる断片的な作品も含めた計65ものスケッチを生み出した。

その中から投票制（！）で11曲に絞り込まれ、ギルモアとボブ・エズリンの監督のもと、気心の知れたサポートメンバーのディック・パリー（sax）、ティム・レンウィック（g）、ゲイリー・ウォーリス（per）、ジョン・カーリン（kbd）にバックコーラス勢も参加して、楽曲のブラッシュ・アップが試みられた。カーリンはプレイだけでなく、ライトが70年代に使用したシンセ・サウンドを蘇らせるプログラミングも担当したそうで、全編を包み込むパッド系音色の独自性は彼の功績によるものだろう。

『鬱』と、続くツアーの成功で、さまざまなプレッシャーから開放されたのか、本作ではギルモアのギターがまたも異彩を放っている。ブルーズの進化系と本人も語る「ホワット・ドゥ・ユー・ウォント」でのカウンター・プレイや、「孤立」で示したワーミー・ペダルの斬新な使用法は他に類を見ないものだ。同曲はピンク・フロイドに初めてのグラミー賞をもたらしたが、その部門が「最優秀ロック・インストゥルメンタル・パフォーマンス」だったというところに、世間が求めるフロイド像が、ロジャー・ウォーターズが敷いていたコンセプト主義からスペイシーで壮大な〝雰囲気〟へと変化したことを物語っている。

「前回のアルバムでは世界中に僕達がまだ生きてるってことを証明する必要があったからデカイ音でドッカーンって演ったけれど、これはずっと内省的なアルバムだよ」との発言通り、「転生」のイントロや「ロスト・フォー・ワーズ」のソロなど、本来ならエレキが用いられていたであろう単音パートをアコースティック・ギターでプレイしているのも特徴的だ。録り音やミックスも抜群だが、サステインの短い生ギターをここまで雄弁に語らせるのはギルモアのタッチと右手のアタックがあっての事だろう。

引き続き懸念事項となっていた作詞の問題は、のちにギルモア夫人となる作家／ジャーナリストのポリー・サムソンとの出会いにより解消されたようだ。固有名詞やレトリックを駆使するでもなく、ストレートな言い回しに終始しているのが物足りないが、その分多くの人に訴ぇかけるのかもしれない。「ウェリング・ジ・インサイド・アウト」でライトが久々にリード・ヴォーカルを取っているのも嬉しい。ソロ作『ブロークン・チャイナ』でがっつりタッグを組むことになるアンソニー・ムーアとの共作で、ロジャーへの辛辣なメッセージが込められている。完璧に計算されたトラックが並ぶ中、独特の浮遊感が心地いい。

クリス・トーマスとギルモアによるミックスは定位も奥行きも絶妙で、大音量で聞いた時は当然として、ヴォリュームを絞っても浮かび上がる音像が豊かなのは、一体どういうカラクリなのだろうか。ちなみに本作は英米を含む13ヶ国でチャート1位を獲得、１２００万枚を売り上げたモンスターアルバムとなった。

森山

PINK FLOYD
P•U•L•S•E
P.U.L.S.E（驚異）

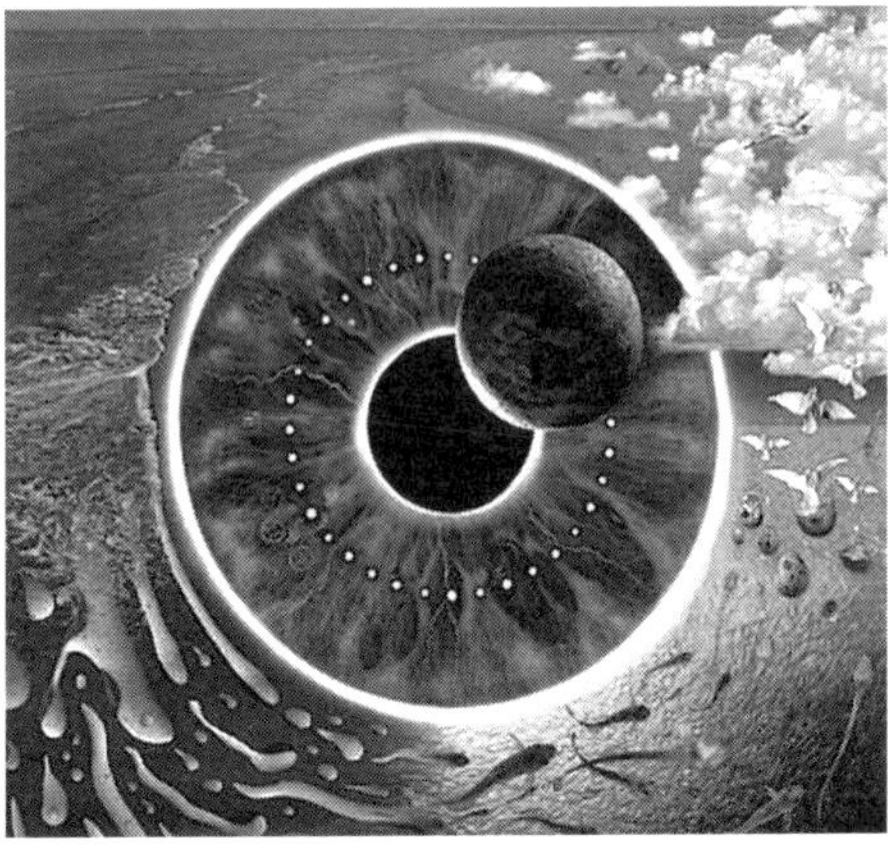

EMI United Kingdom：CDEMD 1078
録音：1994年8月17日〜10月23日
発売：1995年5月9日
[1]
1. Shine On You Crazy Diamond
2. Astronomy Domine
3. What Do You Want From Me
4. Learning To Fly
5. Keep Talking
6. Coming Back To Life
7. Hey You
8. A Great Day For Freedom
9. Sorrow
10. High Hopes
11. Another Brick In The Wall (Part II)

[B] The Dark Side Of The Moon (1-10)
1. Speak To Me
2. Breathe
3. On The Run
4. Time
5. Great Gig In The Sky
6. Money
7. Us And Them
8. Any Colour You Like
9. Brain Damage
10. Eclipse
11. Wish You Were Here
12. Comfortably Numb
13. Run Like Hell

プロデューサー：David Gilmour, James Guthrie
参加ミュージシャン：
Jon Carin (kbd, cho) / Tim Renwick (g, cho) / Guy Pratt (b, cho) / Dick Parry (sax) / Gary Wallis (per) / Sam Brown (cho) / Durga McBroom (cho) / Claudia Fontaine (cho)

『対』ツアーの終盤戦、ロンドン・アールズコートでの模様（一部他公演含む）を収録した2枚組ライヴ・アルバムで、95年6月にリリースされた。初回盤ジャケットには赤い発光シグナルが埋め込まれ、タイトルよろしく点滅する仕組みだった。当時は私、レコード屋で働いてたんですが、店の電気消してもアレだけ点いてるの気持ち悪かったなぁ。切れた電池（単3が2本！）を外国人が交換する動画がYouTubeに上がってるのを見つけて、思わず視聴してしまいましたよ。残念ながら手持ちのCDはライト無しのセカンド・プレスだったんで、実践できずでしたが…。

ディスク1は『光〜パーフェクト・ライヴ！』と同じく「クレイジー・ダイアモンド」で始まり、主に『鬱』『対』からの曲が演奏される。途中『ザ・ウォール』からの「ヘイ・ユー」やシド・バレット時代の「天の支配へ」までもがネジ込まれているが、同じ会場での演奏では無いため、統一感に欠けるのが難点だ。歓声で誤魔化してもオーディエンスが発する熱気は嘘をつかない。

その点、新生フロイド・ナンバーには生気が漲っている。レコーディング・メンバーがそのままツアーに出ているので『対』からの選曲はお手の物だ。とくに、冒頭のソロギターをエレキに置き換えた「カミング・バック・トゥー・ライフ」はスタジオ版を凌ぐ出来栄えで、単純なコード展開の中に、一箇所だけ飛び出すノンダイアトニックコード（この曲だとＢ♭）への進行がグッと来る。「キープ・トーキング」で見せるギルモアのトーキング・モジュレーター使いもライヴならではの迫力だ。前回のツアーでは効果音に頼り気味で、少々まったりとしていた「幻の翼」や、カッティングの音色がチャラかった「アナザー・ブリック・イン・ザ・ウォール（パート２）」も改善され、よりシャープで強靭なバンドサウンドを聞かせてくれる。

とはいえ、本作の目玉は何といってもディスク２、ツアー後半からメニューに加わった『狂気』の全曲演奏だろう。リック・ライトの証言によると、ツアーが始まってから出たアイディアだそうで、ギルモアが突然「さぁ、今夜やってみよう」と言い出したらしい。恐っ。録音とミックスを担当したジェイムズ・ガスリーは「単なるコピーではなく、全体のフィーリングを甦らそうと努めた」と語っている。その言葉通り、「走り回って」のシークエンスのパターンは配列が違うし、「望みの色を」でのグルーヴは更にファンキーな仕上がりだ。「マネー」の間奏に女性コーラスが足されたり、スイングしたりと欲張りだが、『光』の時のような、腰砕け風のレゲエ・ビートなんぞにはせず、全編でしっかりテンポ感やムードを保っている。オリジナルでも吹いていたサックスのディック・パリーもツアー・メンバーとして参加、この曲や「アス・アンド・ゼム」での堂に入ったアドリブ・プレイは絶品だ。演奏の割り振りも巧妙で、繋ぎのＳＥと単純なループ以外は、作られた同期音源を鳴らすこともなく、生演奏でしっかり乗り切っていく。テクノロジーの恩恵を最大限に受けてきたバンドとしては、もうちょっとサボっても良さそうなものだが、ギルモア以下、参加メンバーのミュージシャンシップには本当に頭が下がる。

「あなたがここにいてほしい」での大合唱や、クライマックスの「ラン・ライク・ヘル」で爆発しまくるパイロ（花火演出）の音までしっかり収められ、会場の熱狂が伝わる作りになっている。ブックレットには、これみよがしに〝ディス・イズ・アン・アナログ・レコーディング〟と記されてるが、プレイヤーはもちろん、音響スタッフも含めたチームの自信が伝わってくる。

森山

PINK FLOYD
The Endless River
永遠／TOWA

Parlophone：825646213337［CD+Blu-ray］
録音：1969年、1993年、2013年〜2014年
発売：2014年11月7日

［CD］
1. Things Left Unsaid
2. It's What We Do
3. Ebb And Flow
4. Sum
5. Skins
6. Unsung
7. Anisina
8. The Lost Art Of Conversation
9. On Noodle Street
10. Night Light
11. Allons-y (1)
12. Autumn '68
13. Allons-y (2)
14. Talkin' Hawkin'
15. Calling
16. Eyes To Pearls
17. Surfacing
18. Louder Than Words

［Blu-ray］
Album high resolution 5.1 mix and Stereo
Audio-Visual
1. Anisina / 2. Untitled / 3. Evrika (A) / 4. Nervana / 5. Allons-y / 6. Evrika (B)
Audio
1. TBS9 / 2. TBS14 / 3. Nervana

プロデューサー：David Gilmour, Andy Jackson, Phil Manzanera, Youth, Bob Ezrin
参加ミュージシャン：
Guy Pratt (b) / Bob Ezrin (b, kbd) / Andy Jackson (b) / Jon Carin (syn) / Damon Iddins (kbd) / Anthony Moore (kbd) / Youth (kbd) / Eddie Bander (kbd) / Michael Rendall (kbd) / Gilad Atzmon (sax, clarinet) / Durga McBroom (cho) / Louise Marshal (cho) / Sarah Brown (cho)
Escala: Victoria Lyon (violin) / Honor Watson (violin) / Chantal Leverton (viola) / Helen Nash (cello)

ピンク・フロイドは巨大な生き物のようだと思うことがある。メンバーの意思とは別の、何か見えない本能によって、バンドは存在し続けようとするのだ。94年に行われた『対』のツアーを最後に、ピンク・フロイドは活動を停止しており、ギルモアの発言からも分かるように、もはや活動を再開することはないと思われていた。しかし、05年にはなんとロジャー・ウォーターズを含むラインナップで《ライヴ8》のステージに立っている。そして新作が出るに至るのだから、本能を侮ることはできない。だからこそ、ラスト・アルバムだと謳う必要があったのではないか。

08年にリック・ライトが逝去。ライトへの追悼の意を込めて完成させたのがこの作品だ。20年ぶりのスタジオ・レコーディングによるニュー・アルバムではあるが、前作『対』（94年）の時に録音されていたマテリアルをベースに仕上げたもので、1曲を除いてすべてインスト曲という内容。曲数は18曲と多いが、アナログ・レコードの4面分に対応した4つの組曲に分かれるように構成されている。『対』は2枚組を想定して制作が開始され、1枚は歌モノ、もう1枚はインストになる予定だったという。エンジニアのアンディ・ジャクソンが、使われなかったインストの音源からマッシュアップした‘The Big Spliff’というアンビエント作品を作ったこともあったが、発表されることはなかった。そして『対』の20周年盤をまとめるタイミングで、漸くこれらのマテリアルに手をつけることになった。ギルモアは、旧友であり、ソロ・アルバム『オン・アン・アイランド』（06年）を共同プロデュースしたフィル・マンザネラにそれらを纏める作業を依頼。マンザネラはジャクソンと共に6週間かけて4つのパートにまとめ上げた。さらにギルモアは、ジ・オーブとのコラボレイション作『メタリック・スフィアズ』（10年）に参加したユース（元キリング・ジョーク）に意見を求め、追加録音なども行いつつ、ギルモア、マンザネラ、ジャクソン、ユースの共同プロデュースという形で完成させた。

作品の中には、ライトのプレイをフィーチャーしたところが見られ、「サム〜調和」では、60年代のフロイドのようなファルフィッサ・オルガンの音が聴ける。「オータム’68」には、69年6月26日のロイヤル・アルバート・ホール公演のリハーサルでライトが弾いたパイプオルガンの音が使われていたり、この曲のタイトルも『原子心母』に収録されていた「サマー’68」（ライトの作曲）を意識したものだったりと、ライトへの思いをしっかり刻み込んでいる。また、「追伸〜伝心」や「トーキン・ホーキン〜ホーキング博士の伝言」には、スティーヴン・ホーキング博士のヴォイス・サンプルを使用。これは、『対』に収録された「キープ・トーキング」やギルモアの『オン・アン・アイランド』でも見られ、その世界観を引き継いでいることがわかる。アルバム原題の『ジ・エンドレス・リヴァー』もまた、『対』に収録された「運命の鐘」の一節から採ったものだ。唯一の歌モノが、ギルモアが書いた新曲「ラウダー・ザン・ワーズ〜終曲」。歌詞はギルモアのワイフであるポリー・サムソンが担当している。

ギルモア体制になってからのフロイドが、ウォーターズ時代のコンセプト性を重視した姿勢よりもサウンドの質感に重きを置いてきたことは確かで、ラスト・アルバムだと明言したこの作品で言葉をほとんど用いなかったことは、ある意味で究極のギルモア＝フロイドの完成形と言える。誤解を恐れずに言えば、意味性を排除した雰囲気ものであり、ピンク・フロイドは空気のように存在するようになったのだ。

なお、デラックス・エディションには、別ヴァージョンを含む、本編に未収録の9トラックを収録。

池上

白木哲也インタヴュー
『狂気』がフィジカルで出るのは今回が最後って気がします。

取材・文●池上尚志

ソニーミュージック洋楽部の名物ディレクター、白木哲也氏のインタヴューをお届けする。

白木さんが作り出すプロダクツは、日本ならではの丁寧なものづくりと、重箱の隅を突つくかのようなこだわりに満ちていて、ファンがどんなものを喜ぶかがよくわかっていらっしゃる。もともと熱心な洋楽ファンであったというが、〝ファン目線〟を外さない仕事人なのだ。そんな白木さんがピンク・フロイドを担当するようになったのは94年の『対（TSUI）』から。数ある洋楽アーティストの中でも特に作品に対するコントロールが厳しいというピンク・フロイドだが、そんな相手に対して『原子心母』の〝箱根アフロディーテ50周年記念盤〟という日本独自企画をぶつけ、粘り強い交渉の末に実現させてしまったのだからエラい。作品の価値や意味がわかっていて、その上に情熱を乗せているからできることなんだと想う。制作の裏側を訊いた。

――ピンク・フロイドの担当は大変そうですね。

許諾をもらうだけで大変。すべてにおいて許諾が必要なんですよ。プロダクツを制作する上では、帯とか日本語部分はもちろん、日本側で変更する箇所もすべて許諾が必要です。一番難航したのは音チェック。CDはデジタルなんで、そんなに変わらないはずと思っちゃうんですが、工場で商品と同じようにつくった「テスト・プレス」を送って確認してもらいます。でも、彼らの耳では微妙な違いがわかるんですね。何度もやり直しました。プレス・ラインが違えば音も変わりますけど、材質や電圧とかでも差異が出てくるんでしょうね。

――誰がチェックするんでしょう？

チェックするのはピンク・フロイドの音を司るジェイムズ・ガスリーで、ＬＡに住んでいますね。送るのはテスト・プレスの盤だけですけど、これはもう本当に僕らの耳ではまったくわからないレベルなんで、工場や専門家の方々と話し合いながら、微妙な変更を何度も繰り返して、ＯＫが出るまで膨大な作業時間がかかるんです。それを十何タイトル（笑）。だからカタログを紙ジャケで再発するときがいちばん大変でしたね。90年代はそこまでではなかったんですが、最近はもう本当に厳しいです。

――日本のジャケット製造技術は世界一と言われますが、それもダメ出しされるんですか？

アートワークは本国側とやり取りするんですが、クレジット変更がかなりあって、それが本当に細かかったですね。ロジャー・ウォーターズの出版社が結構変わったり、追加のクレジットを入れてくれとか。印刷に関してはやはり現物を見たらわかってくれたようです。『原子心母』の〝箱根アフロディーテ〟は特に。これをやったおかげで、ようやく最終的な信用を得たかもしれないです（笑）。

――それまではダメだったんですか？

日本企画なんて不可能だと思ってました。近年は日本独自というよりも、ピンク・フロイド側が作るもの以外は認められない。僕は『対』から担当しているんですけど、その後、ソニーにあったカタログの権利がどんどんＥＭＩに戻って、16年に再度日本はソニー、ヨーロッパはワーナーという契約になったんですが、それ以降は訊くのも駄目みたいなオーラっていうか（笑）。もう誰も何も言えない感じでした。だから、何がいちばんの驚きだったかっていうと、あのピンク・フロイドが日本独自企画を許してくれたこと。今から思うとよく出せたなって本当に思うんですよ。だから〝箱根アフロディーテ〟には〝日本独自企画〟と大きく書かせていただきました（笑）。本当は当時を知る皆さんの証言をまとめた日本版ブックレットを付ける予定だったんですけど、タイミングの悪いことに、ウォーターズとギルモアがライナー問題（『アニマルズ ２０１８ ＲＥＭＩＸ』の項を参照）で喧嘩してる時期で（笑）。〝ライナーノーツ〟がすごいセンシティヴなワードになっていて、商品内に入れるのはNGになっちゃいました。苦肉の策で、ウェブ上で見られるようにしましたが、あまりにも悔しくて、プロモ用に紙で作っちゃった（笑）。ちょっと悔いが残るのはそこですね。

――邦題に対してはどうですか。邦題をつけるのが習わしのようになってますが。

何十年も前についているのもあるし、

これはあんまりうるさく言われなかったですね。『原子心母』ってのは、〝Atom Heart Mother〟って書くわけですしね（笑）。先人の皆さんが凄いタイトルを付けているので、もう伝統芸というか付けざるを得ないというか。ある意味プレッシャーです。

——『対（TSUI）』って邦題は、ジャケットのイメージからつけたんじゃなかったんですよね？

　そうなんですよ。あれを考えたときはジャケットがまだ届かず、プレスリリースと、二羽の鳥が逆を向いているようなイラストが来ていたのみでした。そのあと英詞の一部が届いたんですよ。対立とコミュニケーションの欠如のような、そういう意味合いのところは読み取れたので、英語の辞書と熟語辞典とか、ありとあらゆる資料を見ながらの解読作業、卒論みたいな感じでしたね。結局、1週間ぐらい悩んで決めました。

——それでジャケットを見たとき……。

　背中がぞぞぞって。ビビりましたよ、本当に。あのイラストがジャケットなのかな？ってのはちょっと想像してましたけど、向かい合う像になっていると思わなかったですから。

——そういう言葉選びにも、美学というか、ある種の哲学みたいなものがある気がするんですよ。

　海外でのピンク・フロイドのイメージと、日本で培ってきたピンク・フロイドのイメージって微妙に違うじゃないですか。来日も少ないし、インタヴューもほとんどやらない。そんな中でちゃんと音楽文化の一つとして流れができているというのは、歴代の担当者のご尽力だと思いますね。石坂（敬一：初代ディレクター）さんが作った邦題は、アートに近い感じの雰囲気。ちょっと小難しいんだけど、想像力を掻き立ててくれるみたいな感じですね。

——フロイドって、洋楽を語る文化を象徴してる存在のように見えるんです。

　それは間違いないんじゃないですか。石坂さんが言っていましたが、『原子心母』まではイニシャルだと何百枚とか千枚だったのが、〝アフロディーテ〟のあと、10万枚以上売れたそうです。

——この内容で10万枚売れてるのはすごいですよね。この頃はたぶん、わけわかんない方がすげえみたいな（笑）感じだったのが、語られていく中でちゃんと理解されていく、それは文化になってる証なんだなっていう気がします。

　そう考えたら本当にそうかもしれないですよね。『原子心母』までは、どちらかというとマニアックだったものが、『狂気』ではガラッと変わって全世界で幅広い層にも受け入れられるようになる。

——『狂気』はキャッチーな作品だと思うんですよ。

　キャッチーですね。日本担当として僕がよくマネージャーから言われたのは、なんで日本人はライヴで歌わないんだろう？と。ピンク・フロイドのコンサートは、アメリカで見たら大合唱なわけですよ。そういう意味では、歌えるピンク・フロイドになったのは『狂気』からでしょうね。でも『狂気』がリリースされたあとのライヴは残念ながら日本人は体験できなかった。72年の次に来日したのは88年ですからね。そういった経緯も、日本人にとってピンク・フロイドに対して独自の文化が築き上げられていった要因なのかもしれません。

——そして、今回は『狂気』の日本独自企画盤が出ますね。

『原子心母』と同じ7インチ紙ジャケでSACDハイブリッド盤を特典満載でリリースします。なんで日本公演の特典がいっぱい入っているかというと、本当は72年の2度目の来日公演から50周年の22年に出したかったからなんです。今年の3月が『狂気』の50周年だから、それに当てちゃいけないだろうなって思っていたんですが、突如50周年の方に移行してほしいということになりました。今回も出せるかどうかギリギリまでわからなかったんですが、『原子心母』をやったおかげで、ある程度話が通りやすくはなったのかなとは思います。当時のレア音源をなんとか入れさせてほしいとリクエストしたんですが、さすがにダメでした（笑）。でも、今回の特典は本当に貴重なものばかりなんです。それだけに、手に入れるのに非常に苦労しまして、この金帯（日本盤クアドラフォニックのもの）も全然見つからず、あってもとんでもない価格になってしまっていて。いろんな伝手をあたって、ようやくお持ちのマニアの方からお借りすることができて、本当に助かりました。あと、来日公演のときに会場で配布された「歌詞リーフレット」、これもレアです。2度目の来日は『狂気』が出る前でしたから、対訳が配られたんだそうです。

——これは勝手に配っちゃったとか？

ピンク・フロイド側から要請があったと聞いています。その時点では日本人は誰も聞いたこともない曲だったわけで、少しでも日本のファンにわかってもらえるよう急遽配布することになったそう。タイトルにはまだ『狂気』という文字はなく、『月の裏側ーもろもろの 狂人達の為への作品ー』となっています。こういうものも含めて、ポスター、パンフ、来日キャンペーンの特典などをできる限り復刻して、ピンク・フロイドの72年の日本での足跡を詰め込んでパッケージしたという感じですね。

——音源も日本初のものなんですよね？

SACDマルチ・ハイブリッドで、03年にリリースされたもの（ステンドグラス・ジャケット）をブラッシュアップしたマスターを使用しています。ステレオ2chと5.1chサラウンドの2層ハイブリッド盤で、マスターは19年に制作され、21年にアナログ・プロダクションというアメリカの高音質に特化したレーベルからリリースされたもの。ソニーからのリリースではなかったんで、日本盤としては初リリースとなります。

――日本でも知られてる会社で言えば、モービル・フィディリティみたいな。

そうです。そのアナログ・プロダクション盤のプレスに関しては、いろいろな工場で試したようですが、ジェイムズ・ガスリーの耳に合わなくて、最終的にソニーの静岡工場が選ばれたんです。だから今回はテスト・プレスの提出の必要がなかったんで、大ラッキーでした。

5.1chサラウンドは専用機器がないと聴けないんですが、ぐるんぐるん回る『狂気』はまったく別次元の体験。なので、まだ聴いたことがない方はぜひその凄さを体験してほしいですね。2chステレオは通常のCD機器でも再生可能です。

――そして、50周年ボックスですが。

今日の時点ではまだ現物が届いていないんですけど、今回のボックスのポイントは、ジェイムズ・ガスリーが手がけた23年の最新リマスターと、ピンク・フロイド史上初のドルビー・アトモス・サラウンドですね。50周年記念ですから、『狂気』がこういった豪華ボックスで出るのもこれが最後じゃないかなって気はしますし、何度も進化していった『狂気』が、ついに最終形に行き着いたのではないかという気がしています。

――ボックスにはアナログも入ってますよね、輸入盤ではありますが。日本のソニー・プレスのアナログって、世界的に見てもレベルが高いと思うんで、今後の展開に期待してしまうんですが。

そうなんですよ。本当は日本プレスでやってみたい気持ちもあるんですけど、それこそジェイムズ・ガスリーさんのOKが出ない気がしちゃって。日本でカッティングしてプレスするから、絶対に同じ音にはならないんですよ。かつ、今はアナログの生産ラインが激混みで、テスト・プレスを作るのも難しい状況なんです。まぁ、CDのときですらこれだけ時間がかかったっていう経験上、LPの許諾は果てしないことになって、そんな簡単に出せる気がしないってのが正直なところです。体力とやる気も問題（笑）。次の世代の人が頑張ってくれればいいなーと。

（2023年2月13日／ソニーミュージック六番町ビルにて）

ピンク・フロイド

狂気

マルチ・ハイブリッド・エディション

（7インチ紙ジャケ仕様CD）

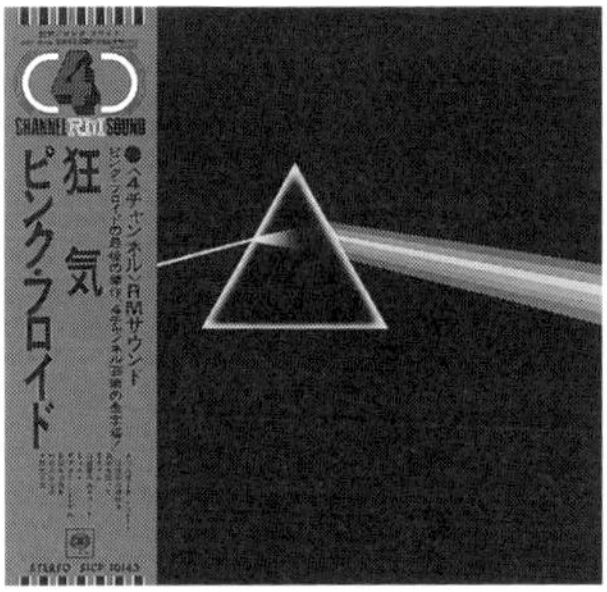

ソニー：SICP-10143
発売：2023年4月19日

Chapter 5

Singles & Films of PINK FLOYD

Koji Wakui
Isao Inubushi
Yasukuni Notomi

ポップな資質を見せつけた『鬱』以降のシングルとロック・エンタテインメントの到達点を物語る映像

●和久井光司

私は基本的にロック・バーが嫌いだ。まず、大したレコードがないし、音のいいオリジナル盤を揃えたりしているわけではないからだ。何でわざわざそういうところで飲むのか、通う人の気持ちもわからない。よっぽど家で煙たがられているか、友だちがいないか、どちらかだろう。まあ、店をやる側の気持ちはわかる。「バーは寂しい大人のためにある」とも言えるから、レコードが酒のつまみになったり、お客さんを繋ぎとめるものになれば、と考えるのも水商売としてはあり。だからか、ロック・バーをやっている人たちとはけっこう仲良くなれるのだ。行かないけど。

例外は渋谷の「33 1/3」、通称33回転だ。いい音で鳴らしているし、揃えているレコードが素晴らしい。60～70年代の英米のオリジナル盤が主だが、マスターの伊藤さんは決してオリジナル盤至上主義ではなく、デイヴィッド・ボウイの『ヤング・アメリカンズ』を引っぱり出して、「このアルバムはアメリカ盤がいいですよね」なんて言う。自分の耳で判断して、ちゃんと情報をアップデイトしているのだ。そういう人は信用できるから、かつては33回転で私もDJイヴェントをやらせてもらっていたのだが、レコードをかけるだけでなくレジュメをつくってトークもしていたから、3時間のショウをつくるために二日かかった。大変なわりにお金にならないからやめてしまったのだ。

ロック・バーに行くようなオジサンたちは、フロイドといえば『原子心母』『おせっかい』『炎』だろう。あえて『狂気』と『ザ・ウォール』は外したりする。88年の来日公演を観ていないのに、スリップケースについたライトが点滅するのにつられて『P.U.L.S.E』のCDは買ったりした人たちである。そのセンスが私には許せない。好きなら全部買え、だし、ちゃんと追いかけろ、だ。情報をアップデイトせずにかつての名作を語るなんて、思い出に浸っているだけじゃないか。アタマが働いて立って歩けるうちは「いまがいちばん楽しい」と言える人生にしよう。極論を言えば、少子化の原因は若いヤツらが羨ましがるような大人がいないから。コンプライアンスなんて言うから、お見合いを仕切るのが大好きなオバチャンまでいなくなってしまい、若者は同級生か職場関係の人と結婚するしかないのだ。知識や教養が同じ程度の伴侶じゃ家庭生活が文化的になるわけもなく、若いころ少しトンガってたオジサンたちはロック・バーに憩いを求めるようになるわけだ。

〝ロック〟にある種の思想があり、制作者もリスナーも〝音楽以上のこと〟を求めていたのは75年ごろまでだった。『狂気』が空前のロングセラーとなり、フロイドのツアーはスタジアムをまわるものになっていったが、前章の森くんの論考にあるように、それも77年の『炎』からだ。世間が〝産業ロック〟と言い始めたときにフロイドはその筆頭にあげられたが、実際はストーンズがつくったスタジアム・ツアーの雛形に、〝それ自体が見せ物になるセット〟を嵌めていっただけ、と言ってもいい。そりゃそうだ。ミック・ジャガーやキース・リチャーズのようなパフォーマンスを見せられるメンバーはフロイドにはいないし、『狂気』の出来が日によって違うなんてことになったら、お客がブタになって、ブーイングの嵐となるだろう。

しかし、セットが巨大化した『ザ・ウォール』のステージは、それを受け容れられる会場が限られたため、稼げるアメリカで展開できなかった。おそらく、セットのトランスポート（とくに空輸）と、それを組み上げる大工の調達など、現地任せにせざるをえない要素が多かったため諦めたのだろうが、レコードの売上だけでは〝産業〟にならないのは目に見えていた。それでも夢見がちなことを言っているウォーターズと、ほかの3人の軋轢は決定的になり、『ザ・ファイナル・カット』の段階でピンク・フロイドはいったん解散しているのだ。

『ザ・ウォール』のときに〝シングルも売る〟という方向転換は成功していたし、アールズ・コートのショウが映像に残されているのを見ても〝ヴィデオを売る〟ことが考えられていたはずだが、4人が同じテーブルについて発展的な話をすることはなくなってしまう。

この章をシングルと映像作品で構成したのは、いい意味で〝産業ロック〟を築いたのは、87年以降のギルモア・フロイドだということをわかってもらうためだ。

『鬱』が出たときに、オールド・ファンは「かつてのピンク・フロイドを焼き直しているみたいで、いただけない」なんて言っていたが、フロイドに思い入れなんかない私は「え？　こういう音楽を避けて通るフロイドってあるの？」と思った。苦言を呈した人たちは、ウォーターズがピーター・ゲイブリエルのようにニュー・ウェイヴ化してワールド・ミュージックまで呑み込んでいったり、残った3人がフィル・コリンズ中心のジェネシスみたいになることを期待していたのだろうか？

いまならわかるだろう。そんなピンク・フロイドはありえないし、むしろ気持ち悪い。ストーンズの「ミス・ユー」みたいな面白い新機軸を打ち出せたとしても、それは一瞬のことだし、「サティスファクション」や「ジャンピン・ジャック・フラッシュ」をやらないストーンズなんてありえないではないか。たった数人でつくる音楽で40人も50人ものスタッフを食べさせていける（世界規模では数万人に金を落としているはずだ）から〝産業ロック〟と言われるわけで、それはむしろ〝勲章〟なのである。

私は88年のツアーを武道館で観た。巨大なセットを駆使

して繰り広げられる音と映像のファンタジアは、当時話題だった「スターライト・エクスプレス」を例に語られたりしていたから、一体どれほどのエンタテインメント・ショウを観せてくれるのか、とチケットを購入し、演奏そのものにはさほど期待せずに出かけた。

一階の横、というか、うしろに近い席だったから、ギルモアとサポートのティム・レンウィックがギター・パートをどう弾き分けているかがよくわかったし、ニック・メイスンのドラムは生音が聴こえた。それはよかったのだが、上方の丸いスクリーンに映る映像（それが語りべになっている）がまったく見えないし、ステージの全貌を把握することができないのだ。私はそばに立っていた係員のお兄ちゃんを呼んで、「ほら、この席だと何にもわからないよ」と言ったら、「ほんとですね」と納得してくれて、正面の通路に座って見てもいいということになった。そうなればこっちのもの、私はバンドのプレイが見たくなったらもとの席に戻り、全体が見たくなったら正面にまわるということを繰り返したのが、そのたびにさっきの係員に目配せしていたから、彼は「うまくやってくださいね」という感じでうなづいてくれ、貴重な体験ができたのだった。

ギルモアは〝ピンク・フロイドの音〟というところは懸命に弾くのだが、バッキングはティム・レンウィックに任せていたし、ボコボコした古臭い音でリズムしか刻まないニック・メイスンのドラムをサポートするゲイリー・ウェイリスのパーカッションが絶品だった。このとき「虚空のスキャット」を唄ったレイチェル・フュリーはルックスも抜群だったから、のちに四人囃子の岡井大二さんとフロイドのトーク・ショウをやったときに〝レイチェル♡〟で客が引くほど盛り上がってしまったという後日談もある。

武道館でフロイドを観た日、家に帰った私がまず聴いたのは、グリン・ジョンズがプロデュースしたレンウィック初のソロ・アルバム〝Tim Renwick〟（CBS／84082）だった。1980年にリリースされたこれは〝職人〟と呼ばれるギタリストの面目躍如たる佳作だが、ここでこの話を広げると、ロック・バーのカウンターで通を気取るオジサンみたいだからやめておく（笑）。

いずれにしても、本章でシングルと映像作品にしっかりスポットを当てたのは、スタジアムでエンタテイメント・ショウを展開すると簡単に〝産業ロック〟と片づけ、そこに〝ロックの精神はない〟かのように語ってきた批評家たちへの抵抗なのである。音と光のファンタジア、いいではないか。〝ロックの達成点〟は素直に認めるべきだ。

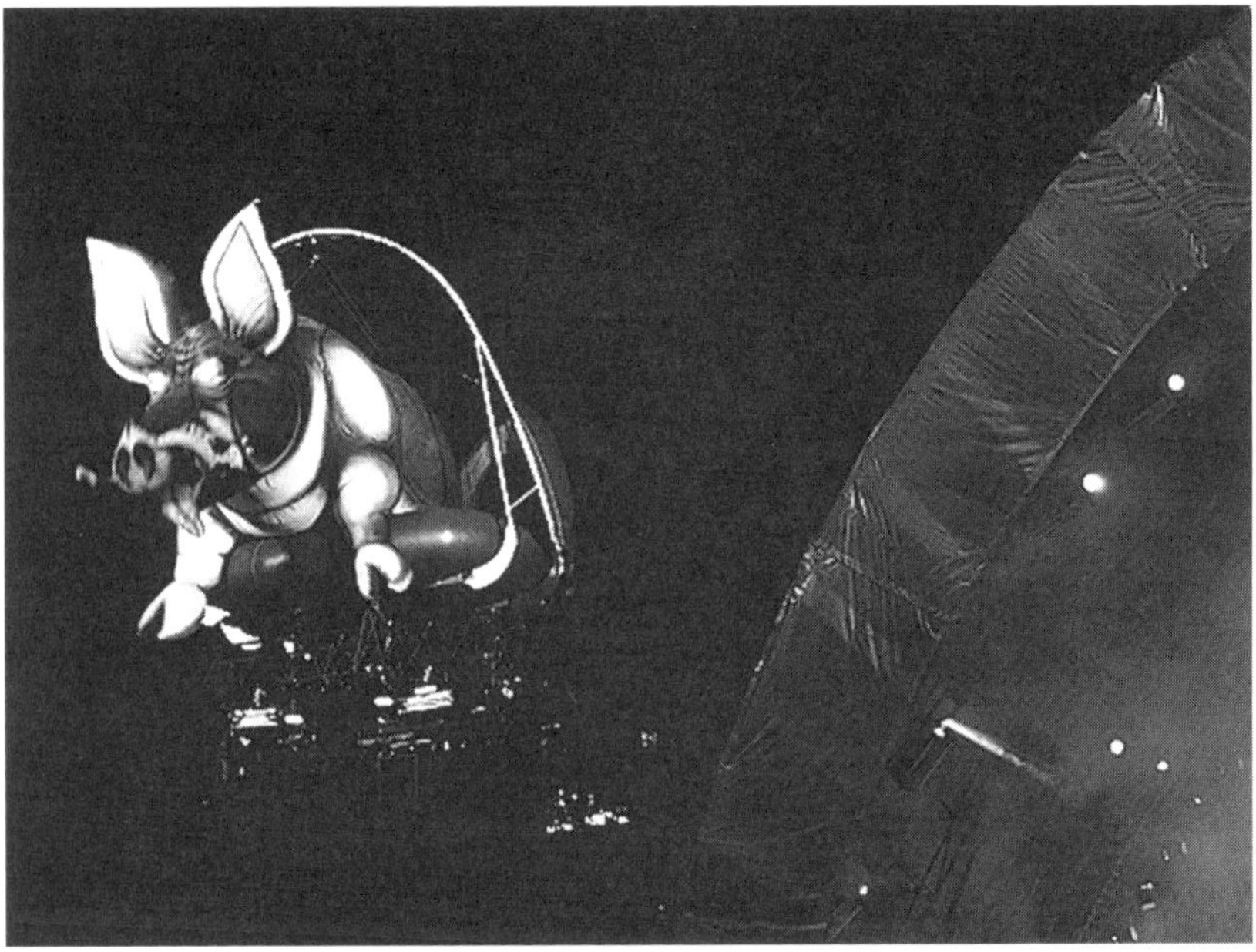

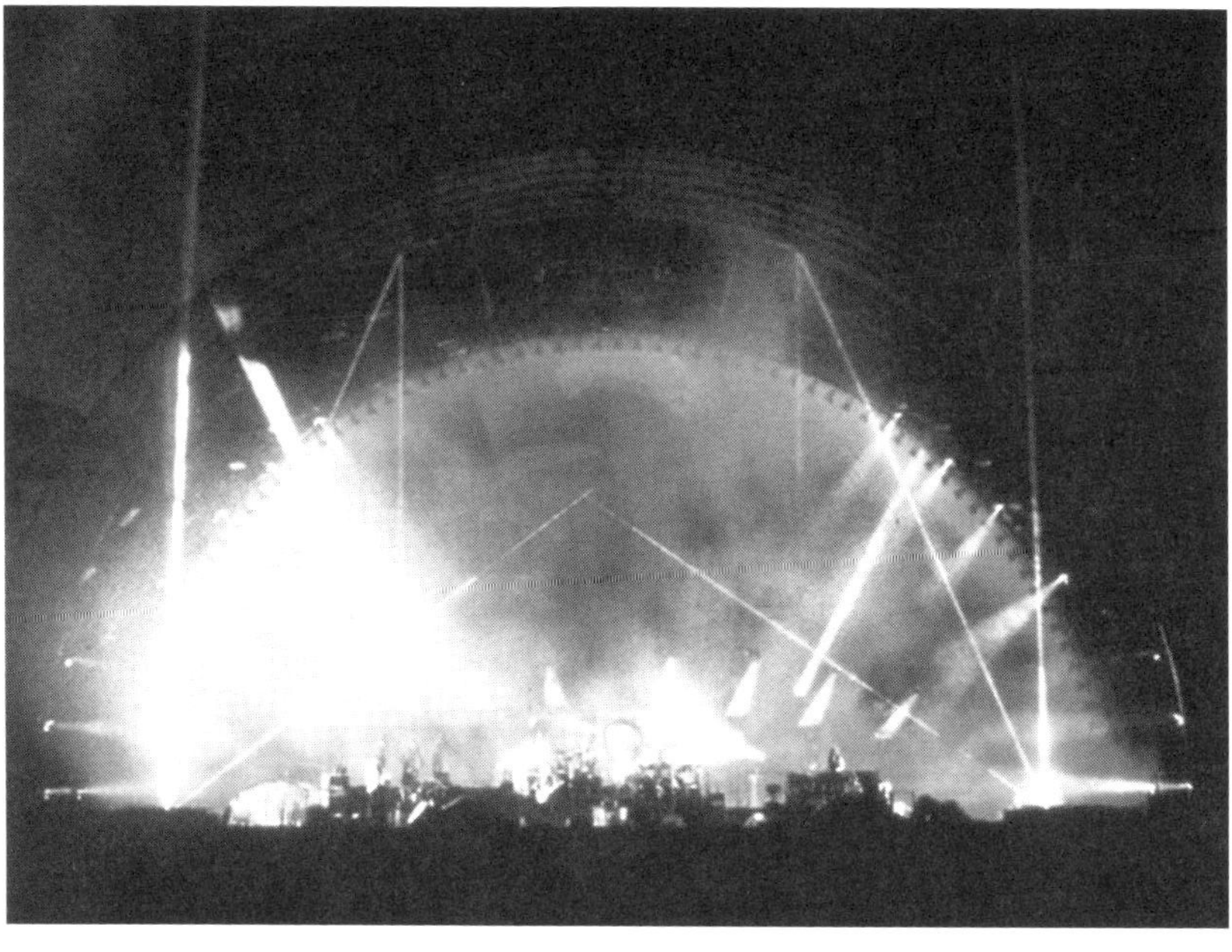

ピンク・フロイド UKシングル・ディスコグラフィ

●犬伏 功

ピンク・フロイドのデビューは、ポップ・ミュージックの主流がシングルからアルバムへと切り替わるタイミングと重なっている。そのため純粋な〝シングル〟作品は極めて少なく、シド・バレットがバンドの中核をなしていた最初期とその直後に限られている。バレット参加の3枚、「アーノルド・レイン」「シー・エミリー・プレイ」「アップルズ・アンド・オレンジズ」と、デイヴィッド・ギルモアがバレットと交代した68年発売の2枚、「イット・ウッド・ビー・ソー・ナイス」「ポイント・ミー・アット・ザ・スカイ」の5枚しかないのだ。バンドはこれ以降、アルバムを主体とした創作活動へシフトしたので、英国では79年の「アナザー・ブリック・イン・ザ・ウォール（パート2）」まで、シングルの発売自体が行われていない。

一方、英国以外では68年以降も独自のカットによるシングルのリリースが続けられた。日本でもシングルB面をA面にした「夢に消えるジュリア」や、プロレスの悪役レスラーの入場曲として人気を博し、独自シングル化された「吹けよ風、飛べよ嵐」が好セールスを記録している。しかし、こうした各国でのリリースはバンドの意向が反映されたものとはいい難いため、本稿では英盤シングルのみを取り上げている。79年の「アナザー・ブリック・イン・ザ・ウォール（パート2）」以降は、一部の発掘盤を除いて、いずれもアルバムからカットされたものだったが、目下の最新作となる22年発売の「ヘイ・ヘイ・ライズ・アップ」は、ウクライナ支援を目的としたチャリティ作品で、久々のオリジナル・シングルとなった。

1.

A：Arnold Layne
B：Candy And A Currant Bun
Columbia DB 8156
1967.3.10／20位
(Promo Only Sleeve)

2.

A：See Emily Play
B：Scarecrow
Columbia DB 8214
1967.6.16／6位
(Promo Only Sleeve)

3.

A：Apples And Oranges
B：Paint Box
Columbia DB 8310
1967.11.17／-
(Promo Only Sleeve)

4.

A：It Would Be So Nice
B：Julia Dream
Columbia DB 8401
1968.4.19／-

5.

A：Point Me At The Sky
B：Careful With That Axe, Eugene
Columbia DB 8511
1968.12.6／-

6.

A：Another Brick In The Wall Part II
B：One Of My Turns
Harvest HAR 5194
1979.11.16／1位

7.

A：Money (Edited Version)
B：Let There Be More Light
Harvest HAR 5217
1981.12.18／-
(Promo Only Release)

8.

The Wall：Music From The Film
A：When The Tigers Broke Free
B：Bring The Boys Back Home
Harvest HAR 5222
1982.7.23／39位

9.

A：Not Now John (Single Version)
B：The Hero's Return, Parts I And II
Harvest HAR 5224
1983.4.29／30位

10.

[12"]
A：Not Now John (Single Version)
B1：The Hero's Return, Parts I And II
B2：Not Now John (Album Version)
Harvest 12har 5224
1983.4.29／-

11.

A: Learning To Fly (Edited Version)
B: One Slip (Edited Version)
EMI EM 26
1987.9.14/-

12.

[CD]
1. Learning To Fly (Edited Version)
2. One Slip (Edited Version)
3. Terminal Frost (Album Version)
4. Terminal Frost (DYOL Version)
EMI CD EM 26
1987.9.14/-

13.

A: On The Turning Away (Album Version)
B1: Run Like Hell (Live)
B2: On The Turning Away (Live)
EMI EM 34
1987.12.7／55位

14.

[12″]
A: On The Turning Away (Album Version)
B: Run Like Hell (Live)
EMI 12 EM 34
1987.12.7／-

15.

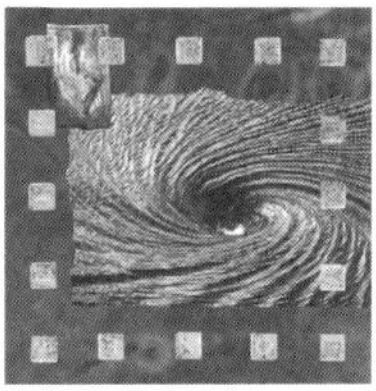

A: One Slip
B: Terminal Frost
EMI EM 52
1988.6.13／50位

16.

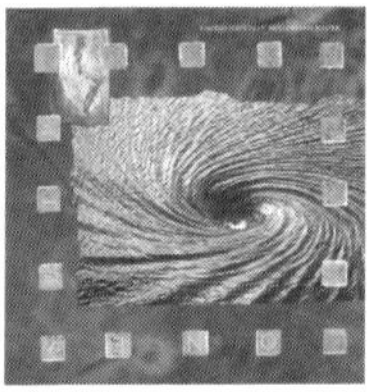

[12″]
A: One Slip
B1: Terminal Frost
B2: The Dogs Of War (Live)
EMI 12 EM 52
1988.6.13／50位

17.

[CD]
1. One Slip
2. Terminal Frost
3. The Dogs Of War (Live)
EMI CD EM 52
1988.6.13／50位

18.

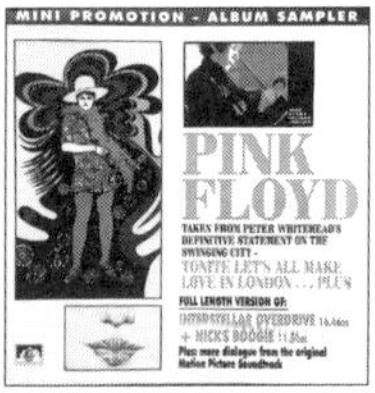

[12″]
A: Interstellar Overdrive (Full Length Version)
B1: Nick's Boogie
B2: David Hockney Interview
B3: Lee Marvin Interview
See For Miles SEA 4
[CD]
1. Interstellar Overdrive (Full Length Version)
2. Nick's Boogie
3. David Hockney Interview
4. Lee Marvin Interview
See For Miles SEACD 4
1991.11／-

19.

A: Take It Back (Edit)
B: Astronomy Domine (Live)
EMI EM 309
1994.5.23／23位

20.

[CD]
1. Take It Back (Album Version)
2. Astronomy Domine (Live)
3. Take It Back (Edit)
EMI EM 309
1994.5.23／-

21.

A：High Hopes (Radio Edit)
B：Keep Talking (Radio Edit)
EMI EM 342
1994.10.17／26位

22.

[12″]
A1：High Hopes (Album Version)
A2：Keep Talking (Album Version)
A3：One Of These Days (Live)
EMI 12 EM 342
1994.10.17／-

23.

[CD]
1. High Hopes (Radio Edit)
2. Keep Talking (Radio Edit)
3. One Of These Days (Live)

EMI CD EMS 342
1994.10.17／-

24.

1. Wish You Were Here (Live)
2. Coming Back To Life (Live)
3. Keep Talking (Live)

EMI 7243 8 82207 2 9
1995.7.20／-

25.

[CD]
London '66 - '67
1. Interstellar Overdrive (Full Length Version)
2. Nick's Boogie

See For Miles SFMDP 3
1995／-

26.

[12″]
London 1966/1967
A：Interstellar Overdrive (Full Length Version)
B：Nick's Boogie
Madfish SMALP1077
[CD]
London 1966/1967
1. Interstellar Overdrive (Full Length Version)
2. Nick's Boogie

Snapper Music SMACD924X
2005／-

27.

A：See Emily Play
B：Scarecrow
Columbia DB 8214 (Reissue)
2013.4.20／-

28.

1. Louder than Words

Parlophone (番号なし)
2014.10.14
(Promo Only Release)

29.

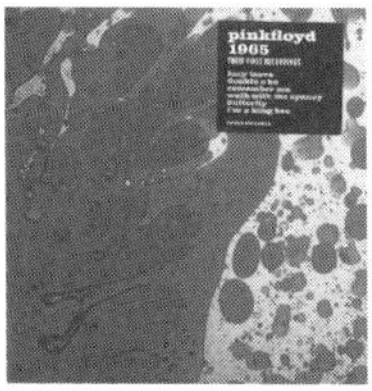

1965 Their First Recordings
A1：Lucy Leave
B1：Double O Bo
B2：Remember Me
C1：Walk With Me Sydney
D1：Butterfly
D2：I'm A King Bee
Parlophone 0825646018611
2015.11.27／-

36.～37. Bonus Single from "The Later Years 1987 - 2019 Box Set"

A：Arnold Layne (2007 Live)
Pink Floyd PFRLY17
2019.12.13

A：Lost For Words
Pink Floyd PFRLY18
2019.12.13

38.

A：Arnold Layne (2007 Live)
Pink Floyd PFRS7
2020.8.29／-

39.

A：Hey Hey Rise Up! (Pink Floyd Featuring Andriy Khlyvnyuk)
B：A Great Day For Freedom 2022
Pink Floyd PFRS40/7
2022.7.15／49位

30.～34. Bonus Single from "The Early Years 1965 - 1972 Box Set"

A：Arnold Layne
B：Candy And A Currant Bun
Columbia(Sony) PFREYS1
2016.11.11

A：See Emily Play
B：The Scarecrow
Columbia(Sony) PFREYS2
2016.11.11

A：Apples And Oranges
B：Paintbox
Columbia(Sony) PFREYS3
2016.11.11

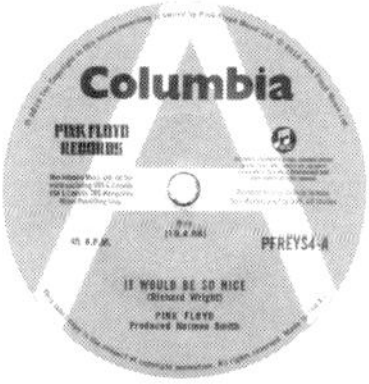

A：It Would Be So Nice
B：Julia Dream
Columbia(Sony) PFREYS4
2016.11.11

A：Point Me At The Sky
B：Careful With That Axe Eugene
Columbia(Sony) PFREYS5
2016.11.11

35.

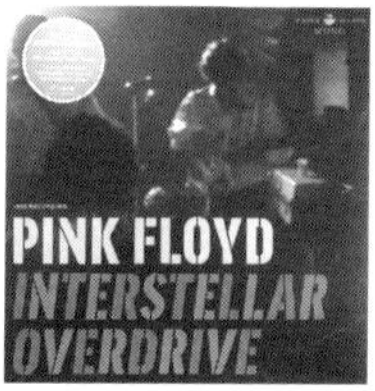

A：Interstellar Overdrive (1966 Version)
Pink Floyd PFR12S6
2017.4.22

ピンク・フロイドの映像作品

●納富廉邦

ピンク・フロイドの映像作品を見ていると、つくづくライヴ・バンドなのだなと感じる。ピーター・ホワイトヘッドの映画『トゥナイト・レッツ・オール・メイク・ラヴ・イン・ロンドン』での彼らは、まるでヴェルヴェット・アンダーグラウンドのようで、その演奏の自由さとライティングの演出が、時代の空気にぴったりと寄り添っている。

3人になって『狂気』を全曲演奏した『P.U.L.S.E』は、いわゆる〝名盤ライヴ〟とはまったく感触が違う。イエスのような再現でもなければ、キング・クリムゾンのようにアップデイトしているわけでもない。観客に強烈な光と映像を投げつけながら、ひたすら、その場の空気をかき混ぜるようなショウになっているのだ。それは、精緻に作られたスタジオ盤のコンセプトのパロディに近い。酔った河鍋暁斎が客の前で披露する即興画のような緩くとも自在な演奏は、ライヴという〝場〟だけで生まれる楽しさだ。

別物だから、レコードで聴きたいというファンがいるのも当然だし、私のように、ライヴを体験することが重要なバンドだと考える者も決して少なくはないだろう。

ロック・コンサートのライヴが、ステージの映像だけで商業作品になるという認識は、映画『ザ・ラスト・ワルツ』のヒット以降だから、60年代、70年代のステージの映像がほぼ無いのは仕方ない。その中で、アートという、あの時代ならではのマクガフィンを盾に、『ライヴ・アット・ポンペイ』を成立させたのは、ロックの映像史の一大エポックだ。それは、結成当初から光を見せるライヴを指向していたピンク・フロイドだから可能だったのだ。

PINK FLOYD
Live At Pompeii (The Director's Cut)
ライブ・アット・ポンペイ

日・ユニバーサル：UUSD-70026［DVD］
撮影：1971年10月４日〜７日、12月13日〜20日
公開：1972年９月２日

1. Echoes
2. Careful With That Axe Eugene
3. A Saucerful Of Secrets
4. Us And Them
5. One Of These Days
6. Mademoiselle Nobs
7. Brain Damage
8. Set The Controls For The Heart Of The Sun
9. Echoes

監督：Adrian Maben

『ライヴ・アット・ポンペイ』というタイトルではあるが、この映画の最大のポイントは無観客での演奏を見せたことにある。制作サイドは、先行する『ウッドストック』や『ギミー・シェルター』が、周囲や観客の反応をステージでの演奏と同じ比重で扱っているので、面白い対比になるだろうと、この企画に踏み切ったらしい。

　そのおかげで、社会派ドキュメンタリーかアイドル映画しかなかったロックを題材にしたフィルムに、新しい方向を示すことになった。ロック業界も映画業界も、アートとなり得ることを証明したいという狙いもあったのだろう。やり過ぎの画面分割や、フランスでの追加撮影分に見られる抽象的な背景などの安易な手法が、ロックとアートの融合表現の典型的なスタイルになってしまったのは痛し痒しだが、ロックを風俗ではなく、アートと捉える契機となった作品であることは間違いない。

　面白いのは、上半身裸で大活躍するニック・メイスンのドラムが、民族音楽的に聴こえる事だ。ムラのあるリズムで、うねるようなグルーヴをたたき出すプレイが、反復の多いアレンジの中で、呪術的なムードを作り出す。冒頭と最後を飾る「エコーズ」では、その揺れるリズムが、当時のサイケデリックにありがちのドラッグやメディテイションの匂いに置き換えられている。

　シド・バレットへの未練と反省を抱えながら、サイケデリックの新しい可能性を模索する、ピンク・フロイドの新しい始まりの姿が捉えられたフィルムなのだ。　**納富**

PINK FLOYD
The Wall
ザ・ウォール

日・ソニー：SRBS-1414［DVD］
撮影：1981年９月７日〜
公開：1982年５月23日

1. When The Tigers Broke Free
2. In The Flesh?
3. TheThin Ice
4. Another Brick In The Wall (Part. 1)
5. Goodbye Blue Sky
6. The Happiest Days Of Our Lives
7. Mother
8. Empty Spaces
9. Young Lust
10. One Of My Turns
11. Don't Leave Me Now
12. Goodbye Cruel World
13. Is There Anybody Out There?
14. Nobody Home
15. The Bunker
16. Vera
17. Bring The Boys Back Home
18. Comfotably Numb
19. Run Like Hell
20. Waiting For The Worms
21. The Trial
22. Outside The Wall
23. Hey You
24. Another Brick In The Wall (Part. 2)

監督：Alan Parker
出演：Bob Geldof

アルバムを聴き込んだ人にとって、この映画は退屈かも知れない。未収録曲「ホェン・ザ・タイガーズ・ブローク・フリー」以外の曲もヴァージョン違いが多くて面白いが、表面的にはアルバムで描かれるストーリーを越えることはない。

戦争に勝ったのに、戦地での事故で命を落とした父を持つロジャーの反戦思想は、虚無と諦念と悲しみが混ざり合って理解されにくい。そこに、シド・バレットの不在と彼を奪ったドラッグへの、ぶつけどころがない怒りが重なる。だから、壁を作るし、壁を壊すし、壊せないし、爆破したい。

アラン・パーカー監督ならではの、踏み込んだミドル・ショットを多用した画面は、生々しい距離感なのに、冷めていて、よそよそしい。ロジャー・ウォーターズの自伝的な要素が強いストーリーに対し、近くではあるけれど決定的に寄り添わない監督の冷静な視線がある。おかげで、見ているこちらは、紗幕越しに見ているようなもどかしさを感じることになる。

音楽で表現された物語を、忠実に画面に移し替えるように見せながら、そのもどかしい距離で、ロジャーの内面の矛盾を顕にしてしまう。精神分析はアニメーションで、回想はノスタルジックに描いて、内面に踏み込まないアラン・パーカーの手際は残酷だ。風刺の物語では終わらせない。

チョイ役ながら印象的なグルーピーの女性を演じたのは、のちに吸血鬼映画のエポック『ニア・ダーク／月夜の出来事』に主演するジェニー・ライトだ。 **納富**

PINK FLOYD
The Final Cut (Pink Floyd)

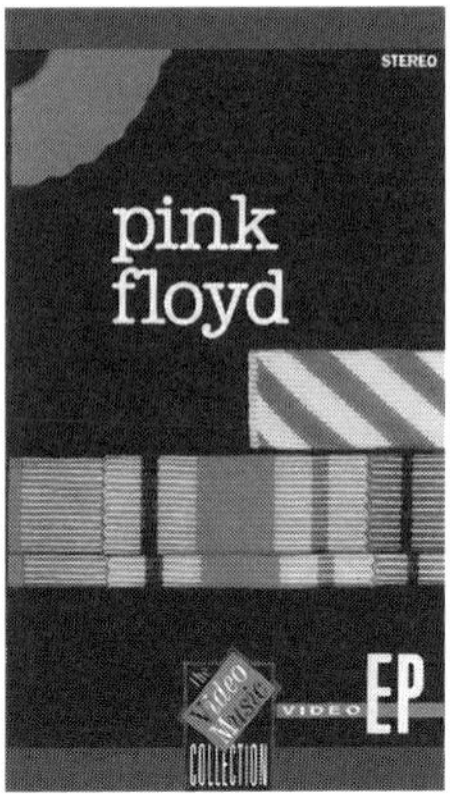

EMI：mvs 99 0003 2［VHS/PAL］
発売：1983年7月
1. The Gunners Dream
2. The Final Cut
3. Not Now John
4. The Fletcher Memorial Home
監督：Willie Christie

ロジャー・ウォーターズは『ザ・ウォール』でも見せたように、セリフの無いシナリオを書くのが上手い。もしかしたら、ダイアローグが苦手という可能性はあるが、ナレーションにも頼らない、映像だけで見せる構成力は見事だと思う。

アルバム収録曲が、劇伴としても、モノローグとしても、ト書きとしても機能する構成が、『ザ・ウォール』でも、本編20分に満たないこの作品でも、まるでミュージカル映画のように機能している。登場人物がセリフを歌うわけではないのに、背景であるはずの音楽が、ストーリーを牽引する構造になっているのだ。

フォークランド紛争を背景に作られたアルバムを補完する作品だから、『ザ・ウォール』のテーマを引き継ぎながらも続編ではない。戦争に対する憎悪や、第二次世界大戦での多くの死者が夢見た平和を裏切るサッチャー政権への批判を、自身の父の死と重ねてストレートに描いた短編映画だ。

ロジャーの私的な作品であり、生真面目過ぎる内容と演出のせいもあって、やや凡庸なショットが目立つのは残念だ。諧謔がユーモアにならず、MTV的な表面上分かりやすいだけの風刺表現が多く見られる。

それにしても、リック・ライトが抜けて、ロジャー主導で作られた曲は、なんて劇伴音楽に向いているのだろう。画面に適度なエモーションを加えつつ、映像を邪魔しない。それが良いか悪いかは別として、ロジャーのメロディ・メイカーとしての資質を堪能できるのは間違いない。

納富

PINK FLOYD
Delicate Sound of Thunder
光〜Perfect Live!

日・ソニー：SIXP-45［Blu-ray］
撮影：1988年６月21日〜22日、８月19日〜23日
発売：1989年６月13日（VHS/LD）

1. Shine On You Crazy Diamond (Parts 1-5)
2. Signs of Life
3. Learning to Fly
4. Sorrow
5. The Dogs of War
6. On the Turning Away
7. One of These Days
8. Time
9. On the Run
10. The Great Gig in the Sky
11. Wish You Were Here
12. Us and Them
13. Money
14. Comfortably Numb
15. One Slip
16. Run Like Hell
17. Terminal Frost

Bonus Tracks

1. Yet Another Movie
2. Round and Around
3. A New Machine (Part 1)
4. Terminal Frost
5. A New Machine (Part 2)

監督：Wayne Isham

1988年の『鬱』ツアーから、ニューヨーク州のナッソー・コロシアムでのライヴを収録した作品。なんと、ライヴ映像としては『ライヴ・アット・ポンペイ』以来、客を入れたライヴ全体の映像作品としては初めてとなる。時代は既に、コンサートのステージだけで「映画」を成立させられるようになっているのだが、その常識を更に吹き飛ばすような、ハッタリと、光の洪水と、巨大ブタを始めとする様々な仕掛けと、凝った映像で一大ショーを見せる。

このツアーでの代々木体育館のライヴは、今でも記憶に残っている。既にロジャー・ウォーターズは脱退し、新しさを感じなくなっていたピンク・フロイドなのに、いざ目の前にすると「ブタが飛んだー」と興奮してしまった、あのツアーの映像なのだ。

監督はＭＴＶの名手、ウェイン・アイシャム。何台カメラを仕込めば、デイヴィッド・ギルモアの足下の機器から、ニック・メイソンの頭の上、客席の中にまで視点が入り込む映像が撮れるのだろう。

「吹けよ風、呼べよ嵐」でのギルモアのスライド・ギターと空飛ぶブタ、「ドッグス・オブ・ウォー」での走る犬たち、「ウィッシュ・ユー・ワー・ヒア」のロジャーの不在をもショーにするしたたかさ、「マネー」の鳴り響くレジスターの音と映像。

結成当時の「フライトショー」が作り出したアンダーグラウンドの酩酊感から遠く離れて、エンターテインメントとしてのロック・ショウへとたどり着いた。これも、否定されるべきではない達成だろう。**納富**

PINK FLOYD
P·U·L·S·E
驚異

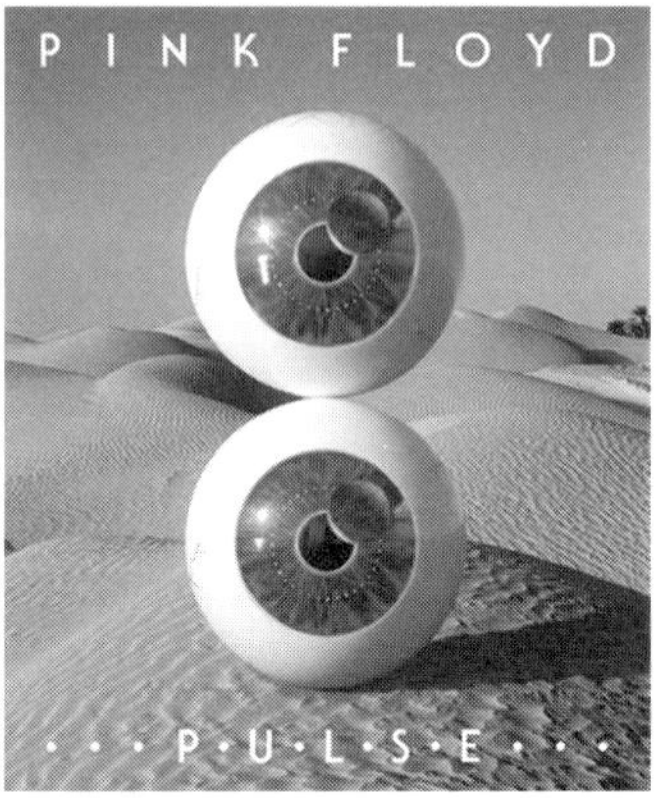

日・ソニー：SIXP-46～47［Blu-ray］
撮影：1994年10月20日
発売：1995年6月6日（VHS）
［1］P·U·L·S·E
1. Shine On You Crazy Diamond / 2. Learning To Fly / 3. High Hopes / 4. Take It Back / 5. Coming Back To Life / 6. Sorrow / 7. Keep Talking / The Dark Side Of The Moon / 8. Speak To Me / 9. Breathe / 10. On The Run / 11. Time / 12. The Great Gig On The Sky / 13. Money / 14. Us And Them / 15. Any Colour You Like / 16. Brain Damage / 17. Eclipse
Encore: 18. Another Brick In The Wall (Part Two) / 19. One Of These Days / 20. Wish You Were Here / 21. Comfortably Numb / 22. Run Like Hell
［2］Bonus Material
Music Videos
1. Take It Back (1994) / 2. High Hopes (1994) / 3. Marooned (2014) / Pulse Tour Rehearsal 1994 / 4. A Great Day For Freedom (Version 1) / 5. A Great Day For Freedom (Version 2) / 6. Lost For Words
Concert Screen Films 1994 / 7. Shine On You Crazy Diamond Parts 1-4, 7 / 8. Speak To Me / 9. Time / 10. The Great Gig In The Sky / 11. Money / 12. Us And Them (Black & White) / 13. Us And Them (Colour) / 14. Brain Damage + Eclipse (North American Dates) / 15. Brain Damage + Eclipse (European Dates) / 16. Brain Damage (Earls Court, London Dates)
Documentaries & Additional Material
17. The Division Bell Heads Album Cover Photography (Ely, Cambridgeshire, UK) (1994) / 18. Pulse TV AD (1995) / 19. The Division Bell Airships (1994) / 20. Behind The Scenes (Interviews with the Lead Technicians for the Division Bell Tour)
Rock & Roll Hall Of Fame Induction 1996
21. Wish You Were Here (With Billy Corgan)
Audio-Only Live Recordings
22. One Of These Days (Live In Hanover 1994)
23. Astronomy Domine (Live In Miami 1994)
監督：David Mallet

　この1994年のライヴは、88年同様、観客に向けて大量の光を放射する演出をメインにしている。そのため、ステージ上のメンバーを捉えたシーンは、やたらと逆光が多いことになる。もしくは、逆光に対して強いスポットを顔に当てることで、明るすぎてハレーションを起こしていたり。

　情感過多なメロディが多いのに、ウェットになることなく、演奏が素直に伝わるのは、この強烈な光によって、あえてメンバーの表情を見せない演出による部分が大きい。「ザ・グレイト・ギグ・イン・ザ・スカイ」では、三人の女性コーラスの歌と表情を適性露出のアップでたっぷりと見せているのだから、技術的に表情を見せられないわけではないのだ。

　照明と演出だけでなく、演奏的にも、この時期のライヴは音源より映像で見る方が発見が多いような気がしている。ギルモアがチョーキングに入る、その一瞬の〝間〟が、指の動きでハッキリ分かるので、その少しの遅れが、ニック・メイスンのリズムの遅れとキレイにシンクロする奇跡みたいな瞬間を見つけられたりもする。

「アナザー・ブリック・イン・ザ・ウォール（パート2）」では、ガイ・プラットの硬質なベースと、短く音を切るギルモアのニュー・ウェイヴ的なプレイに、派手な女性コーラスを重ねて、トーキング・ヘッズのような風景を見せてくれる。

　ロジャー・ウォーターズ抜きでも『狂気』全曲を演奏するサービス精神が、ステージ全体に行き渡っているのだ。

納富

その他の映像作品

納富廉邦

1992年の『ラ・カレラ・パンアメリカーナ』は、ピンク・フロイドのマネージャー、スティーヴ・オルークと、ギルモア、メイスンが出演したメキシコ横断レースの記録映画で、音楽をピンク・フロイドが担当。既発表音源を編集したトラックが中心だが、リック・ライト復帰後初のレコーディングを行った新曲も使用されている。中でも、エンディング曲「パンナム・シャッフル」は、歪んだオルガンをフィーチャーした佳曲だ。

73年の映画『クリスタル・ボイジャー』はピンク・フロイドの音楽ありきで作られたドキュメンタリー。波のチューブの中をサーファーで水中カメラマンであるジョージ・グリノーが撮影し、バックに「エコーズ」を流す。音楽が映像をリードしているのに、ヴォーカルが入っていても映像を邪魔しない。余白を上手く使った曲構成が生んだ、映像と音楽のコラボの到達点だ。

『ザ・ピンク・フロイド・アンド・シド・バレット・ストーリー』は2001年に製作され03年に発売された、シドを中心にした初期ピンク・フロイドのドキュメンタリー。

67年のロンドン、UFOクラブでの、シドがジッポ・ライターをボトルネック代わりに使うギター・プレイが見られる。しかし、それらの映像は、のちに発売される『ロンドン'66－'67』から抜粋されているものがほとんど。とはいえ、ライト・ショーと呼ばれた当時のライヴ演出の模様や、そこで使われたスライド設備の投影シーンなど、ここでしか見られないシーンは貴重だ。

同じ03年には、『クラシック・アルバムズ：ピンク・フロイドーザ・メイキング・オブ・ザ・ダーク・サイド・オブ・ザ・ムーン』も発売されている。ここまで売れたアルバムのメイキングとなると、マニアックな掘り下げは出来なかったのか、通り一遍に作ら

Classic Albums: Pink Floyd-The Making Of The Dark Side Of The Moon
米・Eagle Vision：EV 30042-9［DVD］2003年

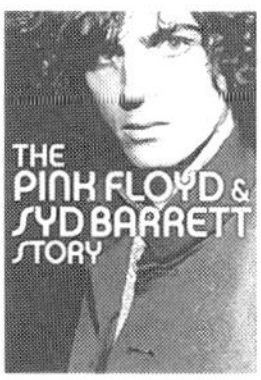

The Pink Floyd And Syd Barrett Story
ピンク・フロイド&シド・バレット・ストーリー 完全版
日・ヤマハ：YMBA-10618［DVD］
2015年

Crystal Voyager
クリスタル・ボイジャー
日・キング：KIBF324［DVD］
2005年

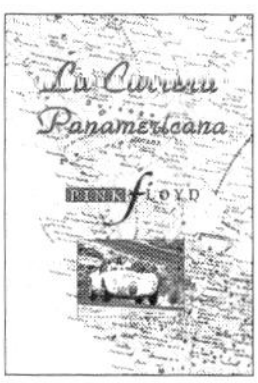

La Carrera Panamericana
道：カレラ・パンアメリカーナ
HCV London：HCV 2011［DVD］
2011年

れたテレビ番組という印象だ。
05年発売の『ロンドン'66-'67』は、ストーンズの『チャーリー・イズ・マイ・ダーリン』を撮ったピーター・ホワイトヘッドが、67年に発表した映画『トゥナイト・レッツ・オール・メイク・ラヴ・イン・ロンドン』のために撮影したフィルムのフロイド出演部分を再編集したもの。カメラワークと絵作りが抜群で、当時のロンドンの、いかにも地下にあるといった風情のライヴ・ハウスの雰囲気が空気感ごと捉えられている。演奏シーンの、陰影の濃い映像にもゾクゾクする。

前半のインプロヴィゼイションは、下を向いてミュートを多用した単音のカッティングを刻むシドと、歪ませたオルガンを叩くように弾くリックがリードする17分弱の演奏。それは、ジャズでもブルースでもなく、ただサイケデリックだ。フロアで踊る女の子たちの姿も含め、このフィルムからNYパンクまでの距離は、とても近いと感じる。後半は同セッションから「ニックズ・ブギー」を収録。ロンドンの夜の街を捉えた映像とバンドの演奏のコラージュが、スウィンギング・ロンドンの空気をリアルに伝えている。

12年の『ザ・ストーリー・オブ・ウィッシュ・ユー・ワー・ヒア』は、『狂気』のメイキングと同じ、イーグルロック・エンターテインメントの制作だが、撮影も内容もぐっと濃くなっていて良い出来だ。

「シャイン・オン・ユー・クレイジー・ダイアモンド」の冒頭、A#FGEの奇跡の4音を起点に、「ウィッシュ～」のイントロの発想まで、ギルモア自身の演奏で解説される。

ボーナス・ディスクで、ロジャーとギルモアが、それぞれに「ウィッシュ～」を弾き語る。プライベートな軽い演奏だけに、個性の違いがハッキリ出るのが可笑しくて泣ける。

ポールとリンダの娘、メアリー・マッカートニー監督のドキュメンタリー『アビー・ロード・スタジオの伝説』では、『狂気』を同スタジオで製作したバンドとして、ロジャー、ギルモア、ニックがインタビューを受けている。ビートルズと並ぶ大きな扱いをしているメアリー監督は分かってるな、と思う。

PINK FLOYD
London 1966/1967
ロンドン 1966-1967
日・トランスフォーマー：
TMSS-032［CD+DVD］
2006年

Swinging London 66-67
Tonite! Let's All Make
Love In London
日・ブロードウェイ：
BWD-1240［DVD］2003年

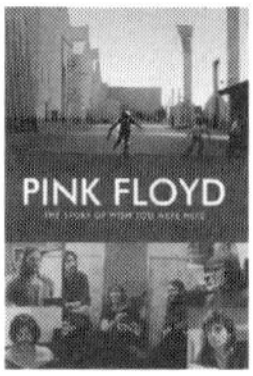

The Story Of Wish
You Were Here
炎～あなたがここにいてほしいの真実
日・WHD：IEBP10100［DVD］
2012年

If These Walls
Could Sing
アビー・ロード・スタジオの伝説
米・Disney+［配信］
2022年

Chapter 6

1990's - Solo Years

Jiro Mori
Kohichi Moriyama
Yasukuni Notomi

ピンク・フロイドの歴史は終わらない

●森 次郎

アルバム『対』をフォローするツアーの最終日、１９９4年10月29日をもって、ピンク・フロイドはおよそ30年に及んだ〝バンド〟としての歴史に静かに幕を降ろした。そこからすでに、同じ30年近い歳月が流れたことになる。

85年にフロイドを去っていたロジャー・ウォーターズは、92年にオリジナル・アルバム『アミューズド・トゥ・デス（死滅遊戯）』をリリースしたあと、99年にスタートする《イン・ザ・フレッシュ》ツアーまで、表立った音楽活動を行わなかった。しかし、その後は足かけ2年から4年をかけて１００回を超える公演を行うツアーを何度か繰り返している。セット・リストの大半はピンク・フロイド時代のナンバーが占め、２０１０年から１３年にかけてはその名も《ザ・ウォール・ライヴ》ツアーを実施した。

その間、オリジナル・アルバムのリリースは17年の『イズ・ディス・ザ・ライフ・ウィ・リアリー・ウォント?』の1枚だけだが、ツアーの模様を収録したライヴ・アルバムや映画の製作とパッケージ化など、コンスタントに作品を生み出している。また、オペラ作品『サ・イラ』や、ナレーションを務めたストラヴィンスキーの『兵士の物語』といったサイド・プロジェクトにも取り組んでいる。

一方、ピンク・フロイドの看板を降ろしたデイヴィッド・ギルモアは、ポール・マッカートニーの映画『ライヴ・アット・キャバーン・クラブ』でギターを弾いたり、B.B.キングやプリティ・シングス、クリス・ジャガー（ミックの弟）のレコーディングに参加したりと、しばしの間セッション・ミュージシャンとしての活動が目立っていた。

84年の『アバウト・フェイス』以来となるソロ・アルバムが発表されたのは、実に22年ぶりとなる06年のこと。自身の60歳の誕生日にリリースされた『オン・アン・アイランド』に連動したツアーも行われ、その模様は『ライヴ・イン・グダニスク』として、ライヴ・アルバム、映像作品として発売される。本作にはリチャード・ライトも参加した。ギルモアは15年にアルバム『ラトル・ザット・ロック』をリリース、その後のツアーからは『ライヴ・アット・ポンペイ』というライヴ・アルバムが生まれている。

フロイド最後のツアーのライヴ・アルバム『P.U.L.S.E』が発売されたあと、最初に動きを見せたのは、リチャード・ライトだった。バンド内のゴタゴタから一時は正式メンバーではない扱いになっていたが、『対』の成功に触発され、96年に『ブロークン・チャイナ』を制作した。

ニック・メイスンはと言えば、趣味のモーター・スポーツやクラシック・カーに費やす時間が長くなり、98年にはその経験を綴った書籍『イントゥ・ザ・レッド』を刊行した。その一方で70年代から共演していたジャズ・トランペッターのマイケル・マントラーのアルバム『レヴュー』（00年）、『コンチェルト』（08年）に参加している。

96年にフロイドがロックの殿堂入りを果たしたとき、ギルモア、メイスン、ライトの3名が登壇したように、メンバーの2人ないし3人が公の場で顔を揃えることは何度かあった。例えば、02年のウォーターズのツアーでは、メイスンが二度ゲストとしてステージに登り、「太陽讃歌」のドラムを叩いたそうだ。

05年の初め、アフリカの貧困撲滅キャンペーンのために、《ライヴ8》が企画され、ボブ・ゲルドフはギルモアにコンタクトをとった。ゲルドフは、映画『ザ・ウォール』でピンク役を演じた、ブームタウン・ラッツのヴォーカリスト。85年の《ライヴ・エイド》を主導した慈善活動家でもある。ピンク・フロイドとしての出演をもちかけられたギルモアの返事は「ノー」だった。

諦めなかったゲルドフはメイスンに電話をかけ、メイスンはウォーターズにフロイド再結成のオファーがあることを知らせる。ウォーターズは乗り気で、ゲルドフにギルモアの電話番号を尋ね、自ら説得に当たったという。出演を承諾したギルモアは、ライトに参加を依頼した。かくして4人が揃い、一夜限りのリユニオンが実現したのだ。

しかし、リハーサルが始まると、ウォーターズとほかのメンバーとの間の埋めがたい溝が露呈する。自分のツアーでフロイドの曲のキーやテンポも変えていたウォーターズは、アレンジの大幅な変更を要求した。大規模なイヴェントであり、世界中に中継されることを考えると、オリジナルからかけ離れた演奏はそぐわない、聴衆の期待に沿うようにしようと、今度はギルモアが説得する側に回らなければならなかった。

7月2日、ロンドンのハイド・パークに設けられたステージに、最小限のサポート・メンバーを従えて、4人のピンク・フロイドが姿を現した。映像を確認する限り、ウォーターズは笑顔を見せ、上機嫌の様子。「生命の息吹き」「マネー」「あなたがここにいてほしい」「コンフォタブリー・ナム」という鉄壁のセットリストを、ブランクをものともせず演奏したのだ。これが、最後に見せたピンク・フロイドというバンドのマジックになった。

《ライヴ8》の直後、フロイドのアルバムの売り上げが急増する。ギルモアは印税をチャリティに寄付すると発表、イヴェントに参加したほかのミュージシャンにも同様の対応を呼びかけた。余波はこれだけではない。フロイドに破格のギャランティでワールド・ツアーのオファーが舞い込んだのだ。しかし、メンバー全員が否定的で、実現には至らなかった。

06年7月7日、ケンブリッジに戻っていたシド・バレットが膵臓癌のため、60歳でこの世を去る。翌07年5月10日にはロンドンのバービカン・センターで、《マッドキャップス・ラスト・ラフス》と題されたシドのトリビュート・コンサートが行われた。ケヴィン・エアーズ、ロビン・ヒッチコック、キャプテン・センシブル（ザ・ダムド）、クリッシー・ハインド（ザ・プリテンダーズ）らとともに、フロイドのメンバーもステージに登場。ギルモア、メイスン、ライトはシドがつくった「バイク」と「アーノルド・レイン」を、ウォーターズは自身の「フリッカリング・フレイム」を演奏した。

ギルモアがエグゼクティヴ・プロデューサーを務めた、シドのオール・タイム・ベスト『幻夢』が発売されたのは10年のこと。初めてピンク・フロイド時代とソロの楽曲が同時に収録されたアルバムだった。

06年にギルモアの《オン・アン・アイランド》ツアーにバンド・メンバーとして参加していたライトは、08年9月15日に肺癌のため65歳で亡くなった。その直後にＢＢＣのテレビ番組『レイター…ウィズ・ジュールズ・ホランド』に出演したギルモアは、ライトが作ったフロイドの「リメンバー・ア・デイ」を演奏する。この日の生放送で、ギルモアはライトと共演するつもりだったが、彼の体調が思わしくなく、実現しなかったのだという。

ライトの死をきっかけに生まれたピンク・フロイド名義のアルバムが『永遠』だ。『対』のセッションで録音された素材を基に、ギルモアとメイスンらが追加のレコーディングを行い、ライトへのトリビュート・アルバムとしてリリースされている。

ビジネス面では16年にピンク・フロイド・レコーズが設立され、『ジ・アーリー・イヤーズ』『ザ・レイター・イヤーズ』という超弩級のボックス・セットをリリースするなど、フロイド関連のリイシューがますます活発になってきている。日本のソニーも『原子心母』の箱根アフロディーテ50周年記念盤を始めとして、独自企画を打ち出し、世界的な注目を集めている。

また、17年にはピンク・フロイドの大回顧展《ゼア・モータル・リメインズ》がロンドンのヴィクトリア・アンド・アルバート博物館でスタートした。最長10年間をかけて世界中を巡回する予定で、ローマ、ドルトムント、マドリードでの展示を終えたあと、パンデミックによる中断を経て、ロサンゼルス、モントリオールで開催されている。

《ライヴ8》以降、ライヴから遠ざかっていたメイスンだが、18年にピンク・フロイド初期の楽曲を演奏するプロジェクト、ニック・メイスンズ・ソーサーフル・オブ・シークレッツを立ち上げ、ツアーに復帰した。

22年2月にロシアがウクライナ侵攻を開始した。ギルモアは即座に反応する。なんと、もうあり得ないと考えられていたピンク・フロイドとしてのレコーディングを敢行したのだ。ウクライナ支援を目的に録音された「ヘイ・ヘイ・ライズ・アップ」には、ギルモアのほか、メイスン、ガイ・プラット（b）、ニティン・ソーニー（kbd）が参加。ウクライナのバンド、ブームボックスのアンドリーイ・クリヴニュークのヴォーカルがフィーチャーされている。片やウォーターズは、この曲を批判するとともに、23年2月にはロシアの要請を受けて国連の安全保障理事会で演説を行った。ロシアによるウクライナ侵攻は違法としつつ、欧米の挑発行為があったとして双方を批判している。

ギルモアはドノヴァンの22年のアルバム『ガエリア』で2曲ギターを弾いている。ウォーターズは『狂気』50周年を機にアルバム全曲をソロのバンドで再録音した。メイスンはソーサーフル・オブ・シークレッツのツアーを続けている。本書が発売される頃には、『狂気』50周年記念の各種アイテムがリリースされた。ピンク・フロイドの歴史は、まだ終わりそうもない。

RICK WRIGHT
Broken China
ブロークン・チャイナ

EMI United Kingdom：7243 8 53645 2 5［CD］
録音：クレジットなし
発売：1996年10月７日

1. Breaking Water
2. Night Of A Thousand Furry Toys
3. Hidden Fear
4. Runaway
5. Unfair Ground
6. Satellite
7. Woman Of Custom
8. Interlude
9. Black Cloud
10. Far From The Harbour Wall
11. Drowning
12. Reaching For The Rail
13. Blue Room In Venice
14. Sweet July
15. Along The Shoreline
16. Breakthrough

プロデューサー：Richard Wright, Anthony Moore
参加ミュージシャン：
Anthony Moore (programming)
Sinéad O'Connor (vo)
Tim Renwick (g)
Dominic Miller (g)
Steven Bolton (g)
Pino Palladino (b)
Manu Katché (ds, per)
Sian Bell (cello)
Kate St. John (oboe)
Maz Palladino (cho)

リック・ライトが当時の妻、ミルドレッドのうつ病との闘いをテーマに制作したコンセプト・アルバム。４曲ずつの４部構成になっている。共同プロデューサーにスラップ・ハッピーのアンソニー・ムーアを迎え、アレンジを任せている。ふたりがプログラミングしたシンセサイザーの音が重なる、勿体ぶったオープニングの「ブレイキング・ウォーター」には時代を感じるが、リズム隊が入ってくるとプログレと言うよりも洗練されたＡＯＲに聴こえてくるのだ。

ドラムはピーター・ゲイブリエルやスティングとの仕事で知られるマヌ・カチェ、ベースはザ・フーのツアーにも参加したピノ・パラディーノ、メインでギターを弾いているのはピンク・フロイドのツアー・メンバーでサザーランド・ブラザーズ&クイヴァーのティム・レンウィック。アンビエントなものからギター・ソロ中心の聴かせる曲まで、インストゥルメンタルのヴァリエイションが豊かで飽きさせない。

また、ピンク・フロイドでも披露していた、リックの抑制の効いたヴォーカルが本作でも効果的で、無闇に盛り上げようとはしない演奏と良く合っている。ゲストのシネイド・オコナーの歌も素晴らしい。リックとのデュエット「リーチング・フォー・ザ・レイル」はシンプルなピアノと相まって説得力じゅうぶんだし、最後の「ブレイクスルー」では静かな希望を滲ませている。

本作はソロ名義では２枚目、生前最後のアルバムになってしまう。リチャード・ライトは08年に65歳で亡くなった。

森

ROGER WATERS
In The Flesh
イン・ザ・フレッシュ

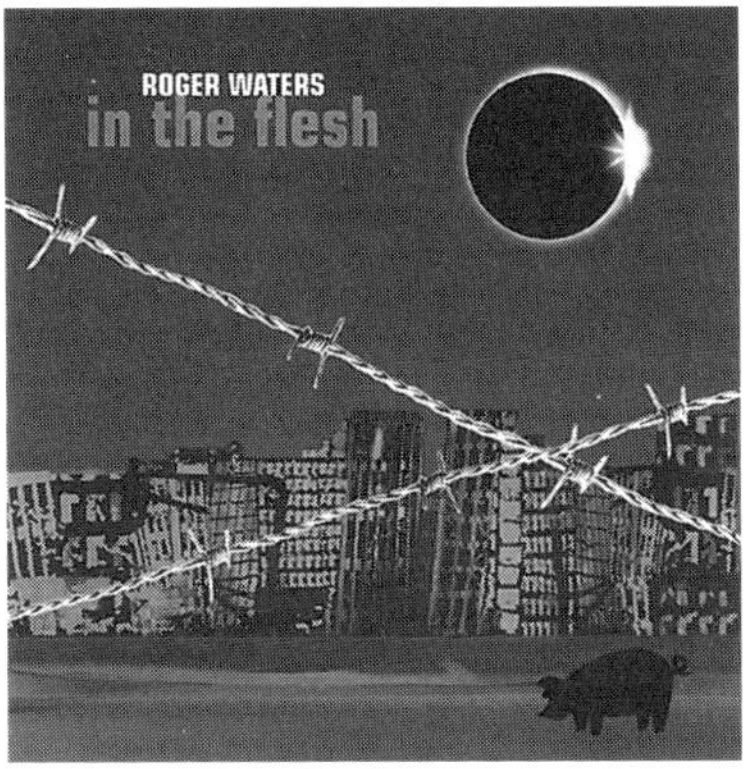

Columbia：501137 2［CD］
録音：2000年６月16日～27日
発売：2000年12月５日
［1］
1. In The Flesh
2. The Happiest Days Of Our Lives
3. Another Brick In The Wall, Part 2
4. Mother
5. Get Your Filthy Hands Off My Desert
6. Southampton Dock
7. Pigs On The Wing, Part 1
8. Dogs
9. Welcome To The Machine
10. Wish You Were Here
11. Shine On You Crazy Diamond (Parts 1-8)
12. Set The Controls For The Heart Of The Sun
［2］
1. Breathe (In The Air)
2. Time
3. Money
4. The Pros And Cons Of Hitch Hiking Part 11 (AKA 5:06 AM - Every Stranger's Eyes)
5. Perfect Sense (Parts I And II)
6. The Bravery Of Being Out Of Range
7. It's A Miracle
8. Amused To Death
9. Brain Damage
10. Eclipse
11. Comfortably Numb
12. Each Small Candle

プロデューサー：James Guthrie
参加ミュージシャン：
Doyle Bramhall II (g, vo, cho) / Andy Fairweather Low (g, b, cho) / Snowy White (g) / Andy Wallace (kbd, cho) / Jon Carin (kbd, programming, g, vo, cho) / Katie Kissoon (cho, per) / Susannah Melvoin (cho, per) / P. P. Arnold (cho, per) / Graham Broad (ds, per) / Norbert Stachel (sax)

『アミューズド・トゥ・デス』に伴うツアーは行われず、ロジャー・ウォーターズは表舞台から姿を消した。北米ツアー《イン・ザ・フレッシュ》が始まったのはその7年後、99年のことだ。ピンク・フロイド・クラシックスを演奏することが事前に告知され、ポスターには『狂気』『ザ・ウォール』『アミューズド・トゥ・デス』のアルバム・タイトルが並んで掲載されている。

ツアー自体が12年ぶりだったことからチケットの売れ行きに懸念が示されたが、4千人規模のホールはすぐに席が埋まり、やがて2万人クラスのアリーナや野外の会場がメインとなっていく。7月から8月にかけて20本以上のコンサートが行われ、最終日のカンサス公演では新曲「イーチ・スモール・キャンドル」が披露された。

99年のツアーが成功裏に終わったことを受けて、2000年には再び同じ規模のアメリカ・ツアーが組まれる。このうちの4か所で録音されたマテリアルで構成されたのが、このライヴ盤だ。『狂気』などのダイジェストのような鉄板の選曲、ロジャーのヴォーカルがやや大味なのが気になるくらいでバンドの演奏も手堅い。おかげで盛り上がった会場の空気まで刻まれているようだ。新曲の「イーチ～」も収録。

02年にはさらに同じコンセプトのワールド・ツアーが組まれ、来日公演も行われた。そして、6月30日のグラストンベリー・フェスティヴァルで、足かけ4年に及んだ《イン・ザ・フレッシュ》ツアーは大団円を迎えたのだった。

森

ROGER WATERS
Ça Ira – 'There Is Hope'
サ・イラ〜希望あれ

Sony Classical / Columbia：S2K 96439［CD］
録音：1988年12月2日〜2005年8月29日
発売：2005年9月26日
［1］1. The Gathering Storm / 2. Overture
Act 1：3. A Garden In Vienna 1765 / 4. Madame Antoine, Madame Antoine... / 5. Kings, Sticks And Birds / 6. Honest Bird, Simple Bird... / 7. I Want To Be King... / 8. Let Us Break All The Shields... / 9. The Grievances Of The People / 10. France In Disarray / 11. To Laugh Is To Know How To Live... / 12. Slavers, Landlords, Bigots At Your Door... / 13. The Fall Of The Bastille / 14. To Freeze In The Dead Of Night... / 15. So To The Streets In The Pouring Rain…
Act 2：16. Dances And Marches / 17. Now Hear Ye!... / 18. Flushed With Wine... / 19. The Letter / 20. My Dear Cousin Bourbon Of Spain... / 21. The Ship Of State Is All At Sea... / 22. Silver, Sugar And Indigo / 23. To The Windward Isles... / 24. The Papal Edict / 25. In Paris There's A Rumble Under The Ground...
［2］
Act 3：1. The Fugitive King / 2. But The Marquis Of Boulli Has A Trump Card Up His Sleeve... / 3. To Take Your Hat Off... / 4. The Echoes Never Fade From That Fusillade... / 5. The Commune De Paris / 6. Vive La Commune De Paris... / 7. The National Assembly Is Confused... / 8. The Execution Of Louis Capet / 9. Adieu Louis For You It's Over... / 10. Marie Antoinette – The Last Night On Earth / 11. Adieu My Good And Tender Sister... / 12. Liberty / 13. And In The Bushes Where They Survive…
プロデューサー：Roger Waters, Rick Wentworth
参加ミュージシャン：
Bryn Terfel (vo) / Paul Groves (vo) / Ying Huang (vo) / Ismael Lo (vo) / Italia Conti Childrens Choir (choir), Roy Gregory (chorus master) / London Voices (choir), Terry Edwards (direction) / The London Oratory Junior Choir (choir), Mike McCarthy (chorus master) / Rick Wentworth (conduct) / Isobel Griffiths (conduct) / Gavyn Wright (orchestra leader)

フランスの脚本家でソングライターのエティエンヌ・ローダ・ジルが妻のナディンとともに執筆した、フランス革命初期をテーマにしたオペラの台本をロジャーに渡し、音楽を依頼したのが87年のことらしい。１９８９年の革命２００周年祭での上演に向けた企画で、ロジャーは88年のうちにデモを完成させていたという。実現には至らなかったものの、彼はこのフランスの労働歌や革命歌を下敷きにしたオペラを英語に翻訳し始めたのだ。

壮大な作品の一部が公になったのは、２００２年にロイヤル・アルバート・ホールで行われたベネフィット・コンサートでのこと。04年にはマルタのＥＵ加盟記念式典で15分のヴァージョンが上演されている。

ようやく機が熟し、ロジャーは映画音楽の編曲家、指揮者であるリック・ウェントワースを共同プロデューサーに迎えたオペラ全編の録音を仕上げた。そしてＣＤ発売後の05年11月17日、オペラの本場であるイタリアのローマで初演が行われたのである。しかし、このときすでにエティエンヌとナディンは鬼籍に入っていた。

歴史的な背景を知らないとストーリーを理解することは難しいが、興味のある方は分厚いブックレットと首っぴきで読み解くことができる。しかし、純粋に音楽として聴くだけでも、いかにもロジャーらしい旋律が随所に顔を出すし、壮大なオーケストラには耳を持っていかれることは確実だ。ただし、ドラムもエレキギターも聴こえてこないので、誤解のなきよう。

森

DAVID GILMOUR
On An Island
オン・アン・アイランド

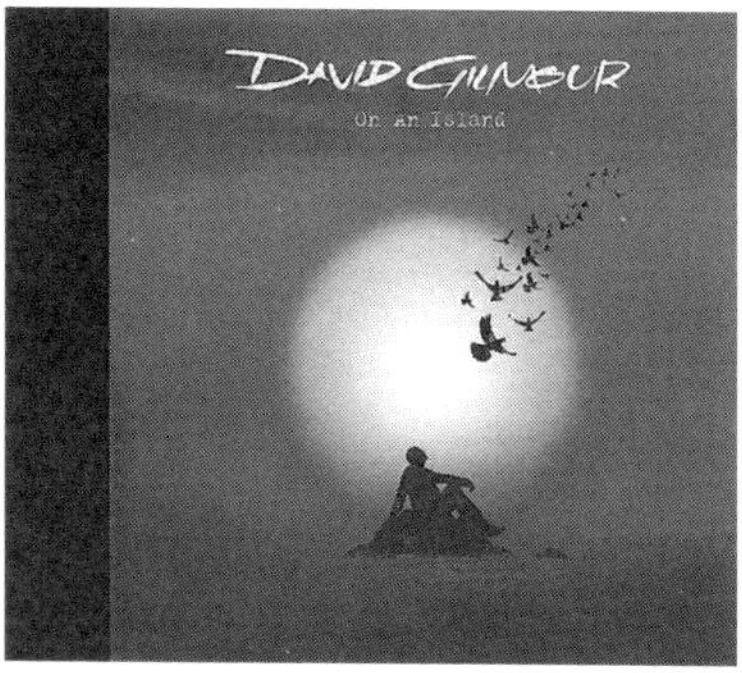

EMI：0946 3 78476 2 6［CD+DVD］
録音：2001年〜2005年
発売：2006年3月6日

［CD］
1. Castellorizon
2. On An Island
3. The Blue
4. Take A Breath
5. Red Sky At Night
6. This Heaven
7. Then I Close My Eyes
8. Smile
9. Pocketful Of Stones
10. Where We Start

［DVD］
1. Take A Breath (Live; Royal Albert Hall, London May 2006)
2. Astronomy Domine (Abbey Road Session, August 2006)
3. On An Island (New York Session, April 2006)
4. This Heaven (New York Session, April 2006)
5. Smile (New York Session, April 2006)
6. Take A Breath (New York Session, April 2006)
7. High Hopes (New York Session, April 2006)
8. Comfortably Numb (New York Session, April 2006)

プロデューサー：David Gilmour, Phil Manzanera, Chris Thomas

参加ミュージシャン：
Guy Pratt (b) / Richard Wright (organ, vo) / David Crosby (vo) / Graham Nash (vo) / Rado Klose (g) / Chris Stainton (organ) / Andy Newmark (ds, per) / Jools Holland (p) / Polly Samson (p, cho) / Phil Manzanera (g) / Leszek Możdżer (p) / Ged Lynch (ds) / Caroline Dale (cello) / Chris Laurence (b) / Ilan Eshkeri (programming) / Georgie Fame (organ) / BJ Cole (g) / Robert Wyatt (cornet, per, vo) / Willie Wilson (ds) / Alasdair Malloy (glass harmonica) / Lucy Wakeford (harp) / Chris Thomas (kbd) / Zbigniew Preisner (orchestration) / Paul "Wix" Wickens (organ)

06年に発表されたデイヴィッド・ギルモアのサード・ソロ。キャリア史上、最も穏やかでハート・ウォーミングな作品となった本盤の制作は、04年5月に始まった。常々書き溜めていたモチーフは驚愕の150曲余り。本人から「多過ぎて纏めきれない」との相談を受けて編纂業務にあたったのは、旧友のフィル・マンザネラだった。自称「フロイド全時代のファン」の彼は週に一度、ギルモア所有の船上スタジオ「アストリア」に赴き、パーツを繋ぎ合わせたり、アイディアを出し合ったりの作業を繰り返し、収録曲を整えていったという。

詞の大半を受け持ったのは、ギルモアの妻で作家のポリー・サムソンで、友人とのプライヴェートな想い出や、人生を振り返るギルモアの心情を控えめに表現した内省的な言葉が並ぶ。

ポーランドの作曲家ズビグニエフ・プレイスネルが手掛けた高尚なオーケストレイションがギターソロを包み込む「キャッスルロライズン」から、続くタイトル曲でのクロスビー&ナッシュの驚異的なコーラスがアルバムの印象を決定づける。ダークなロック・チューン「テイク・ア・ブレス」や、展開の入り組んだ「ア・ポケットフル・オブ・ストーンズ」では、しっかりフロイド・ファンにも目配りした。本人によるサックスが印象的な「レッド・スカイ・アット・ナイト」といった変わり種も収録しての全10曲、自身が「最高傑作」と語るだけあって、ヴァラエティに富んだ非の打ちどころの無い作品集となっている。**森山**

DAVID GILMOUR
Live In Gdańsk
狂気の祭典〜ライヴ・イン・グダニスク

Columbia：88697345482 DC1［CD+DVD］
録音：2006年 8 月26日
発売：2008年 9 月22日
［CD1］Live In Gdańsk
1. Speak To Me / 2. Breathe (In The Air) / 3. Time / 4. Breathe (In The Air) (Reprise) / 5. Castellorizon / 6. On An Island / 7. The Blue / 8. Red Sky At Night / 9. This Heaven / 10. Then I Close My Eyes / 11. Smile / 12. Take A Breath / 13. A Pocketful Of Stones / 14. Where We Start
［CD2］Live In Gdańsk
1. Shine On You Crazy Diamond / 2. Astronomy Domine / 3. Fat Old Sun / 4. High Hopes / 5. Echoes / 6. Wish You Were Here / 7. A Great Day For Freedom / 8. Comfortably Numb
［DVD1］Live In Gdańsk
［DVD2］
・The Mermaid Theatre, London, March 2006
・The AOL Sessions, New York, April 2006
・Live from Abbey Road, London, August 2006
・Barn Jams, Sussex, England, January 2007
・5.1 Surround Sound Mix Of "On an Island" (Audio Only)
［Bounus CD］
1. Shine On You Crazy Diamond (Venice, 12 August 2006 & Vienne, 31 July 2006) / 2. Dominoes (Paris, 15 March 2006) / 3. The Blue (Vienne, 31 July 2006) / 4. Take a Breath (Munich, 29 July 2006) / 5. Wish You Were Here (Glasgow, 27 May 2006) / 6. Coming Back to Life (Florence, 2 August 2006) / 7. Find the Cost of Freedom (Manchester, 26 May 2006) / 8. This Heaven (Vienne, 31 July 2006) / 9. Wearing the Inside Out (Milan, 25 March 2006) / 10. A Pocketful of Stones (Vienne, 31 July 2006) / 11. Where We Start (Vienne, 31 July 2006) / 12. On the Turning Away (Venice, 12 August 2006)
プロデューサー：David Gilmour, Phil Manzanera
参加ミュージシャン：
Richard Wright (kbd, vo, cho) / Jon Carin (kbd, cho, g, programming) / Guy Pratt (b, cho, g) / Phil Manzanera (g, cho) / Dick Parry (sax, organ) / Steve DiStanislao (ds, per, cho) / Zbigniew Preisner (conduct) / Leszek Możdżer (p) / Polish Baltic Philharmonic orchestra (Orchestrations by Zbigniew Preisner, Michael Kamen.) / Igor Sklyarov (glass harmonica) / David Crosby (vo) / Graham Nash (vo)

共産党政権を倒し、民主化に導いたポーランドの労働組合「連帯」の結成26周年記念で開かれた、グダニスク造船所でのソロ・コンサートの模様を収めた2枚組ライヴ。ギルモアにとって初めてのポーランド公演で、およそ5万人を動員した。

ディスク1では『狂気』から抜粋した4曲を皮切りに、『オン・アン・アイランド』から全曲を演奏。ディスク2にはソロでの初披露となる「エコーズ」のほか、往年のヒットソングが収録され、当日の興奮を伝えてくれる。ニック・メイスンの参加は無いものの、盟友リチャード・ライト（kbd）、共同プロデューサーのフィル・マンザネラ（g）、ディック・ペリー（sax）、ガイ・プラット（b）、ジョン・カーリン（kbd）といった、フロイドゆかりのプレイヤーが脇を固めた。なお、本作は08年に鬼籍に入ったライトの最晩年のパフォーマンスを捉えた貴重な記録となっている。「エコーズ」での有名なイントロのフレーズや、ギルモアとのツイン・ヴォーカルが聞けなくなったのは本当に寂しい。

ポーランド側のゲストとして、ピアニストのレシェック・モジジェルが3曲で客演。彼と共にアルバムにも参加したズビグニエフ・プレイスネルが指揮するオーケストラが加わった「スマイル」は、原曲とは違ったアンサンブル重視の仕上がり。「クレイジー・ダイアモンド」前半のエレキ弾き語り部分や、くだけた歌い回しには、ピンク・フロイドの重圧から解放された、60代のギルモアの余裕が感じられる。　**森山**

THE ORB feat. DAVID GILMOUR
Metallic Spheres

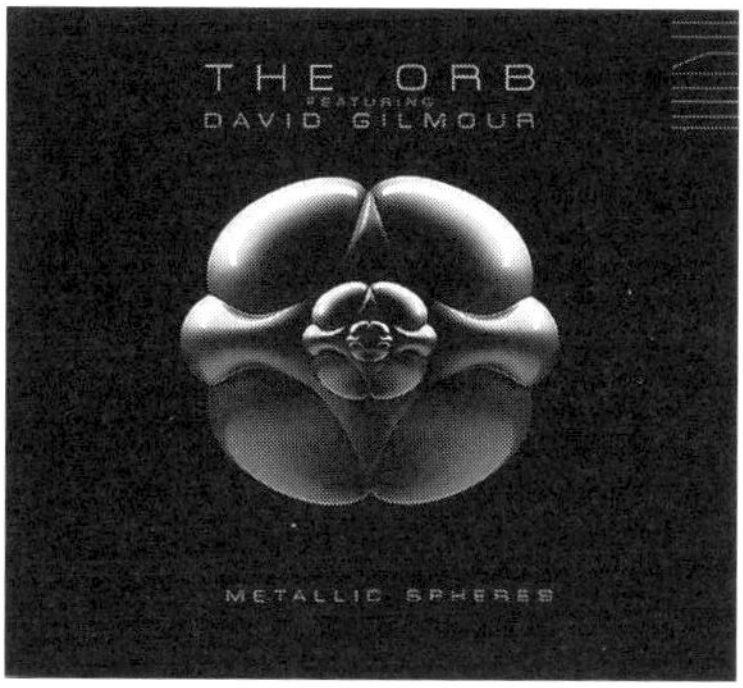

Columbia：88697 76044 2［CD］
録音：2009年
発売：2010年10月12日

1. Metallic Side:
   Metallic Spheres
   Hymns To The Sun
   Black Graham
   Hiding In Plain View
   Classified
2. Spheres Side:
   Es Vedra
   Hymns To The Sun (Reprise)
   Olympic
   Chicago Dub
   Bold Knife Trophy

プロデューサー：Martin "Youth" Glover
参加ミュージシャン：
David Gilmour (g, vo)
Alex Paterson (manipulation, kbd, turntables)
Youth (b, kbd, programming)
Tim Bran (kbd, programming)
Marcia Mello (g)
Dominique Le Vac (cho)

アレックス・パターソン率いるアンビエント・テクノ界のオリジネイター〈ジ・オーブ〉が、憧れのデイヴィッド・ギルモアを大々的にフィーチャーして作り上げた『メタリック・スフィアーズ』は、お互いの個性が見事に融合した傑作だ。機密情報への不正アクセスでアメリカ政府から訴えられていた英国人ハッカー、ゲイリー・マッキノンへの支援が交流のキッカケで、本作の印税もマッキノンの援助に使われた。

クレジットの表記は2曲だが、各々4部構成になっており、さまざまな表情が楽しめる。パターソンが組んだ重層的なバック・トラックの上で、得意の空間系フレーズから、アコギのフィンガー・ピッキング、特徴的なラップ・スティールまで、所謂〝ギルモア節〟が随所に顔を出している。

ジャケットやタイトルのメタル感とは裏腹に、オーガニックな印象も受けるが、それもそのはずで、録音は南ロンドン郊外にあるユース（プロデューサー）所有のホーム・スタジオで、和気藹々と行われた。YouTubeに制作風景が残されているが、フィールド・レコーディングで草木の音をマイクで拾うアレックスや、御大がベランダでスティール・ギターを弾かされているシーンがあったりと、なかなか笑える。

通常のステレオ・ミックスに加えて、当時最新の音響システム〝3D60〟で制作された盤も付属しており、より奥行きのある音像が楽しめるのだが、ただのミックス違いではなく、構成やアレンジまで大胆に変えてしまってるのが凄い。

森山

DAVID GILMOUR
Rattle That Lock
飛翔

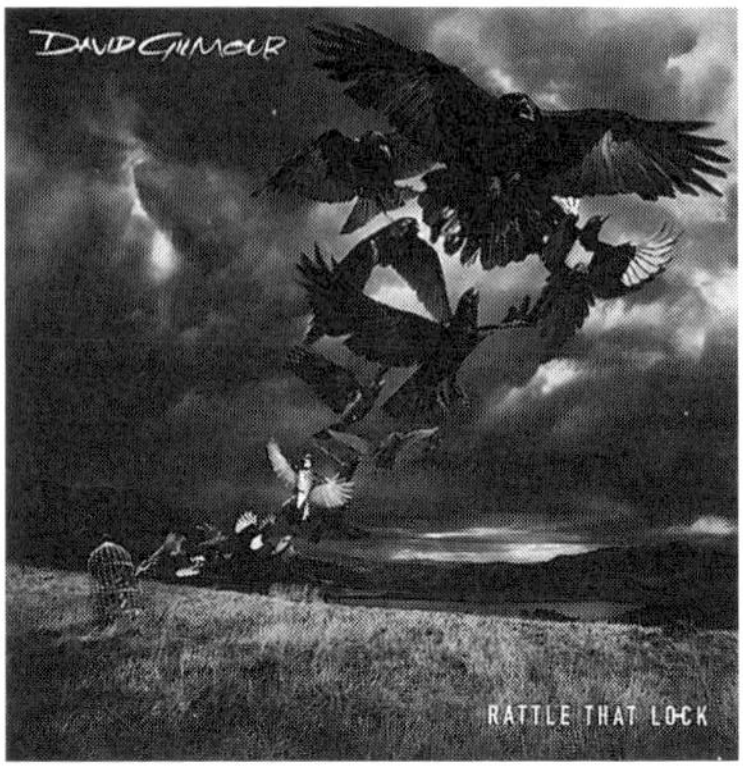

Columbia / Sony：88875123282［CD+Blu-ray］
録音：2010年〜2015年
発売：2015年９月18日
［CD］
1. 5 A.M. / 2. Rattle That Lock / 3. Faces Of Stone / 4. A Boat Lies Waiting / 5. Dancing Right In Front Of Me / 6. In Any Tongue / 7. Beauty / 8. The Girl In The Yellow Dress / 9. Today / 10. And Then...
［Blu-ray］
1.〜10. "Rattle That Lock" / 11. Barn Jam 1 / 12. Barn Jam 2 / 13. Barn Jam 3 / 14. Barn Jam 4 / 15. The Animators, Alisdair + Jock (Documentary) / 16. Rattle That Lock (Music Video) / 17. The Animators, Danny Madden (Documentary) / 18. The Girl in the Yellow Dress (Music Video) / 19. Polly Samson and David Gilmour at the Borris House Festival of Words and Ideas (Documentary) / 20. The Making of the Rattle That Lock album (Documentary) / 21. Rattle That Lock (Extended mix) [audio only] / 22. The Girl in the Yellow Dress (Orchestral version) [audio only] / 23. Rattle That Lock (Youth mix - 12" extended radio dub) [audio only] / 24. Rattle That Lock (Radio edit) [Audio only]
プロデューサー：David Gilmour, Phil Manzanera
参加ミュージシャン：
Jon Carin (kbd) / David Crosby (cho) / Graham Nash (cho) / Danny Cummings (per) / Steve DiStanislao (ds, per, cho) / Roger Eno (p) / Martin France (ds) / Gabriel Gilmour (p) / Jools Holland (p) / Damon Iddins (accordion, kbd) / Rado Klose (g) / Chris Laurence (b) / The Liberty Choir (cho) / Phil Manzanera (kbd, g) / Louise Marshall (cho) / Andy Newmark (ds) / Eira Owen (horn) / John Parricelli (g) / Mica Paris (cho) / Guy Pratt (b) / Mike Rowe (kbd) / Polly Samson (cho) / Yaron Stavi (b, cho) / Colin Stetson (sax) / Richard Wright (voice sample) / Robert Wyatt (cornet) / Zbigniew Preisner (orchestration)

15年にリリースされた、現時点での最新アルバム。前作『オン・アン・アイランド』やピンク・フロイド名義の『永遠』を、過去のマテリアルから組み上げたフィル・マンザネラが今回も共同プロデューサーとして参画。数曲で同様の手法が取られ、またも膨大なスケッチを見事に解体／再構築することに成功している。非常にイギリス的な「哀愁の舞踏」、賛美歌風の導入部からファンキーな曲調に移り変わる「今日を生きる」辺りに、その非凡な編集能力の一端が窺える。リチャード・ライトに捧げられた「天国への小舟」も美しい。ミニマルだが深みのあるピアノが胸を打つ。こちらも元々は10年以上前に書かれたインストゥルメンタルに詞をつけたものだそう。『失楽園』におけるアダムとイヴの楽園追放劇をモチーフに書かれた「ラトル・ザット・ロック」の躍動感や、戦争の悲哀漂う「狂気の世界」でのプリミティヴな歌声は、穏やかで内向きだった前作には無かったもので、もうこのままオジイみたいな曲しか作らないのでは、と懸念していた昔からのファンを喜ばせた。多くのトラックでドラムスを担当しているスティーヴ・ディスタニスラオはブラック・クロウズのクリス・ロビンソンや、本作にもゲスト参加しているクロスビー＆ナッシュとの活動で知られる名手で、〝オン・アン・アイランド・ツアー〟ではフロイド人脈に混ざって申し分のない演奏を聞かせていた。彼の力強いビートがギルモアに新風を吹き込んだのかもしれない。

森山

ROGER WATERS
The Wall
ロジャー・ウォーターズ：ザ・ウォール

Columbia / Legacy：88875156382［CD］
録音：2011年７月〜2012年７月21日
発売：2015年11月20日
［1］
1. In The Flesh?
2. The Thin Ice
3. Another Brick In The Wall, Part 1
4. The Happiest Days Of Our Lives
5. Another Brick In The Wall, Part 2
6. The Ballad Of Jean Charles De Menezes
7. Mother
8. Goodbye Blue Sky
9. Empty Spaces
10. What Shall We Do Now?
11. Young Lust
12. One Of My Turns
13. Don't Leave Me Now
14. Another Brick In The Wall, Part 3
15. Last Few Bricks
16. Goodbye Cruel World
［2］
1. Hey You
2. Is There Anybody Out There?
3. Nobody Home
4. Vera
5. Bring The Boys Back Home
6. Comfortably Numb
7. The Show Must Go On
8. In The Flesh
9. Run Like Hell
10. Waiting For The Worms
11. Stop
12. The Trial
13. Outside The Wall

プロデューサー：Nigel Godrich
参加ミュージシャン：
G. E. Smith (g, b) / Snowy White (g) / David Kilminster (g, b) / Robbie Wyckoff (vo) / Jon Carin (kbd, g) / Harry Waters (kbd) / Graham Broad (ds) / Jon Joyce (cho) / Kipp Lennon (cho) / Mark Lennon (cho) / Pat Lennon (cho)

Blu-ray
Universal：589325/UPB1/R0

２０１０年から１３年にかけて行われた、《ザ・ウォール・ライヴ》ツアーの模様を記録した映画『ロジャー・ウォーターズ：ザ・ウォール』（ウォーターズとショーン・エヴァンスの共同監督）のサウンドトラック・アルバム。

このツアーは４つの時期に分けて北米とヨーロッパを２回ずつ周り、さらにオセアニアと南米も含む２１９本という大規模なもので、ソロ・アーティストとしては13年時点で最高の興行収入を上げている。

もちろん、オリジナル・アルバムの全曲に加えて、80〜81年のピンク・フロイドのツアーで披露された「ホワット・ウィ・シャル・ドゥ・ナウ?」「ラスト・フュー・ブリックス」が収録された。なお「ザ・バラッド・オブ・ジャン・チャールズ・デ・メネゼ」は、「アナザー・ブリック・イン・ザ・ウォール（パート２）」に追加された部分を単独でクレジットしたもの。10年から11年にかけて数か所の会場で録音された素材が使われている。

バンドはきっちりとクオリティの高い仕事をこなしている。パッケージ・ショウとしては完璧なのかも知れない。ロジャーが追求した世界のひとつの解が見えた気がする。しかし、メガ・ヒットしたアルバムの再現なので、どうしても会場は祝祭的なムードになるのだろう。音だけを聴いていると作品が本来もっていたシリアスな雰囲気は薄れ、１曲ごとに盛り上がる客席の様子が空々しく感じられるほどだ。現場に居れば楽しめそうだけれど。

森

ROGER WATERS
Is This The Life We Really Want?
イズ・ディス・ザ・ライフ・ウィ・リアリー・ウォント？

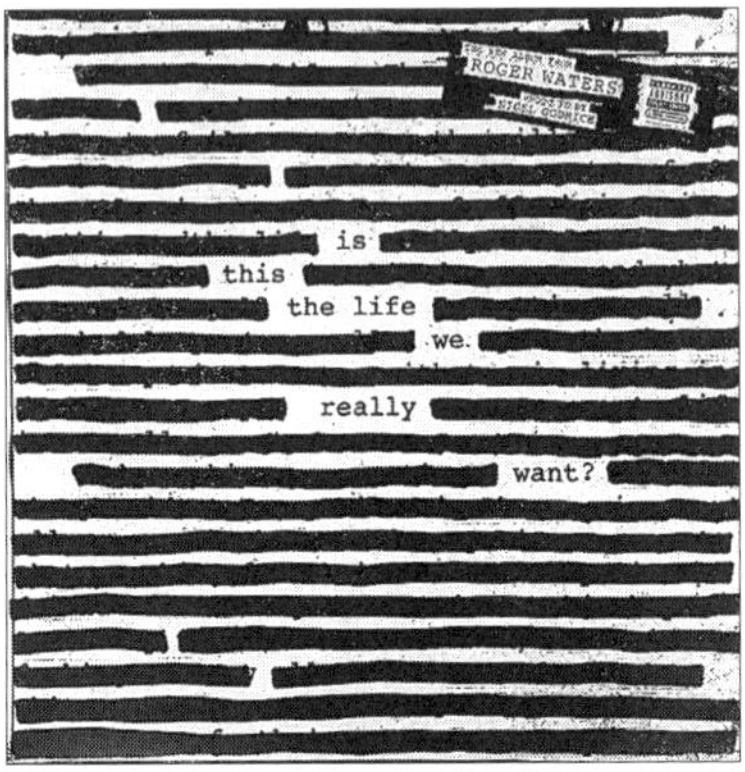

Columbia / Sony：88985436482［CD］
録音：2010年～2017年
発売：2 June 2017年 6 月 2 日

1. When We Were Young
2. Déjà Vu
3. The Last Refugee
4. Picture That
5. Broken Bones
6. Is This The Life We Really Want?
7. Bird In A Gale
8. The Most Beautiful Girl
9. Smell The Roses
10. Wait For Her
11. Oceans Apart
12. Part Of Me Died

プロデューサー：Nigel Godrich
参加ミュージシャン：
Nigel Godrich (g, kbd)
Gus Seyffert (g, kbd, b)
Jonathan Wilson (g, kbd)
Roger Joseph Manning Jr. (kbd)
Lee Pardini (kbd)
Joey Waronker (ds)
Jessica Wolfe (vo)
Holly Laessig (vo)
David Campbell (string arrangements)

実に25年ぶりのオリジナル・アルバム。プロデュースは『ロジャー・ウォーターズ：ザ・ウォール』から引き続きナイジェル・ゴドリッチが担当した。彼はレディオヘッドとの仕事で知られるエンジニア／プロデューサー。ロジャーが重厚長大な作品を創らないように、うまくコントロールしていたようだ。

ゴドリッチによるサウンド・コラージュが随所に顔を出しているものの、基本的に抑制の効いたバンド・アレンジに終始したのは狙い通りだろう。しかし、もうひとつロジャーの歌が乗り切れていないように感じられる。

アルバム・タイトルに表れているとおり、歌詞は現代社会に物申しているものばかり。しかし、ファッキ○ファッ○ンと連発し過ぎて、ただの偏屈ジジイにしか見えなくなっている。

メロディはフロイド時代からの得意なパターンを多用しているが、これが彼の芸風なので気にするところではない。そうなると、やはり歌詞とヴォーカルの説得力が問題という、今どきのJ－POPみたいなことになってしまう。

ジャケットは検閲済の黒塗り状態、歌詞カードにはドナルド・トランプと思しき人物、自由の女神の上を飛ぶ米軍機、ガスマスクをつけた集団と、イメージを喚起することに成功しているのだが。アコースティックな「ブロークン・ボーンズ」などは深い表現になっているので、実に惜しいと言わざるを得ないのだ。**森**

DAVID GILMOUR
Live At Pompeii
ライヴ・アット・ポンペイ

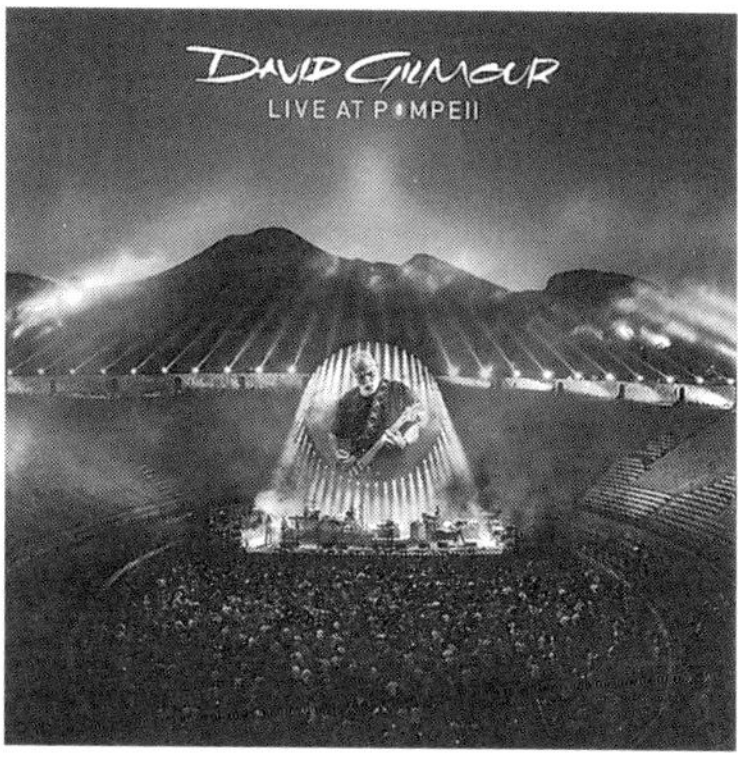

Columbia / Sony：88985464962［CD+Blu-ray］
録音：2016年7月7日〜8日
発売：2017年9月29日

［CD1］
1. 5 A.M. / 2. Rattle That Lock / 3. Faces Of Stone / 4. What Do You Want From Me / 5. The Blue / 6. The Great Gig In The Sky / 7. A Boat Lies Waiting / 8. Wish You Were Here / 9. Money / 10. In Any Tongue / 11. High Hopes / 12. One Of These Days

［CD2］
1. Shine On You Crazy Diamond (Parts 1-5) / 2. Fat Old Sun / 3. Coming Back To Life / 4. On An Island / 5. Today / 6. Sorrow / 7. Run Like Hell / 8. Time / Breathe (In The Air) (Reprise) / 9. Comfortably Numb

［Blu-ray1］
1.〜11. The Concert Part 1 / 12.〜22. The Concert Part 2 / 23. Documentary "Pompeii Then And Now"

［Blu-ray2］
Bonus Concert Films: South America 2015
1. Astronomy Domine / 2. Us And Them / 3. Today / 4. Time / Breathe (In The Air) (Reprise) / 5. Comfortably Numb / Wroclaw 2016 (With The NFM Wroclaw Philharmonic Orchestra) / 6. 5 A.M. / 7. Rattle That Rock / 8. Dancing Right In Front Of Me / 9. The Girl In The Yellow Dress / 10. In Any Tongue
Documentaries:Tour Documentaries
11. Europe 2015 / 12. South America 2015 / 13. North America 2016 / 14. Europe 2016 / BBC Documentary
15. David Gilmour: Wider Horizons

プロデューサー：David Gilmour
参加ミュージシャン：
Pompeii & Wrocław: / / Chester Kamen (g, cho, harmonica) / Guy Pratt (b, cho) / Greg Phillinganes (kbd, cho) / Chuck Leavell (kbd, cho) / Steve DiStanislao (ds, per, cho) / João Mello (sax, clarinet, kbd) / Bryan Chambers (cho, tambourine) / Lucita Jules (cho) / Louise Clare Marshall (cho) *Pompeii only / Leszek Możdżer (p) *Wrocław only / Wrocław Philharmonic Orchestra (conducted by Zbigniew Preisner) *Wrocław only / South America: / Phil Manzanera (g, cho) / Jon Carin (kbd, g, cho) / Kevin McAlea (kbd) / Steve DiStanislao (ds, per, cho) / João Mello (sax) / Bryan Chambers (cho) / Lucita Jules (cho)

同名タイトル映画の収録場所として、フロイドのファンにはお馴染みの「ポンペイ円形闘技場」にデイヴ・ギルモアが45年ぶりに凱旋。2016年7月に行われたソロライヴを余す所なくパッケージ化した作品が『ライヴ・アット・ポンペイ』だ。

当公演を含む〝ラトル・ザット・ロック・ツアー〟は約一年に渡る長旅（全50回）だったが、途中でフィル・マンザネラ（g）やジョン・カーリン（kbd）などの常連組が離脱、本作では交代後のメンバーがサポートしている。その中にチャック・リーヴェルの名前を見つけて喜んだのは私だけではないだろう。長年ローリング・ストーンズの音楽監督として、すべてのスコアを管理してきたチャックは、キーボードの腕前も抜群だし、演者のまとめ役に相応しい。図に乗ってか「コンフォタブリー・ナム」のロジャー歌唱パートまで担当しており、そこだけは「お前が歌うんかい！」状態だけれども。

御年70歳のギルモアが、めちゃくちゃ元気なのに驚かされる。「カミング・バック・トゥー・ライフ」での熱演は迫力満点、「ザ・ブルー」のような、静かな曲ですらエモーショナルだ。昔から老成していて落ち着いたイメージだったが、何を機に反転したのだろう、表現するのが楽しくて仕方がないといった印象で、とにかく若々しい。

既に本作リリースから7年が経つが、近年の活動を見ていても、まだまだ現役といった感じなので、新作とツアーへの期待も高まるばかり。何とか日本にも来ていただきたいものだが、無理ですかねぇ。 **森山**

ROGER WATERS：BCMF (BRIDGEHAMPTON CHAMBER MUSIC FESTIVAL)

Igor Stravinsky's The Soldier's Tale

ストラヴィンスキー：兵士の物語

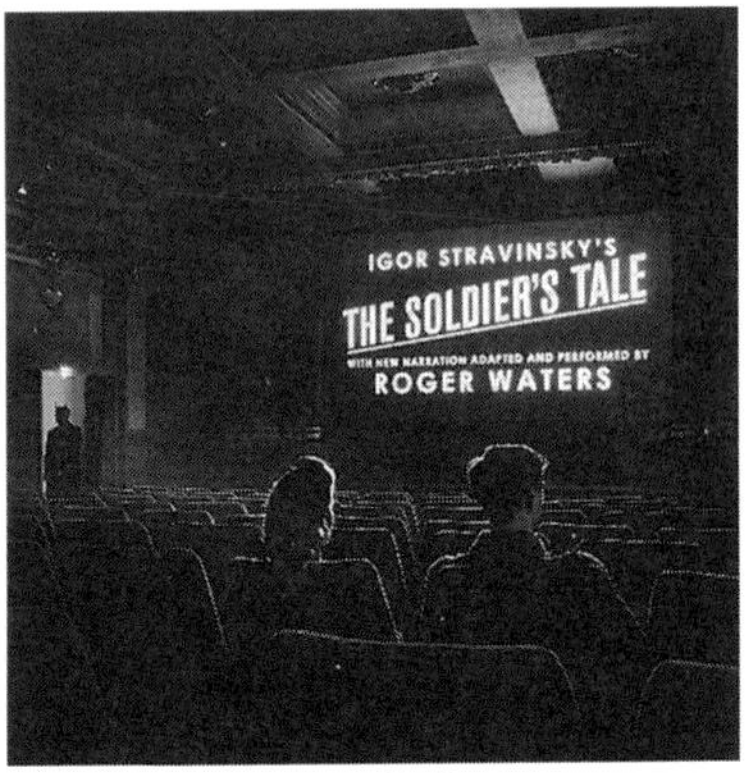

Sony Classical：19075872732［CD］
録音：2014年12月11日〜12日
発売：2018年10月26日

Part I
1. The Soldier's March / 2. Slogging Homeword... / 3. Airs By A Stream / 4. As You Can Hear... / 5. The Soldier's March (Reprise) / 6. Eventually, Joseph Reaches His Home Village... / 7. Pastorale / 8. The Soldier, Disconsolate... / 9. Pastorale (Reprise) / 10. The Soldier, Slowly Coming Back To Himself... / 11. Airs By A Stream (Reprise) : To Stretch Out On The Grass... / 12. Hey Satan, You Bastard... / 13. Airs By A Stream (2nd Reprise) / 14. Naught To Be Gained Here…

Part II
15. The Soldier's March (2nd Reprise): Down A Hot And Dusty Track... / 16. He Doesn't Even Know Himself... / 17. The Soldier's March (3rd Reprise): Will He Take The Road To Home... / 18. He Doesn't Have A Home Anymore... / 19. The Royal March / 20. So, All Was Arranged... / 21. Later That Night... / 22. The Little Concert: Light Floods The Eastern Sky... / 23. The Soldier, With A Confident Air... / 24. Three Dances: Tango (Part 1) / 25. Three Dances: Tango (Part 2) / 26. Three Dances: Waltz & Ragtime / 27. So, First A Tango... / 28. The Devil's Dance / 29. The Devil, Confused... / 30. The Little Chorale / 31. The Devil Recovers Some Of His Wits... / 32. The Devil's Song: Alright! You'll Be Safe At Home... / 33. Hm, A Fair Warning... / 34. Grand Chorale (Part 1) / 35. Spring, Summer, Autumn... / 36. Grand Chorale (Part 2) / 37. Steady Now... / 38. Grand Chorale (Part 3) / 39. Steady, Just Smell The Flowers... / 40. Grand Chorale (Part 4) / 41. Now I Have Everything... / 42. Grand Chorale (Part 5) / 43. The Princess, All Excited... / 44. Grand Chorale (Part 6) / 45. And So, Off They Go... / 46. Triumphal March Of The Devil

プロデューサー：クレジットなし
参加ミュージシャン：
Donald Palma (b) / Ian David Rosenbaum (per) / Peter Kolkay (fagott) / Stephen Williamson (clarinet) / Demian Austin (trombone) / David Krauss (trumpet) / Colin Jacobsen (violin)

第一次世界大戦下の１９１８年に初演された舞台『兵士の物語』を、ブリッジハンプトン室内音楽祭のレギュラー・ミュージシャンの演奏と、ロジャーのナレーションで録音した作品。２０１５年には同音楽祭で実演も行われた。ロジャーの祖父は第一次世界大戦で命を落とし、父親は第二次世界大戦で行方不明になっている。こうした出自故に、本作への参加を決めたらしい。『兵士の物語』は、ロシアの民話をもとにシャルル・フェルディナン・ラミュが台本を書き、イーゴリ・ストラヴィンスキーが作曲した作品。フランス語の原作をマイケル・フランダースとキティ・ブラックが英訳したものをロジャー自身が翻案した。舞台では語り手、兵士、悪魔の３人が登場するが、ロジャーが一人で演じ分けている。

７人という小編成を前提に曲作りがなされていることもあり、演奏は過不足がなく、軽みとシリアスさが共存した素晴らしい仕上がりだ。ロジャーの朗読も、雰囲気モノではあるが味わい深い。ただ、『イズ・ディズ～』と同様にテンションが高くなればなるほど空回りしてくるようだ。

やはりストーリーを把握したり、英語を聴き取ったりできなければ、じゅうぶんに楽しむことはできないはず。これから聴かれる方は、対訳つきの日本盤ＣＤがオススメ。私はザッパのオーケストラ作品のように面白がることはできたが、もう少し奥行きを感じとることができるかも、と思っている。クラシック畑からの意見も、ぜひ聞いてみたい。

森

ROGER WATERS
Us + Them
アス・アンド・ゼム

Columbia / Legacy：19439707712［CD］
録音：2018年６月18日～23日
発売：2020年10月２日
［1］
1. Intro
2. Speak To Me
3. Breathe
4. One Of These Days
5. Time
6. Breathe (Reprise)
7. The Great Gig In The Sky
8. Welcome To The Machine
9. Déjà Vu
10. The Last Refugee
11. Picture That
12. Wish You Were Here
13. The Happiest Days Of Our Lives
14. Another Brick In The Wall Part 2
15. Another Brick In The Wall Part 3
［2］
1. Dogs
2. Pigs (Three Different Ones)
3. Money
4. Us & Them
5. Brain Damage
6. Eclipse
7. The Last Refugee (Reprise)
8. Déjà Vu (Reprise)
プロデューサー：Nigel Godrich
参加ミュージシャン：
Gus Seyffert (g, b, cho)
Jonathan Wilson (g, vo)
Dave Kilminster (g, cho)
Jon Carin (kbd, g, cho)
Bo Koster (kbd)
Holly Laessig (vo)
Jess Wolfe (vo)
Ian Ritchie (sax)
Joey Waronker (ds)

『イズ・ディス・ザ・ライフ・ウィ・リアリー・ウォント?』リリースに伴う《アス・アンド・ゼム》ツアーの模様を収録した映画のサウンドトラック・アルバム。新作と『狂気』『炎』『ザ・ウォール』を中心にしたセット・リストだ。このワールド・ツアーは2017年から18年にかけて157公演が行われ、230万人以上を動員している。

《イン・ザ・フレッシュ》ツアー以降のロジャー・ウォーターズは、ピンク・フロイドの代表作を軸に選曲し、大所帯のバンドで精度の高い演奏を行うとともに、舞台装置や照明、映像を駆使して大がかりなエンタテインメント・ショウを構築してきた。その間、ライヴ盤や映像作品はあれど、オリジナル・アルバムのリリースは極めて少ない。おそらくバンド時代に、オペラや演劇のように時代が変わっても繰り返し上演されるくらいの強度のあるコンテンツをつくったという自負があるのだろう。もしかしたら『サ・イラ』や『兵士の物語』のプロジェクトを通じて、その思いをさらに強くしたのかも知れない。

しかし、本作を聴いても新機軸を見つけることはできない。完成度から言えば頂に登り詰めてはいるけれど。進化や革新がなければプログレッシヴでもロックでもないとするならば、これはなんだ?ドナルド・トランプ批判や反ユダヤ主義的発言に見られる、良し悪しも好き嫌いも超越した意志の強さが、周りを圧倒し続ける原動力になっているのだろうか。

森

NICK MASON'S SAUCERFUL OF SECRETS
Live At The Roundhouse
ライヴ・アット・ザ・ラウンドハウス

Legacy / Sony：19075982722［CD+DVD］
録音：2019年５月20日
発売：2020年９月18日
［CD1］
1. Interstellar Overdrive
2. Astronomy Domine
3. Lucifer Sam
4. Fearless
5. Obscured By Clouds
6. When You're In
7. Remember A Day
8. Arnold Layne
9. Vegetable Man
10. If
11. Atom Heart Mother
12. If (Reprise)
13. The Nile Song
［CD2］
1. Green Is The Colour
2. Let There Be More Light
3. Childhood's End
4. Set The Controls For The Heart Of The Sun
5. See Emily Play
6. Bike
7. One Of These Days
8. A Saucerful Of Secrets
9. Point Me At The Sky
［DVD］
1.〜26. "Live At The Roundhouse" / Bonus Features: / 27. Band Rehearsals / 28. Nick Mason Interview / 29. Guy Pratt Interview / 30. Gary Kemp Interview / 31. Dom Beken Interview / 32. Lee Harris Interview
プロデューサー：Nick Mason's Saucerful Of Secrets, Jim Parsons, Nick Davis
参加ミュージシャン：
Nick Mason (ds) / Guy Pratt (b, vo) / Gary Kemp (g, vo) / Dom Beken (kbd, cho) / Lee Harris (g, cho)

ニック・メイスンのライヴ・プロジェクトは、『神秘』の名を冠したユニット名からもわかるように、初期のピンク・フロイドの楽曲を現代に甦らせるものだ。

このコンセプトを思いついたのはザ・ブロックヘッズのギタリスト、リー・ハリス。ピンク・フロイドのステージでベースを弾いていたガイ・プラットに相談し、メイスンに話がもちかけられた。やがてスパンダー・バレエのゲイリー・ケンプ、リック・ライトやジ・オーブとコラボレイトしたことがあるドム・ビーケンを招集し、リハーサルが開始された。

２００５年の《ライヴ８》以降、本格的な音楽活動から遠ざかっていたメイスンだが、体力的な不安も解消し、すぐに手応えを覚えたようだ。『夜明けの口笛吹き』から『おせっかい』までの楽曲をレパートリーにするという方針が固まり、18年５月20日、キャパシティが５００人のライヴハウスでデビューを飾る。〝会いに行けるアイドル〟ではないが、巨大化したギルモア、ウォーターズのコンサートとは全く異なるスタンスで、フロイドの遺産を継承したのだ。ザ・バンドから派生したザ・ウェイト・バンドのようなものだと思ってもらっていいだろう。

本作は結成から1年後、ツアーの追加公演の模様が記録されている。これまでフロイドやメンバーのライヴ・アルバムに収録されることがなかった楽曲が大半を占めている。そうなれば盛り上がるしかないだろう。理屈抜きに楽しんでください。 **森**

ROGER WATERS
The Lockdown Sessions

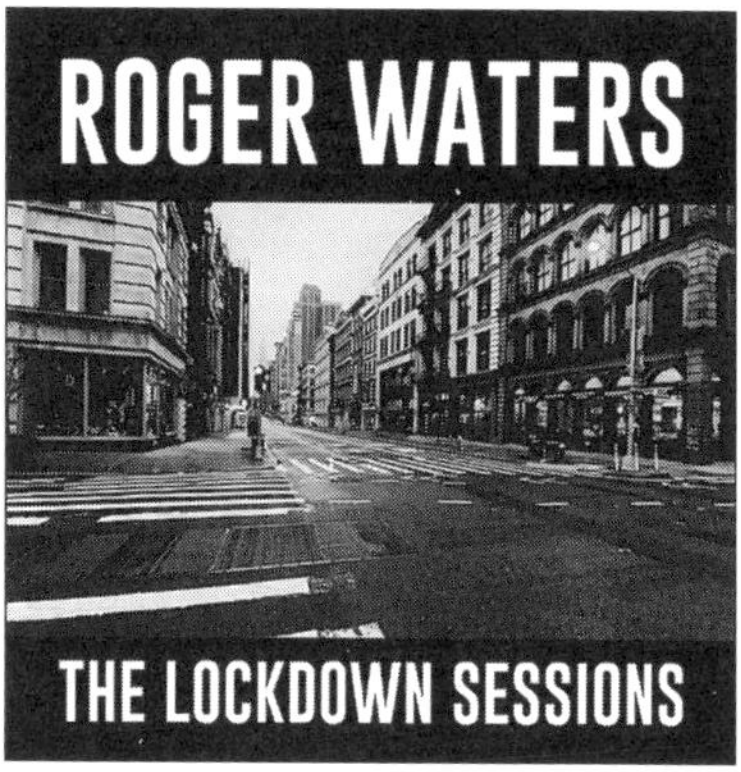

Legacy［digital］
録音：2020年～2021年
発売：2022年12月9日

1. Mother
2. Two Suns In The Sunset
3. Vera
4. The Gunner's Dream
5. The Bravery Of Being Out Of Range
6. Comfortably Numb 2022

プロデューサー：Roger Waters, Gus Seyffert
参加ミュージシャン：
Gus Seyffert (b, syn,cello, cho)
Joey Waronker (ds, per)
Dave Kilminster (g)
Jonathan Wilson (g, kbd, cho)
Jon Carin (kbd, cho)
Lucius (cho)
Bo Koster (organ)
Ian Ritchie (sax)
Shanay Johnson (vo)
Amanda Belair (cho)
Robert Walter (kbd)
Nigel Godrich (strings, cho)

《アス・アンド・ゼム》に続く、《ディス・イズ・ノット・ア・ドリル》ツアーは、2020年7月から10月にかけて行われる予定だった。しかし新型コロナ・ウィルスによるパンデミックのため、2年の延期を余儀なくされた。

そこで、ロジャーは《アス・アンド・ゼム》ツアーの終盤に思いついたアイディアを具体化する。それは、コンサートの終盤やアンコールで演奏される。自身のキャリアにおける重要曲を集めたアルバムをつくる、ということだった。

アコースティック・ギターが多用されているのは、ロジャーの自宅で録音された音源がベースになっているからだろう。ヴォーカルも言葉をひとつひとつ置いていくように丁寧で、深みを増している。共同プロデューサーとしてクレジットされたガス・セイファートが、コンパクトにまとまったアレンジを施したことで、楽曲に新たな衣を纏わせることに成功したと言っていい。

本作をひっさげて、23年3月から始まる《ディス・イズ・ノット・ア・ドリル》のヨーロッパ・ツアーに雪崩込むのかと思いきや、なんと『狂気』の全曲を再録音したというニュースが飛び込んできた。発売50周年が契機になったという。しかも、ピンク・フロイドのほかのメンバーをこき下ろすコメントまでついてきたのだ。

《ディス・イズ～》ツアーを終えると、ロジャーは80歳を迎えるが、まだまだいろんな意味で目が離せそうもない。願わくば音楽の話題だけにして欲しいものだが。 **森**

ソロ関連の映像作品

納富廉邦

メンバーのソロ関連で最初期の映像作品は、おそらく67年にロンドンの映画大学の学生がケンブリッジで撮影した、シド・バレットのセミ・ドキュメンタリー『シド・バレット・ファースト・トリップ』だろう。

ほとんど学生映画の域を出ない、撮影も編集も荒い短編だが、いかにも当時のロンドンで流行していたアートの影響が見られて面白い。歪んだヌーヴェル・ヴァーグのような手持ちカメラの映像の青臭さと、キノコを象徴に使ったゴグマゴグの風景の中でのシドの笑顔は、今となっては、美しくさえ見える。

70年には、ロジャーが、ロイ・バタースビィ監督の映画『ザ・ボディ』の音楽を担当している。いわゆる性科学ドキュメンタリーで、出産シーンなどをそのまま撮影している。妊婦の身体を様々に写し出す映像に、ロジャーのアコースティックなサイケ・フォーク風メロディが不思議と合う。映像の生々しさが、どこか牧歌的なメロディのおかげで、帳消しにされている変なフィルムだ。

次のロジャーのソロ映像は、90年に行われた『ザ・ウォール・ライヴ・イン・ベルリン』。ベルリンの壁が破壊されたあとの空き地に、あえて壊すための壁を作ったセットや、光を多用した演出などを、膨大な数の聴衆の姿と共に捉えるカメラワークが秀逸だ。

やけにパンクなシンディ・ローパーや、きちんとハード・ロックで演奏するスコーピオズ、サックスにアコーディオンと大活躍のガース・ハドソンなど、見どころは多い。

その豪華なゲストに見せ場を作る分、ソロが伸ばされたりして、音楽的には冗長だ。その散漫さが、コンセプトの深刻さを薄めていて、可笑しみに繋がっているのは悪くない。

アルバムとして発表された『イン・ザ・フレッシュ』と同じツアーの、00年6月、ポートランドでの演奏を収めた作品も映像化され

ROGER WATERS
In The Flesh-Live
イン・ザ・フレッシュ・ライヴ
日・ソニー：SIBP93［DVD］
2002年

ROGER WATERS
The Wall - Live In Berlin
ザ・ウォール〜ライヴ・イン・ベルリン
日・ユニバーサル：
UIBY-75122［DVD］2003年

The Body
ザ・ボディ　肉体
Network：5027626394547
［DVD］2013年

ANDREAS SENN
Syd Barrett's First Trip
VEX FILMS：DR2780［DVD］
2001年

ている。

　ドイル・ブラムホール二世の左利きのギターが見た目のアクセントになって、バンドのルックスが締まって見えるのが印象に残る。ただ、選曲も演奏もレコードの方が良い。記録としては悪くないが、カメラ・ワークも含め映像にあまり見るべき点はないと思う。

　07年のアメリカ映画『ザ・ラスト・ミムジー』には、映画音楽の巨匠ハワード・ショアとロジャーが共作した「ハロー（アイ・ラヴ・ユー）」が使われている。

　少年と少女のファースト・コンタクト・ファンタジーに寄り添うロジャーの声と、不安定なアレンジのミス・マッチが効果的だ。

『12－2－12　ザ・コンサート・フォー・サンディ・リリーフ』は12年にアメリカ東海岸で発生した台風「サンディ」の被災地救済のためのコンサートの記録だ。ブルース・スプリングスティーンから、ジョン・ボンジョヴィ、エリック・クラプトンにローリング・ストーンズまで登場する。

　ロジャーは、「アナザー・ブリック・オブ・ザ・ウォール（パート2）」などをメドレーで披露。パール・ジャムのエディ・ヴェダーと「コンフォタブリー・ナム」も歌う。湿度多めのロジャーの声と、乾いた声で軽やかに歌うエディとのハーモニーが新鮮だ。

　見せること、体感させることを主軸にしたライヴ演出のスタイルは、ロジャーやギルモアがシドから受け継いだ、ピンク・フロイドの伝統のようなものなのだろう。そのひとつの頂点が、『ロジャー・ウォーターズ　ザ・ウォール』だ。これが、アルバムだけでなく、映像でも公開されたのはありがたい。

　ステージに投影されるさまざまなフィルムや写真以外にも、ロジャーが自らの過去と、父の死に向き合う旅の映像が差し込まれるなど、映像作品として作り込まれている。

　ソロ最初期からの盟友、エリック・クラプトンのドキュメンタリー『ライフ・イン・12バース』にも、ロジャーが登場している。ギルモアとクラプトンというストラトキャスターを泣かせる二大ギタリストを聴き比べるのに、ロジャーの仕事は最適だと感じる。

Life In 12 Bars
エリック・クラプトン
～12小節の人生～
日・ポニーキャニオン：PCBP11617［DVD］
2019年

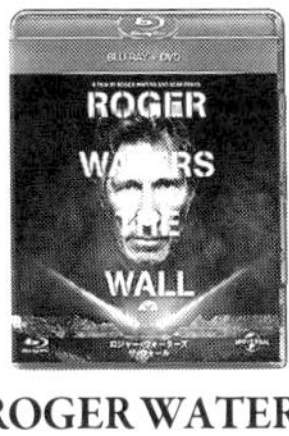

ROGER WATERS
Roger Waters The Wall
ロジャー・ウォーターズ
ザ・ウォール
日・NBCユニバーサル：GNXF-1950［Blu-ray+DVD］2016年

12-12-12 The Concert For Sandy Relief
121212 ニューヨーク、
奇跡のライブ
日・KADOKAWA：DAXA-4817［Blu-ray］2015年

The Last Mimzy
ミムジー～未来からのメッセージ～
日・タキ：THD-19491［DVD］
2007年

『アス・アンド・ゼム』は、19年のイギリスでのライヴを収録した映像。サイケデリックな加工を施した実写シーンと、ステージの背景に映し出される映像が、両者の境界を侵食する。低音を強調して、禍々しくアレンジされた『狂気』や『炎』の収録曲がスクリーンに溶け込んで、ライヴもろとも、ひとつの映画として仕上がっているのは流石の出来だ。

デイヴィッド・ギルモアのソロ最初期の映像として面白いのが、長くVHSでしか発売されていなかったオデオン・ハマースミスでのライヴ映像『ロンドン1984』だ。

照明こそ、サイケの名残りを感じるものの、ミック・ラルフス、クリス・スレイドのおかげか、演奏はガレージ・バンド風で、歯切れが良い。アイボリーのストラトキャスターも80年代っぽいがソロは長い。

86年には、ピート・タウンゼントによるセッション・ライヴ『フェイス・ザ・フェイス～ライヴ・イン・カンヌ1986』で、ガッチリとピートのサポートを務めている。

切れ味が身上のサイモン・フィリップスと、スタインバーガーで硬質なベースを聴かせるチュチョ・メルチャンというリズム・セクションが叩き出すビートは、行き過ぎなほどにタイトで鋭い。そのリズムに乗って踊りまくるピートを支えるように、ギルモアは脇に回って渋いカッティングを聴かせている。

自身のソロ曲「ブルー・ライト」も、このメンバーだと、まるでファンクだ。ピートの異様に切れるテレキャスターでのカッティングとギルモアのソロの掛け合いは、フーでもフロイドでも聴けない独特の味わいがある。

99年のポール・マッカートニー主宰によるライヴ『ライヴ・アット・ザ・キャバーン・クラブ』では、ギルモアは、ポールのベース、ディープ・パープルのイアン・ペイスのドラムスと共にロックンロールを演奏した。

珍しく、テレキャスターを持ったギルモアは「ラン・デヴィル・ラン」でのコーラス、「ロンサム・タウン」でのオールデイズなソロなどで、芸達者なところを見せる。楽しげなイアンの表情などもあって、飽きさせない。

01年のロイヤル・フェスティバル・ホール

ROGER WATERS
Us + Them
日・ソニー：SIXP40［Blu-ray］
2020年

DAVID GILMOUR
London 1984
欧・Immortal：IMM940175
［DVD］
2009年

Face The Face
フェイス・ザ・フェイス
～ライヴ・イン・カンヌ1986
日・ワードレコーズ：
GQBS-90182［DVD＋CD］
2016年

Live At The Cavern Club
ポール・マッカートニー／
ライヴ・アット・キャバーン
日・コロムビア：COBY-70056
［DVD］2001年

でのソロ・コンサートを収録した映像作品が『イン・コンサート』。ロバート・ワイアットのキュレーションによるメルトダウン・フェスティヴァルの中で行われたものだ。

ライヴは、弾き語りの「シャイン・オン・ユー・クレイジー・ダイアモンド」で始まる。コード・ストロークの残響音を使ったエフェクト・プレイが見事な演奏に続いて、シドのソロ曲「テラピン」を弾く。アンプラグドな編成で、泣かせにいくような選曲だが、あまりじめじめしないのは、ギルモアの陽性のキャラクターゆえだろう。

04年にストラトキャスター50周年を記念して、ロンドンのウェンブリー・アリーナで行われたコンサートを収録したのが『ザ・ストラト・パックーライヴ・イン・コンサート』。

ロン・ウッド、フィル・マンザネラ、マイク・ラザフォードなど錚々たるストラトキャスター使いが集まる中、ギルモアは「マルーン」「カミング・バック・トゥ・ライフ」「ソロウ」を披露。アームを多用した演奏が、ストラトキャスターのお祭りを盛り上げる。

最後は、全員参加でフェイシズの「ステイ・ウィズ・ミー」。みんなそれぞれの仕様のストラトキャスターを手にしている中、なぜかブライアン・メイはいつものお手製ギターを弾いていて笑ってしまう。

『ライヴ・アット・ポンペイ』は、あのポンペイの円形劇場に、今度は観客を入れて壮大なライヴを敢行した様子のドキュメンタリー。選曲も演出も、『P.U.L.S.E』の規模を大きくしたような印象で、ギルモアのソロというより、「ピンク・フロイドのデイヴィッド・ギルモア」のライヴになっている。

空撮による俯瞰の映像は圧巻だし、現実の月を構図に取り入れるカメラワークも素晴らしい。ただ、引きの絵の方が、ミュージシャンの姿よりも魅力的なライヴ映像というのはどうなんだろう。ピンク・フロイドのライヴはそういうものだと言われれば、確かにそうなのだけれど。

ギルモア出演の映像作品としては、『スティル・オン・ザ・ラン〜ジェフ・ベック・ストーリー』と、『セレブレイト・ザ・ミュー

DAVID GILMOUR
In Concert
ライヴ・イン・コンサート
日・ワーナー：WPBR-90798
［DVD］2004年

The Strat Pack
Live In Concert
ザ・ストラト・パック-ライヴ・イン・コンサート
日・ワードレコーズ：VQXD-10026［Blu-ray］2012年

DAVID GILMOUR
Live At Pompeii
ライヴ・アット・ポンペイ
日・ソニー：SIXP-33
［Blu-ray］2017年

The Jeff Beck Story：
Still On The Run
Still On The Run〜ジェフ・ベック・ストーリー
日・ヤマハ：YMXA10846
［Blu-ray］2019年

ジック・オブ・ピーター・グリーン・アンド・ジ・アーリー・イヤーズ・オブ・フリートウッド・マック』も押さえておきたい。

前者は、友人として後輩としての出演。大ファンだったジェフが断ったから、自分がピンク・フロイドのギタリストになったという背景は抜きにしても、ストラトキャスターを歌わせたら、世界一位と二位の二人なのだ。

後者では、「アルバトロス」をミック・フリートウッドと演奏している。いつもの「吹けよ風、呼べよ嵐」の演奏時とは別人のようにリラックスした表情でスライド・ギターを弾くギルモアを見ることができる。

06年のロイヤル・アルバート・ホールでのギルモアのソロ・ライヴを収録した『リメンバー・ザット・ナイト』には、リック・ライトも参加。ピンク・フロイド以外での映像が、ほとんどない彼の姿と演奏を見ることができるのも、この作品の魅力だろう。

「シャイン・オン・ユー・クレイジー・ダイアモンド」でデイヴィッド・クロスビーとグラハム・ナッシュがコーラスに入ってくる瞬間が、二人の佇まいの良さもあってゾクゾクする。シド作の「アーノルド・レイン」を歌うデイヴィッド・ボウイのニュー・ウェイヴめいた歌い方にも震える。

ニック・メイスンは、ダムドのドキュメンタリー映画『ダムド〜地獄に堕ちた野郎ども』で、『ミュージック・フォー・プレジャー』のプロデューサーとして印象的に登場する。発売当時は評価が低かったが、今聴けばニックがパワー・ポップとしての展開を見据えていたことが分かる名盤だ。そもそもメンバーは彼のプロデュースに満足していたのだ。

ニックが18年にガイ・プラットらと、サイケデリック時代のピンク・フロイドを演奏するために作ったバンド、ニック・メイスンズ・ソーサーフル・オブ・シークレッツのライヴ『ライヴ・アット・ザ・ラウンドハウス』も映像化されている。

19年のライヴだが、笑ってしまうほど、サイケデリックの時代そのままの演出と照明で驚く。もっとも、観客も年配者中心で楽しそうだし、これもまたロックの役割なのだ。

Celebrate The Music Of Peter Green And The Early Years Of Fleetwood Mac
欧・BMG：5053866933
［LP+CD+Blu-ray］2021年

DAVID GILMOUR
Remember That Night: Live At The Royal Albert Hall
覇響
日・ソニー：SIBP-86 87
［DVD］2007年

The Damned: Don't You Wish That We Were Dead
ダムド〜地獄に堕ちた野郎ども
日・キング：KIXF-445
［Blu-ray］2017年

NICK MASON'S SAUCERFUL OF SECRETS
Live At The Roundhouse
ライヴ・アット・ザ・ラウンドハウス
日・ソニー：SIXP-39
［Blu-ray］2020年

Chapter 7

Compilations

Junichi Yamada

ベスト盤に刻まれた〝歴史〟と未来につながる〝革新性〟

●山田順一

〝ピンク・フロイドはベスト盤を聴いて済むようなバンドではない〟——それが大方のファンの意見だろう。一般的には、ヒット曲が生まれたり、レコード会社を移籍するタイミングでベスト・アルバムを出すことが多いが、フロイドはそうした業界の慣例にとらわれずに、ひたすら〝ピンク・フロイドの道〟を歩んでいった。バンドがシド・バレットという主役を失ってからは、実験的なレコーディング・グループとして生きる術を模索する中で、楽曲が抽象化しながら長尺になり、ロジャー・ウォーターズが掲げるコンセプトに沿ってアルバム自体も重厚長大になっていく。レーベル側も、フロイドはヒット・シングルを狙うようなバンドではなく、幻想的な音空間を支配する音響派として進化していったことをわかっていた。代表曲は数あれど、ある一面を切り取るベストを制作することに二の足を踏んでいたはずである。ましてや、ウォーターズとデイヴィッド・ギルモアが袂を分かってからは、外野は口出しできなかっただろうし、国ごとの配給契約も複雑な状況にあった。ヘタな選曲をすればファンからの反感を買うことは目に見えていたわけで、黙っていてもオリジナル・アルバムが売れ続けていたのだから、余計なことに手を出すべきではないと判断したわけだ。今ならば、サブスクリプションのプレイリストで、尺を気にすることなく、誰もがすぐさまコンピレイションをつくることもできるが、かつてのフロイドを扱うのはそんなに簡単なことではなかったのである。

　しかし、ベスト・アルバムの役割は、シンプルに〝グレイテスト・ヒッツ〟を楽しむこと以外に、アーティストがそれまで辿ってきた道を見つめ直す機会を設けることにもある。このあとのページに登場するフロイドのベスト盤は、さまざまな理由から生まれ、バンドの長いキャリアの中のどこにスポットを当てるか、という点も異なっている。しかし、それぞれのアルバムにはピンク・フロイドの歴史が確実に刻み込まれているのだ。バンドの活動を大きく分ければ、シド・バレットを中心としたサイケデリック時代を第1期、残された四人によるプログレッシヴ・ロック時代を第2期、ウォーターズのプロジェクト・バンドの様相を呈していた第3期、ギルモア主導時代の第4期とすることができるだろう。しかしある時期までは第1期と第2期をまとめたものに限られ、２０００年を過ぎてからようやくオール・タイム・ベストがリリースされている。その間には周年を記念するコンピレイションやボックス・セットも発売されたが、バンドが一貫して拘ってきたのはメンバーのバレットに対する〝思い〟だった。オリジナル・アルバムでも度々意識されていたことだが、どの時代のベストにも必ずバレットの曲を入れるなど、彼を忘れていないことをアピールし続けたのである。だからと言って、我々がバレットを必要以上に神格化するべきではないが、それぞれのメンバーは考え方に違いがあったとしても、バレットに敬意を表わすことについては心を一つにし、決してブレずにいた。今では08年にこの世を去ったリック・ライトへのリスペクトも加わっているに違いない。

　このように、フロイドのベストには常にバレットを振り返るというテーマが込められている一方で、単に十八番を並べただけのありきたりな内容になっていないのが特徴であり、厄介なところでもある。未発表曲や新録を入れるなど、ベスト盤に何らかの特典を加えるケースはよくあるが、フロイドの場合はそれだけに留まらず、既発の楽曲に編集を施して再構築するなど、新たな意味合いを持たせているものが多い。したがってベストの体裁を保ちながら、あたかもニュー・アルバムのように聴かせてしまうのである。もちろん、そこには賛否両論があり、いろいろな解釈があるにせよ、仕掛けを探り、謎を解きながら歴史を俯瞰することで、彼らの音楽への理解が一層深まると同時に、どんな時も〝革新性〟を追求していたフロイドの姿が浮かび上がってくる。そんなバンドの姿勢は近年のリミックス&アップデイト盤のリリースからも感じられるはず。バンドが存在しなくなった今、もう新作は聴けないのかもしれないが、ベスト・アルバムには、先を見据えて未だに歩みを進めるピンク・フロイドが息づいているのである。

PINK FLOYD
Relics
ピンク・フロイドの道

Starline：SRS 5071
発売：1971年５月14日
［A］
1. Arnold Layne
2. Interstellar Overdrive
3. See Emily Play
4. Remember A Day
5. Paintbox
［B］
1. Julia Dream
2. Careful With That Axe, Eugene
3. Cirrus Minor
4. The Nile Song
5. Biding My Time
6. Bike

1995 Reissue CD

EMI：CDEMD1082

『原子心母』が売れたため、早く二の矢を放ちたかったＥＭＩが新作までのつなぎとして廉価版部門のスターライン・レーベルから発売した編集盤。『夜明けの口笛吹き』『神秘』『モア』からの楽曲と、「ユージン、斧に気をつけろ」のスタジオ・テイクを始めとするアルバム未収録シングル５曲、『ウマグマ』のセッションで試されていたロジャー・ウォーターズ作の未発表曲「バイディング・マイ・タイム」などを収録。シングル音源は疑似ステレオで処理されていたが、１９９５年の再発ＣＤでオリジナルのモノ・ミックスに差し変えられている。当然ながらベストとして聴くには物足りないにせよ、シド・バレットが在籍したサイケデリック期から彼が脱けたあと、四人体制として固まるまでの初期のバンドの変遷をざっくりと知る上では便利なアルバムと言えるだろう。なお、バレットが書いた曲で始まり、最後を締めるという構成は、30年後の２００１年にリリースされるベスト盤『エコーズ～啓示』でも踏襲されることになる。

　ジャケットに描かれた〝楽器の建造物〟のイラストは、リージェント・ストリート・ポリテクニック（現ウェストミンスター大学）で建築を学んでいたニック・メイスンによるもの。95年のＣＤでは元ヒプノシスのストーム・トーガソンが実際に模型をつくり、アートワークに使っている。ちなみにアメリカ、カナダなどでのＬＰは、四つ目顔のアンティーク栓抜きをデザインしたジャケットだった。

山田

PINK FLOYD
A Nice Pair
ナイス・ペア

Harvest：SHDW 403
発売：1974年１月18日

The Piper At The Gates Of Dawn

[A]
1. Astronomy Domine
2. Lucifer Sam
3. Matilda Mother
4. Flaming
5. Pow R. Toc. H.
6. Take Up Thy Stethoscope And Walk

[B]
1. Interstellar Overdrive
2. The Gnome
3. Chapter 24
4. Scarecrow
5. Bike

A Saucerful Of Secrets

[C]
1. Let There Be More Light
2. Remember A Day
3. Set The Controls For The Heart Of The Sun
4. Corporal Clegg

[D]
1. A Saucerful Of Secrets
2. See Saw
3. Jugband Blues

『狂気』が世界中で爆発的なヒットを記録したことを受けて、当時、廃盤状態だった『夜明けの口笛吹き』と『神秘』をカップリングして再発した2枚組編集盤。フロイド人気に便乗した商品と言ってしまえばそれまでだが、ヒプノシスによる新たなアートワークが施されたところがミソ。そこには以前、提案されながらも実現しなかったジャケットのデザイン案が含まれるなど、貴重な写真が多数使われている。ただし、初回盤LP表ジャケットの右上に配置されていたハマースミスの歯科医院の写真は、英国のナショナル・ヘルス・サーヴィスが宣伝に使うことを禁止していたため、すぐさま日本の僧がうがいをするショットに差し替えられることになる。同じく中央上、裏ジャケット右下の女性の裸の胸には一部の国で黒塗りやステッカーが貼られるなど検閲が入った。また、80年代の再発では、内ジャケットの写真が入れ替わったヴァリエイションもある。

英国盤に準じた内容になったため、『夜明けの口笛吹き』の収録曲が違った米国では「アストロノミー・ドミネ」「フレイミング」「バイク」が入ったアルバムとしては初登場となった（「シー・エミリー・プレイ」はカット）。音源も同じかと言えばそうではなく、「アストロノミー・ドミネ」は『ウマグマ』でのライヴ・ヴァージョン、「インターステラー・オーヴァー・ドライヴ」はフェイド・アウトが早い編集、「フレイミング」はモノラルの別ヴァージョンになるなど、英米盤で違いがある。 **山田**

2nd Issue

PINK FLOYD
A Collection Of Great Dance Songs
時空の舞踏

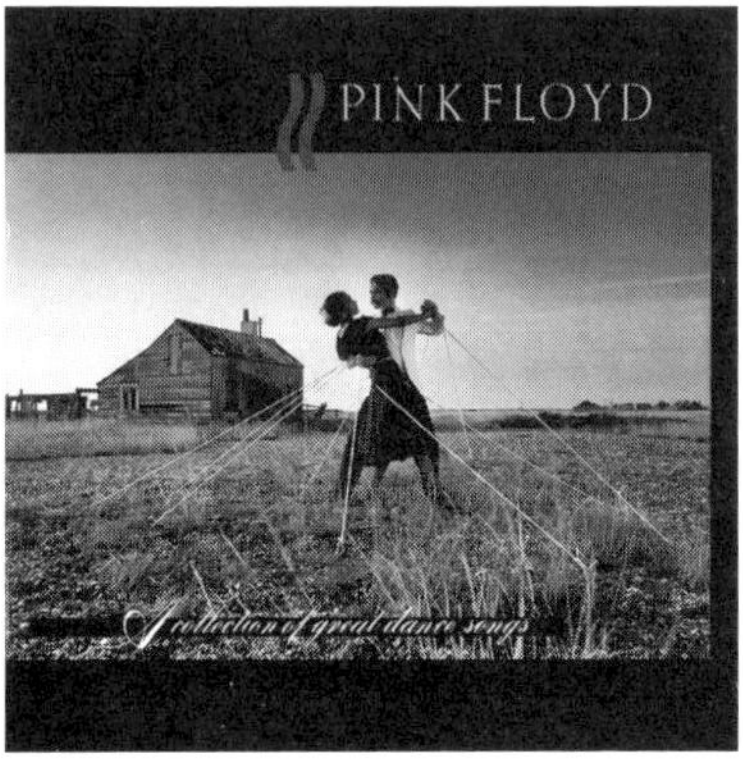

米・Columbia：FC 37680
発売：1981年11月23日
［A］
1. One Of These Days
2. Money
3. Sheep
［B］
1. Shine On You Crazy Diamond
2. Wish You Were Here
3. Another Brick In The Wall (Part 2)

米コロムビア・レコードがクリスマスと年末商戦を見込んで企画した編集盤。選曲はデイヴィッド・ギルモアによるものだが、「マネー」はアメリカで版権を持っていたキャピトルがライセンスを拒否したため、81年に再録音したヴァージョンで収録された。その際、オリジナルから効果音などを流用した以外は、ギルモアが一人でギター、ベース、ドラム、キーボードを演奏し直している。また、長尺の組曲だった「クレイジー・ダイアモンド」は約半分の長さに再編集したものが収められ、「アナザー・ブリック・イン・ザ・ウォール（パート2）」はシングルのイントロを加えた新ヴァージョンが採用された。そのうち『マネー』と「アナザー〜」には共同プロデューサー／ミキサーとしてジェイムズ・ガスリーがクレジットされている。選曲自体はオーソドックスだが、無視できない作品だ。

アルバム・タイトルはニック・メイスンが発した「アメリカのレコード会社は俺たちのことをダンス・バンドだと思っている」というジョークに基づいたもの。それを受けて当時、ストーム・トーガソン、ピーター・クリストファーソン、オーブリー・パウエルの共同名義であるTCPとして仕事を受けていたトーガソンが〝ダンスをしているようでしていない〟というコンセプトでジャケットをデザインしている。なお、この図案は同時期にトーガソンが担当していた松任谷由実の『昨晩お会いしましょう』のジャケットの最終候補に残っていたものだった。

山田

PINK FLOYD
Shine On
シャイン・オン

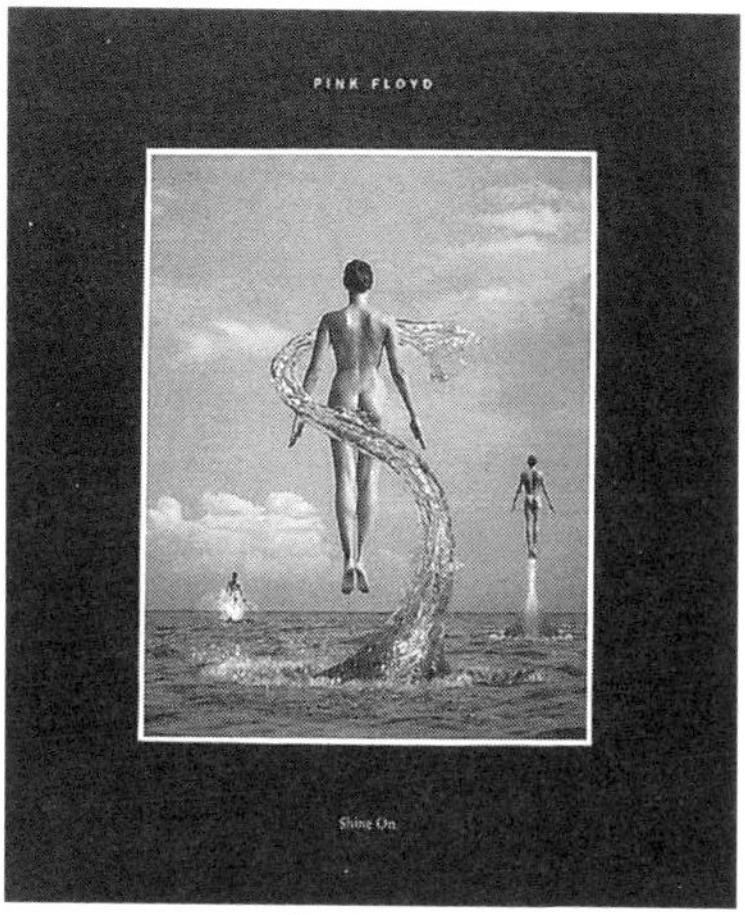

EMI：CDS 7 80557 2［CD］
発売：1992年11月9日
［1］A Saucerful Of Secrets
［2］Meddle
［3］The Dark Side Of The Moon
［4］Wish You Were Here
［5］Animals
［6］The Wall, Part One
［7］The Wall, Part Two
［8］A Momentary Lapse Of Reason
［9］The Early Singles
1. Arnold Layne
2. Candy And A Currant Bun
3. See Emily Play
4. Scarecrow
5. Apples And Oranges
6. Paint Box
7. It Would Be So Nice
8. Julia Dream
9. Point Me At The Sky
10. Careful With That Axe Eugene

7作のオリジナル作と、初期5枚のシングルAB面をオリジナルのモノ・ミックスで収録したボーナス・ディスクからなる全9枚のCD、ヒストリーや未発表写真、レコーディング・データ、デイヴィッド・ギルモアのインタヴューを掲載したハード・カヴァーのブックレット、ポストカードなどをまとめたデビュー25周年記念ボックス・セット。各アルバムは外箱と同じく黒のイメージで統一したジュエル・ケースに収められ（背には『狂気』のプリズムのイメージが分割して描かれている）、シングル集はデジパックという仕様。この時点での〝ベスト〟な作品を紹介するという企画意図のため、サウンドトラックの『モア』と『雲の影』、変則的作品集の『ウマグマ』、実験的な『原子心母』、実質ロジャー・ウォーターズのソロである『ファイナル・カット』はオミットされている。また『夜明けの口笛吹き』は、スペシャル・エディションの計画があったことから外された。タイトルは「クレイジー・ダイアモンド」の歌詞の一節より。当初は膨張宇宙論をもじった『ザ・ビッグ・ボン・セラピー』という案もあった。豪華な仕様、初期シングルのCD化ももちろんだが、最大の売りはダグ・サックスとジェイムズ・ガスリーによるデジタル・リマスタリングだった。このあとのマスタリングは段階的に進み、すべてのオリジナル作が一括でリマスタリングされるのは11年のことなので、結構な期間、このマスターがスタンダードとして使われたのである。

山田

ピンク・フロイドの音に新たな生命を吹き込むジェイムズ・ガスリー

●山田順一

ピンク・フロイドのプライマリー・エンジニア／プロデューサーのジェイムズ・ガスリーは1953年生まれ。フロイドのメンバーより一回り下の世代ということになる。73年、ロンドンのメイフェア・スタジオでテープ・オペレーターの研修生として雇われたガスリーは、ほどなくしてアシスタント・エンジニアに昇格し、グラム・ロック・シンガー、アルヴィン・スターダストの『ジ・アンタッチャブル』で初めてクレジットされている。その後は職場をユートピア・スタジオに移し、ベイ・シティ・ローラーズ、元パイロットのウィリアム・ライオール、ジョン・マイルス、ヒートウェイヴ、ムーヴィーズ、デッド・エンズ・キッズ、ジューダス・プリーストらの作品でエンジニアやプロデュースを務めるようになっていた。

あるとき、ピンク・フロイドのマネージャーを務めていたスティーヴ・オルークから声がかかる。彼からの相談は二つあり、一つはトム・ロビンソンのシングルのプロデュース。そして、もう一つはのちに『ザ・ウォール』となるフロイドのアルバム制作に参加して欲しいというものだった。この起用の裏には、以前からガスリーの仕事をチェックしていたロジャー・ウォーターズからの強い希望があったという。レコーディング中にウォーターズ以外のメンバーからも認められたガスリーは『ザ・ウォール』で共同プロデューサー／エンジニアのクレジットを与えられ、ツアーのサウンド・ミキサー、映画『ザ・ウォール』のサウンド・コーディネーターも任されることになった。

『ザ・ウォール』の仕事は最終的にグラミー賞のベスト・

エンジニア・レコード賞の栄誉に輝き、フロイドとの濃密な関係が約束された。それからはフロイド・ワークスに必ず関わるようになり、いつしか〝ピンク・フロイドのもう1人のメンバー〟と呼ばれるようになった。また、バンドだけなく各メンバーのソロでも辣腕を奮い、その関係はフロイド分裂後も変わることなく続けられている。

92年のボックス・セット『シャイン・オン』のリマスタリングを担当してからは、新たなプロダクツのほかにバック・カタログのリマスターも手がけるようになり、リマスタリング・スーパーヴァイザーとして多くのリイシューに携わっている。このころからガスリーはフロイドの音盤制作の最終責任者として認知されるようになった。つまり、彼がＯＫを出した音だけが、製品としてリリースを許されるのである。それでも彼はあくまでも裏方として知られていたわけだが、名匠として広くその名を轟かせることになったのは21世紀に入ってからの仕事ぶりだろう。

２００１年、共同プロデュースとマスタリングを手がけたフロイド初のオールタイム・ベスト『エコーズ』がリリースされる。03年には『狂気』のＳＡＣＤ30周年盤が続き、04年に『ファイナル・カット』と『ザ・ウォール・ライヴ：アールズ・コート１９８０－１９８１』、翌05年に『鬱』をリマスター。07年には『夜明けの口笛吹き』の40周年エディションをまとめた。そして、11年に14枚のオリジナル・アルバムを一挙にリマスタリングし、その音源をベースにしたボックスの『ディスカヴァリー』とベスト『百花繚乱』、『狂気』35周年ＳＡＣＤ、『狂気』『炎』『ザ・ウォール』のコレクターズ・ボックスも発表された。

その間にはウォーターズやデイヴィッド・ギルモアのソロ・アルバムにも参加。05年7月2日に開催された『ライヴ8』ではウォーターズも含めた再結成フロイドのステージにクルーとして加わって、テレビ放送用のミックスをアシストしている。その後も14年に出された『対』の20周年ボックスに参加。16年にはオリジナル・アルバムをアナログ用にリマスター。22年には『アニマルズ（２０１８リミックス）』がようやくリリースとなり、23年は『狂気』50周年記念盤が発売されたばかりだ。

その功績から〝ピンク・フロイドの音を司る〟と言われるまでになったガスリーは、自宅スタジオのダス・ブート・レコーディングを拠点にしながら、ユートピア・スタジオの後輩だったアンディ・ジャクソンやアシスタントのジョエル・プラントらとともに、今もフロイドの音と向き合っているのである。

PINK FLOYD
Echoes：The Best Of Pink Floyd
エコーズ～啓示

EMI：7243 5 36111 2 5［CD］
発売：2001年11月5日

［1］
1. Astronomy Domine
2. See Emily Play
3. The Happiest Days Of Our Lives
4. Another Brick In The Wall (Part 2)
5. Echoes
6. Hey You
7. Marooned
8. The Great Gig In The Sky
9. Set The Controls For The Heart Of The Sun
10. Money
11. Keep Talking
12. Sheep
13. Sorrow

［2］
1. Shine On You Crazy Diamond (Parts 1-7)
2. Time
3. The Fletcher Memorial Home
4. Comfortably Numb
5. When The Tigers Broke Free
6. One Of These Days
7. Us And Them
8. Learning To Fly
9. Arnold Layne
10. Wish You Were Here
11. Jugband Blues
12. High Hopes
13. Bike

デビュー作から当時の最新作だった『対』までのほぼすべてのアルバムから選曲された2枚組オールタイム・ベスト。4人のメンバーが選曲に関わっていることもあり、初の公式ベスト・アルバムと言っていいはずだ。シングルB面として発売され、アルバム初収録となった「ホエン・ザ・タイガー・ブローク・フリー」を含む全26トラックは、ジェイムズ・ガスリーによって新たにリマスタリング／編集が施されていて、曲間がシームレスでつながれただけでなく、一部楽曲は大胆と思えるほどにエディットされている。入門編にもなりうる一方で、マニアックな楽しみ方もできるように構成されているというわけだ。バンドからすれば、単なるベストではなく、トータルな作品として楽しんでもらいたいということなのだろう。ロジャー・ウォーターズが不満を漏らしたように、時系列に沿って曲が並んでいるわけではないから、ストレートに歴史を辿るにはいささかの違和感があるものの、ここでまた新たなストーリーを提示しているのがフロイドらしい。

むしろ、いい意味で回顧的なのはストーム・トーガソンが手がけたジャケット・デザインで、『ウマグマ』の窓の構図をキー・ヴィジュアルに使いながら『炎』の燃えている男、『光～パーフェクト・ライヴ！』の電球男、『原子心母』の牛や『アニマルズ』の豚、『ザ・ウォール』のレンガとハンマーが登場するなど、フロイドと過去のアルバム・ジャケットに愛情たっぷりのオマージュを展開している。

山田

PINK FLOYD
Discovery
オリジナル・スタジオ・アルバム・コレクターズ・ボックス

EMI：50999 0 8261 3 2 8
発売：2011年 9 月26日
［1］The Piper At The Gates Of Dawn
［2］A Saucerful Of Secrets
［3］Soundtrack From The Film "More"
［4］Ummagumma
［5］Ummagumma
［6］Atom Heart Mother
［7］Meddle
［8］Obscured By Clouds
［9］The Dark Side Of The Moon
［10］Wish You Were Here
［11］Animals
［12］The Wall
［13］The Wall
［14］The Final Cut
［15］A Momentary Lapse Of Reason
［16］The Division Bell

Oh By The Way
ピンク・フロイド・スタジオ・ワークス

EMI：511 2672［CD］
発売：2007年12月10日

11年5月、英EMIと新たに5年間のバック・カタログ・リイシューの契約が交わされたことを機に〝ホワイ・ピンク・フロイド…？〟と題した3回に亘る世界規模のリリース・キャンペーンがスタートし、そのフェーズ1として『狂気』の新装拡張版とともに発売されたのがCD16枚組の『14アルバム・ボックス』だ。バラバラだった各アルバムのマスターがこのタイミングで一挙にリマスタリングされた。新規のマスタリングを手がけたのはジェイムズ・ガスリーとジョエル・プラント。近年の〝フロイドの音〟は基本的にこのマスターが基準となっている。それぞれのディスクは英EMI独自のデジ・スリーヴ仕様。ブックレットを含めたアートワークはストーム・トーガソンが担当した。13年にこの世を去ったトーガソンにとっては〝ホワイ・ピンク・フロイド…？〟の一連のプロダクツがフロイドとの最後の仕事になった。

少し前のデビュー40周年にあたる07年に発売されていたのが、同趣向、同形態の『スタジオ・ワークス』である。こちらは『ウマグマ』の窓のコンセプトに基づいたデザイン（部屋の奥に立っている人影はシド・バレットを示唆している）の箱に収められていて、各アルバムの音源は、92年から07年までのマスターが混在している。ここは聴き手によって好みがわかれるところ。『ザ・ウォール』までの12枚のジャケットのアートワークは、01年に発売された日本のA式紙ジャケCDのデータをトーガソンが手直ししたものだ。

山田

[DVD7/Blu-ray6]
Recording Obscured By Clouds, Château D'Hérouville, France, 23-29 February 1972
Roland Petit Pink Floyd Ballet, France, News Reports 1972-73
Poitiers - Autour Du Passage Des Pink Floyd
[CD11] 1967 - 1972 Continu/ation
・BBC Radio Session, 25 September 1967
・BBC Radio Session, 20 December 1967
・BBC Radio Session, 2 December 1968
・Other Recordings
・Live On 1969 BBC TV Moon Landings Broadcast
・Live At Wembley 1974
[DVD8/Blu-ray7]
・Hampstead Heath And St. Michael's Church, Highgate, London, UK, March 1967
・Bath Festival Of Blues & Progressive Music', Shepton Mallet, UK, 27 June 1970
[DVD9/Blu-ray8]
・More (feature film)
・La Vallée (feature film)
[EP1] Arnold Layne
[EP2] See Emily Play
[EP3] Apples And Oranges
[EP4] It Would Be So Nice
[EP5] Point Me At The Sky

The Early Years 1967-1972: Cre/ation
アーリー・イヤーズ・クリエイション 1967〜1972

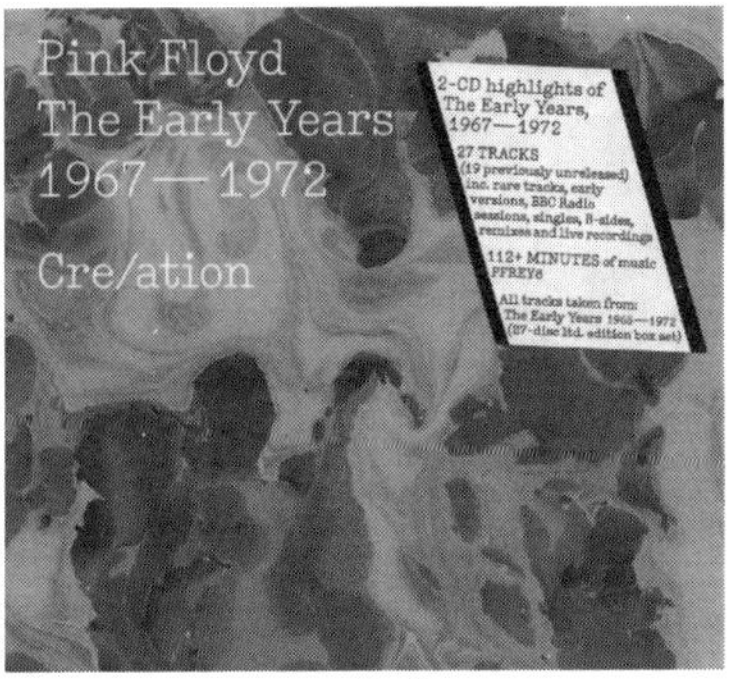

Columbia/Pink Floyd：PFREY8 [CD]
発売：2016年11月11日
[1]
1. Arnold Layne
2. See Emily Play
3. Matilda Mother (2010 Mix)
4. Jugband Blues (2010 Mix)
5. Paintbox
6. Flaming (BBC Session 1967)
7. In The Beech Woods (2010 Mix)
8. Point Me At The Sky
9. Careful With That Axe, Eugene (Single Version)
10. Embryo
11. Ummagumma Radio Ad
12. Grantchester Meadows (BBC Session 1969)
13. Cymbaline (BBC Session 1969)
14. Interstellar Overdrive (Live At The Paradiso 1969)
15. Green Is The Colour (BBC Session 1969) /
16. Careful With That Axe, Eugene (BBC Session 1969)
[2]
1. On The Highway (Zabriskie Point Remix)
2. Auto Scene Version 2 (Zabriskie Point Remix)
3. The Riot Scene (Zabriskie Point Remix)
4. Looking At Map (Zabriskie Point Remix)
5. Take Off (Zabriskie Point Remix)
6. Embryo (Alternative Version) (BBC Session 1970)
7. Atom Heart Mother (Band Version) (Live In Montreux 1970)
8. Nothing Part 14
9. Childhood's End (2016 Remix)
10. Free Four (2016 Remix)
11. Stay (2016 Remix)

PINK FLOYD
The Early Years 1965-1972

Columbia/Pink Floyd：PFREYB1 [CD]
発売：2016年11月11日
[CD1] 1965-67：Cambridge St/ation
・Studio Session With The Tea Set, 1965
・1966-1967
[CD2] 1965-67：Cambridge St/ation
・Live in Stockholm, 1967
・John Latham Studio Recordings, 1967
[DVD/Blu-ray1]
・Various historical film material and TV performances
[CD3] 1968：Germin/ation
・Singles
・Session In Capitol Studios. Los Angeles, 22 August 1968
・BBC Radio Session, 25 June 1968
・BBC Radio Session, 2 December 1968
[DVD/Blu-ray2]
・'Tienerklanken', Brussels, Belgium, 18-19 February 1968
・'Vibrato' Brussels, Belgium, February 1968
・'Bouton Rouge', Paris, France, 20 February 1968
・1968 TV Appearances
・'A L'Affiche du Monde', London, UK, 1968
・1968 TV Appearances
[CD4] 1969：Dramatis/ation
・'More' Album Non-Album Tracks
・BBC Radio Session, 12 May 1969
・Live At The Paradiso, Amsterdam, 9 August 1969
[CD5] 1969：Dramatis/ation
・Part 1: 'The Man', Amsterdam, 17 September 1969・Part 1：'The Man'
・Part 2: 'The Journey', Amsterdam, 17 September 1969
[DVD/Blu-ray3]
・'Forum Musiques', Paris, France, 22 January 1969
・'The Man' And 'The Journey', Royal Festival Hall, London, Rehearsal, April 14, 1969
・Essener Pop And Blues Festival, Essen, Germany, October 11 1969
・Music Power And European Music Revolution, Festival Actuel, Amougies Mont de L'Enclus, Belgium, 25 October 1969
[CD6] 1970：Devi/ation
・BBC Radio Session, 16 July 1970:
[CD7] 1970：Devi/ation
・Previously unreleased tracks from the Zabriskie Point soundtrack recordings
・Early Studio Version
[DVD4, 5/Blu-ray4]
・An Hour With Pink Floyd: KQED, San Francisco, USA, 30 April 1970
・Atom Heart Mother Album Original 4.0 Quad Mix 1970
・Pop Deux - Festival de St. Tropez', France, 8 August 1970: Part 1
・Pop Deux - Festival de St. Tropez', France, 8 August 1970: Part 2
・Pop Deux - Festival de St. Tropez', France, 8 August 1970: Part 2
・Blackhill's Garden Party, Hyde Park, London, UK, 18 July 1970
[CD8] 1971：Reverber/ation
・BBC Radio Session, 30 September 1971
[DVD6/Blu-ray5]
・'Aspekte' Feature: Germany 1971
・'Cinq Grands Sur La Deux' Abbaye de Royaumont, Asnierès-sur-Oise, France, 15 June 1971
・'Musikforum Ossiachersee', Ossiach, Austria, 1 July 1971
・'Get To Know', Randwick Race Course, Sydney, Australia, 15 August 1971
・'24 Hours - Bootleg Records', London, UK, 1971
・Review', London, UK, 1971
・'Musikforum Ossiachersee', Ossiach, Austria, 1 July 1971
・'71 Hakone Aphrodite 15.11 Open Air Festival, Hakone, Japan, 6-7 August 1971
[CD9] 1972：Obfusc/ation
・Obscured By Clouds (2016 Remix)
[CD10]
・Live In Pompeii (Stereo 2016 Mix)

フロイドはデビューから『狂気』までEMIに所属。『炎』以降は欧州がEMI、その他の地域はソニーが配給を担当するようになったが、段階的にソニーのカタログがEMIに移行する契約があったため、11年にはユニバーサルミュージック傘下となっていたEMIに『対』までのアルバムが集約された。13年にはEMI（パーロフォン）がワーナーミュージックへと売却されたことから、今度はワーナーへ。その後、フロイドが全原盤権を掌握することになり、16年にピンク・フロイド・レコーズを立ち上げ、欧州はワーナー、それ以外はソニーにディストリビューションを委ねるかたちになっている。余談ながら、バンドは現在、バック・カタログの権利の売却を模索していると噂されている。

　こうした経緯を経て、ピンク・フロイド・レコーズの第1弾作品としてリリースされたのが『アーリー・イヤーズ1965－1972』である。コンテンツは7つの章に分かれていて、アルバム未収録シングルやこれまで未発表だった「ヴェジタブル・マン」などのスタジオ・テイクとライヴ音源、71年の箱根アフロディーテ、74年のウェンブリーにおける『狂気』再現コンサートを始めとする貴重なマテリアルが28枚のCD、DVD、ブルーレイに収められ、初期5枚のシングルは7インチ・レコードとして復刻された。ブートレグなどをチェックしていたコアなマニアにとっては、すでにお馴染みのものも多いとは言え、質量、価格も含めてまさに驚愕のボックス・セットとなった。昔からアーカイヴの公開を切望されていたフロイドが、ようやく自分たちですべてをコントロールできるようになったので発売に踏み切ったのだろうが（当然、著作件保護期間の問題も絡んでいる）、これほどまでの大盤振る舞いになるとは誰も予想できなかったはず。近年のリイシュー市場では、箱物の発売が常套手段になっていたにせよ、これだけのヴォリュームのセットを一般流通商品として成立させてしまうのは、フロイドだからこそと言えるかもしれない。正直、ボックスのすべてを楽しむにはかなりの覚悟が必要だが、現時点で1章から6章までのコンテンツはそれぞれ個別のタイトルとしても発売されているので、興味のあるところから手をつけていくのもありだと思う。

　それでもハードルが高い、というファンに向けて、ボックスから27曲をセレクトし、そのうち19曲が未発表音源という2枚組ハイライト『アーリー・イヤーズ・クリエイション』が出ている。映像は含まれていないが、BBCセッションや映画『砂丘』のサウンドトラック用音源のアップデイト版、『エコーズ』セッションの模様やリミックスなどがコンパクトにまとめられているので、スターターにぴったりだ。**山田**

[DVD3]
・Venice Concert 1989 / Knebworth Concert 1990
・Live In Venice 15th July 1989
[DVD4]
・Live At Knebworth 30th June 1990
・Unreleased Live Films, Music Videos & Concert Screen Films
・Bonus Live Tracks From Delicate Sound Of Thunder
・Pulse Tour Rehearsal 1994
・Concert Screen Films 1987
・Concert Screen Films 1987
・The Rock & Roll Hall Of Fame 1996
[DVD5]
・Documentaries & Unreleased Material
・The Endless River Film By Ian Emes
[EP1] Arnold Layne (Live At Syd Barrett Tribute 2007)
[EP2] Lost For Words (Pulse Tour Rehearsal Edit)

The Later Years 1987-2019
ザ・レイター・イヤーズ・ハイライト

Pink Floyd：PFRLY19
発売：2019年11月29日[CD]

Live At Knebworth 1990
ライヴ・アット・ネブワース

Pink Floyd：PFR34[CD]
発売：2021年 4 月30日

PINK FLOYD
The Later Years 1987-2019

Pink Floyd：PFRLY01[CD]
発売：2019年12月24日
[CD1] A Momentary Lapse Of Reason (Remixed & Updated)
[CD2] Delicate Sound Of Thunder (Remixed)
[CD3] Delicate Sound Of Thunder (Remixed)
[CD4] Live Recordings, 1987 & 1994 / Unreleased Studio Recordings
[CD5] Knebworth Concert 1990
[Blu-ray1] Surround & Hi-Res Audio Mixes
・A Momentary Lapse Of Reason Updated & Remixed 2019 First Release Of 2019 Mixes In 5.1
・The Division Bell 2014 Remix
・Unreleased Material
[Blu-ray2]
・Delicate Sound Of Thunder (Restored & Remixed)
[Blu-ray3]
・Pulse (Restored & Re-Edited)
・Filmed Live On 20 October 1994 At Earls Court, London, Uk
[Blu-ray4]
・Venice Concert 1989 / Knebworth Concert 1990
・Live In Venice 15 July 1989
・Live At Knebworth 30 June 1990
[Blu-ray5]
・Unreleased Live Films, Music Videos & Concert Screen Films
・Bonus Live Tracks From Delicate Sound Of Thunder
・Pulse Tour Rehearsal 1994
・Concert Screen Films 1987
・The Rock & Roll Hall Of Fame 1996
[Blu-ray6]
・The Endless River Film By Ian Emes
[DVD1]
・Delicate Sound Of Thunder (Restored & Remixed)
[DVD2]
・Pulse (Restored & Re-Edited)
・Filmed Live On 20 October 1994 At Earls Court, London, UK

『アーリー・イヤーズ1965－1972』の続編にして、CD5枚、ブルーレイ6枚、DVD7枚に加えて、アナログ・シングル2枚、ハード・カヴァーのブックレットとフォト・ブック、ツアー・グッズのレプリカなどを封入した全16枚組のボックス・セットが『レイター・イヤーズ1987－2019』だ。85年のロジャー・ウォーターズ脱退以降、デイヴィッド・ギルモア主導の3人体制になってからの活動がまとめられている。

『アーリー・イヤーズ』がどちらかと言えば〝蔵出し〟に重点を置いていたのに対し、本作では各アルバムのリミックス／アップデイトと、ライヴ・アルバムおよび映像のレストアに力が注がれた。もともと『レイター・イヤーズ』の対象期間中のスタジオ作は『鬱』『対』『永遠』の3枚しかなく、アウトテイクなどの残されたマテリアルが少ないという事情もあるだろう。

また、作品に込められたメッセージやコンセプト云々というよりも、ギルモアのギターを中心としたサウンドの素晴らしさと壮大なステージングが高く評価されていた時代の集大成であり、その後、眠りにつくまでの道筋を総括するという観点からすれば適切な編集方針だと思う。そう考えると、おまけについたツアー関連資料も単なるメモラビリアではないことが理解できるのである。

デイヴィッド・ギルモアとアンディ・ジャクソンが手がけた新たなリミックスはオリジナルを軽視することなく、新録部分も含めて丁寧な作業が施されているので、むしろ作品に新たな可能性を見出していると言うべきではないだろうか。

また、史上最高のスペクタクル・ショウと謳われたライヴの音と映像も、発表時よりクリアでパワフルになり、公式初登場となった89年のベネチア公演や90年のシルヴァー・クレフ・アワード受賞者コンサート、フロイドとして最後のパフォーマンスを披露した07年のシド・バレット・トリビュートの模様など、レアでメモリアルな記録も充分に満喫することができる。『アーリー・イヤーズ』し同様に主要なディスクは分売もされているが、トータルなボックスとしての価値が損なわれるものではない。

また、こちらもボックスから12曲を抜粋した『ザ・レイター・イヤーズ・ハイライト』が編まれている。さらに、21年には『ライヴ・アット・ネブワース』も単体でリリースされた。「ザ・グレート・ギグ・イン・ザ・スカイ」はレコーディングに参加していたクレア・トリーをフィーチャー、ほかにもキャンディ・ダルファー（sax）、マイケル・ケイメン（kbd）をゲストに迎えた特別編成だ。

山田

EPからボックスまで ～その他のコンピレイション

山田順一

『ベスト・オブ・ピンク・フロイド』はオランダで発売された初期のベスト盤。デビュー・シングルから4枚目の「イット・ウッド・ビー・ソー・ナイス／ジュリア・ドリーム」までのAB面8曲に『夜明けの口笛吹き』から「マチルダ・マザー」と「チャプター24」を加え、ポップ・チャート期のフロイドをひとまとめにしている。シングル音源を一括で聴くには『シャイン・オン』のボーナス・ディスクとしてコンパイルされるまで待たなければならなかったので重宝された。それもあって『狂気』が売れた73年には、『マスターズ・オブ・ロック』とタイトルを変えてヨーロッパ全域で再発されている。なお、「アップルズ・アンド・オレンジズ」と「ペイント・ボックス」はステレオ、「ジュリアズ・ドリーム」は疑似ステレオでの収録。

次はちょっと反則なのだが、日本の東芝音楽工業がつくったプロモーション盤の『ピンク・フロイド』をあげておく。レア音源はないものの、『神秘』『モア』『ウマグマ』『原子心母』『ピンク・フロイドの道』からの選曲のバランスがよく、牛のジャケットもそそるのか、世界的なコレクターズ・アイテムになっている。

『ファースト11』はデビュー作から『アニマルズ』までをまとめた1000セット限定のアナログ・ボックス。『狂気』と『炎』がピクチャー・ディスクというのがポイント。

『ワークス』は『狂気』以降のアメリカでの人気に当て込んで、米キャピトルが編纂した編集盤。内容は『狂気』までの初期6年を振り返ったものだが、ハーヴェストのサンプラー『ピクニック』に収録されていた「エンブリオ」が、しれっと収められたことで反響を呼んだ。今では『アーリー・イヤーズ』のボックス、ハイライト盤などでも聴けるが、この1曲のためだけにアルバムを購入したファ

PINK FLOYD
The Best Of Pink Floyd
蘭・Columbia：5C 054-04299
1970年

THE PINK FLOYD
ピンク・フロイド
日・Odeon：PRP-32 (Promo)
1971年

PINK FLOYD
The First XI
Harvest：PF 11
1979年

PINK FLOYD
Works
ワークス～ピンク・フロイドの遺産
米・Capitol：ST-12276
1983年

ンも多かった。価値はそれだけかというと、「吹けよ風、呼べよ嵐」と「ブレイン・ダメージ」は別ミックスであり、いくつかの細かい編集もあるので軽視できないタイトルだったりする。

97年にはデビュー30周年を記念して、限定6曲入りの『1967：ザ・ファースト3シングルス』と『夜明けの口笛吹き』『ザ・ウォール』『原子心母』『ピンク・フロイドの道』『狂気』『炎』『アニマルズ』の8作をまとめたアナログ・ボックス『97ヴァイナル・コレクション』が限定発売された。この年には、ほかにも『夜明けの口笛吹き』30周年モノ・エディションや『ピンク・フロイドの道』新装ジャケット・アナログなど、さまざまな企画の再発が実施されている。ただし、アナログ盤はストーム・トーガソンがデザインしたこと以外に特筆する点はなく、初期シングルはすでに『シャイン・オン』の中でまとめられ、07年の『夜明けの口笛吹き』40周年盤にも収められたので、音源としての役割は終えていたわけだが、30周年とシド・バレットへの思いが込められたタイトルとしてチョイスしておく。

メンバー公認の『百花繚乱』は11〜12年のリマスタリング・キャンペーンの一環で出されたもの。『狂気』『炎』『ザ・ウォール』の曲を中心に1枚のベスト盤として編集されているため偏りはあるが、大宇宙への入り口として考えれば納得もいく。原題はセールスマンが客の家の扉に足を差し入れて、きっかけを掴むさまを表現した言葉なので、まさにドア・オープナーの意味を込めたのだろう。曲間がつながり、細かい編集がなされているのは『エコーズ』と同じ。なお『閃光』という邦題がつけられ、代表曲が時系列順に並べられた異なる選曲の配信版も出ているので気になる方はチェックしていただきたい。

最後の『1965ゼア・ファースト・レコーディングス』はティー・セットと呼ばれていた時代に録音した音源をまとめた1000セット限定、2枚組のEP。全曲『アーリー・イヤーズ』ボックスで聴けるが、できればEPで持っておきたい。

PINK FLOYD
1967 The First 3 Singles (1967 Singles Sampler)
EMI：CDEMD 1117［CD］
1997年

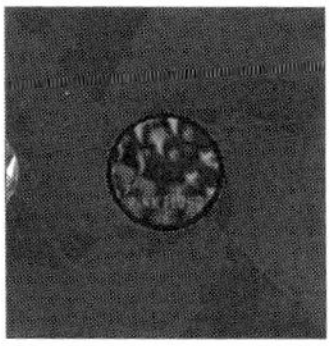

PINK FLOYD
97 Vinyl Collection
EMI：SIGMA630
1997年

PINK FLOYD
The Best Of Pink Floyd - A Foot In The Door
百花繚乱 〜ベスト・オブ・ピンク・フロイド〜
EMI：50999 028966 2 5［CD］
［CD］2011年

PINK FLOYD
1965 Their First Recordings
Parlophone：0825646018611
［EP］
2015年

ROGER WATERS
Flickering Flame：The Solo Years Volume 1
ロジャー・ウォーターズ・ベスト〜flickering flame

Columbia：507906 2［CD］
発売：2002年4月26日
1. Knockin' On Heaven's Door
2. Too Much Rope
3. The Tide Is Turning
4. Perfect Sense Part I & II
5. Three Wishes
6. 5.06am (Every Stranger's Eyes)
7. Who Needs Information
8. Each Small Candle
9. Flickering Flame (New Demo)
10. Towers Of Faith
11. Radio Waves
12. Lost Boys Calling (Original Demo)

『ザ・プロス・アンド・コンス・オブ・ヒッチ・ハイキング』から『イン・ザ・フレッシュ』までのアルバムとサウンドトラック用の音源から選曲し、新曲の「フリッカーリング・フレイム」を加えたソロ・ベスト。《イン・ザ・フレッシュ・ワールド・ツアー02》の開催国でのみ、02年いっぱいの限定で販売された。

ボブ・ディランのカヴァー「天国への扉」は98年のイスラエル映画『ザ・ダイバック・オブ・ザ・ホリー・アップル・フィールド』に使われていたもので初製品化。「フリッカー〜」は96年のツアーで披露されていた曲で、ギターはドイル・ブラムホール2世が弾いている。『風に吹かれて』のサントラに収録されていた「タワーズ・オブ・フェイス」も貴重だし、同じくサントラの『ラ・レエジェンダ・デル・ピアニスタ・スロオセアノ(海の上のピアニスト)』に収められていた「ロスト・ボーイズ・コーリング」は未発表だったオリジナル・デモが初登場となった。ファンならば押さえておきたい。　**山田**

NICK MASON
Unattended Luggage

Parlophone：0190295660147［CD］
発売：2018年8月31日
［1］Fictitious Sports
［2］Profiles
［3］White Of The Eye w. Rick Fenn

ソロ名義の『空想感覚』と『プロファイルス』、『ホワイト・オブ・ジ・アイ』という元10ｃｃのリック・フィンとの2枚のコラボレイション作をまとめたボックス・セット。

87年の同名映画のサウンドトラックである『ホワイト・オブ・ジ・アイ』は18年リリース時にはデジタル・オンリーだったので、このセットで初フィジカル化となった。しかし、各アルバムにボーナス・トラックなどは加えられず、3枚のディスクを簡易な紙ジャケットに入れてブックレットもなし、という仕様はさびしい。最初の2枚はレーベルのハーヴェスト・ロゴも生きているのでアナログ・セットの方がいいかもしれない。ジャズ・トランペッターのマイケル・アントラーとの仕事もあるが、音楽制作会社のバンブー・ミュージックをともに設立したフィンとは『ライフ・クッド・ビー・ア・ドリーム』『ボディ・コンタクト』『タンク・マリング』のサウンドトラックも録音しているので、それらも復刻してもらいたいところ。　**山田**

Chapter 8

Works of Hipgnosis

Shoji Umemura

ヒップな霊知に導かれたロックのアート

●梅村昇史

２００１年5月、渋谷のパルコギャラリーで開催されたストーム・トーガソンの展覧会を見終えた筆者は、８階のギャラリーから下に降りるエレベーターに乗ろうとしていた。そこへ後からひどく怒っている男性とギャラリー関係者と思われる女性がやってきて、三人でエレベーターに乗り合わせることになった。下降中もひたすら英語でがなり立てているその男性、それは何とストーム・トーガソン本人！。「わおー！俺の目の前でヒプノシスが激怒してる！一体何が起きたんだ！」。エレベーターの中の鬼の形相の男とそれをなだめる女、少し後ろで無関係を決めこんで斜め上を見つめるもう一人の男。時間が止まったようなこの状況、然るべき撮影をして然るべきトリミングをしたらちょっとヒプノシスのジャケットみたいだな、と筆者は考えていた。これはまさに〝日常の光景に混入する非日常の瞬間によって変容する通常感覚〟。本稿の主題とするべきヒプノシス的体験の時間は、エレベーターが1階に着いて終了したのだった。

ヒプノシスの創立は１９６８年。メンバーは44年生まれのストーム・トーガソンと46年生まれのオーブリー・パウエル。ユニット名はＨＩＰ（新しい）ＧＮＯＳＩＳ（霊的意識）の合成。彼らが使っていた部屋の落書きにこの言葉があったと言われている（それを書いたのがシド・バレットという眉唾的な説もあるが、もしそうだとしたらシドが名付け親になるのかも）。二人はまだ学生で、グラフィック・デザインではなく写真や映像を専攻していた。分野としてはメディア・アートと接点があり、独自の映像イメージを平面のグラフィックに編集して定着させるという手法を確立させる。初期の彼らはハッセルブラッドのカメラを主要ツールにしており、このカメラのフィルム形式が正方形であったことの意味は大きい。トーガソンはハイスクールでロジャー・ウォーターズと同級生でシド・バレットとも友人だった。そんな関係からピンク・フロイドの『神秘』のカヴァー・アートをオファーされたのを契機に、音楽プロダクト周辺のアートワークを主体とする工房のグループとして発展する。74年には、後にスロッピング・グリッスルのメンバーになるピーター・クリストファーソンが加わり、三人体制となっている。

　彼らのクライアントはＴ・レックス、ＵＦＯ、10ｃｃ、ポール・マッカートニー、レッド・ツェッペリン、バッド・カンパニー、ＡＣ／ＤＣ、スコーピオンズ、イエス、デフ・レパード、アラン・パーソンズ・プロジェクト、ジェネシス、ピーター・ゲイブリエル、スティクス、ＸＴＣ、アル・スチュワート、松任谷由実、ほか多数。基本的にピンク・フロイドはトーガソンが担当することになっていたようだ。三人のメンバー以外には、イラストレーターのコリン・エルジー、イラストレーター兼デザイナーのジョージ・ハーディ、デザイナーのジェフ・ハルピンらの外部スタッフが参加。象徴的写真をメインにしてシンプルにインパクトを与える初期の作風から、イラストやロゴを活かしたヴァリエイション豊かなデザインを展開するようになる。個人的にはジョージ・ハーディ（『炎』のステッカーのデザイナー）の存在を重要視しており、彼のグラフィカルなイラストは70年代中期以降のヒプノシス・ワークの重要なパートを担っていたと思う。

　空に浮かぶ豚、人体のパーツで構成された風景、ボールやベッドの無数の行列、火のついたビジネスマン、不思議なフォルムを描く水、スーツの中の存在しない身体。ヒプノシスが得意とした奇妙なイメージのフォトモンタージュは、ルネ・マグリットやサルヴァドール・ダリなどのシュルレアリズムとの親和性が語られやすい。しかしながら、それは不思議な写実描写という点で共通性がある程度だろう。彼らが作る画面は幻想的ではないし夢想的でもない。超現実的（シュルレアリ）というよりはリアリズムであり、現実を切り取ることによって、非現実感を表出させてしまう構図設定の鮮やかさが、ヒプノシスの本質だろう。

　また、〝牛〟や〝光のプリズム〟といった特にメッセージを持たないモティーフが、カヴァー・アートという印刷製品として大量に拡散する現象はアンディ・ウォーホルにも通底する（実際にウォーホルにも牛を壁紙化した作品がある）。結果的に『ヴェルヴェット・アンダーグラウンド&ニコ』のバナナよりも、『狂気』のプリズムの方がウォーホルをはるかに上回るスケールでそれを実行したわけだが。その点においては、世界各地のレコードショップをギャラリー化するポテンシャルはウォーホル以上とも言える。

レコード・カヴァーを芸術作品としての表現の域にまで高めたという評価が定着しているヒプノシスだが、現代美術史との関連性で多くを語れることがその理由とは思わない。おそらく彼らはどの美術運動にも肩入れはしていないはずだ。カヴァーにタイトルもアーティスト名も入れないという主義は、初期にはレコード会社側との軋轢の原因にもなった。基本的にアーティスト写真や演奏シーンを使わない彼らのデザインは、必ずしも情報として常にディスクの中の音楽を正しく伝えていたとは言いきれないだろう。コンテンツとパッケージの間には異化、矛盾、対比といった対立（つまりは何でこのデザイン?という疑問）が意図的に配置されている。それによって、音楽とヴィジュアルの関連性について、常に聴き手に大きな〝問い〟を投げかけ、心を揺さぶり、目と耳を全開にし、想像することを促した点で、優れたアートであったと考えたい。

ヒプノシスの活動期間は68年から83年。アフター・サイケデリックでビフォアー・デジタルな15年間だった。82年にCDというメディアが登場したのもどこか暗示的だ。ヒプノシスのデザインは音楽に強力なビジュアル・イメージを与えるアイコンだったという点で、80年代に普及するミュージック・ビデオの先駆として捉えることも可能だ。しかし、それ故に83年に幕引きになったとも言えるのではないか。実際にグループの解消後、映像制作の会社を設立するが、70年代のような存在感は残さなかった。

その後もトーガソンは個人名義でCDやボックス・セットのデザインを手掛けるが、アナログ盤よりもデザインするパーツの多いCDの方が、トーガソンのアイディアがより活かされていると思う。とくにフロイド関係のアーカイヴのヴィジュアル面は、リイシューによってより強化された感がある。創作においては後期になるほどフォトモンタージュの技法は排除され、フロイドの『鬱』に代表されるような、実際に作られた奇妙な光景をロケで撮影するというアナログな方法で、その場の空気感を表現することにこだわりを見せた。そして２０１３年に逝去するまで、日常と非日常を撹乱させて見るものを幻惑する手法は衰えることはなかった。時代が12インチから12センチに変わったとしても。

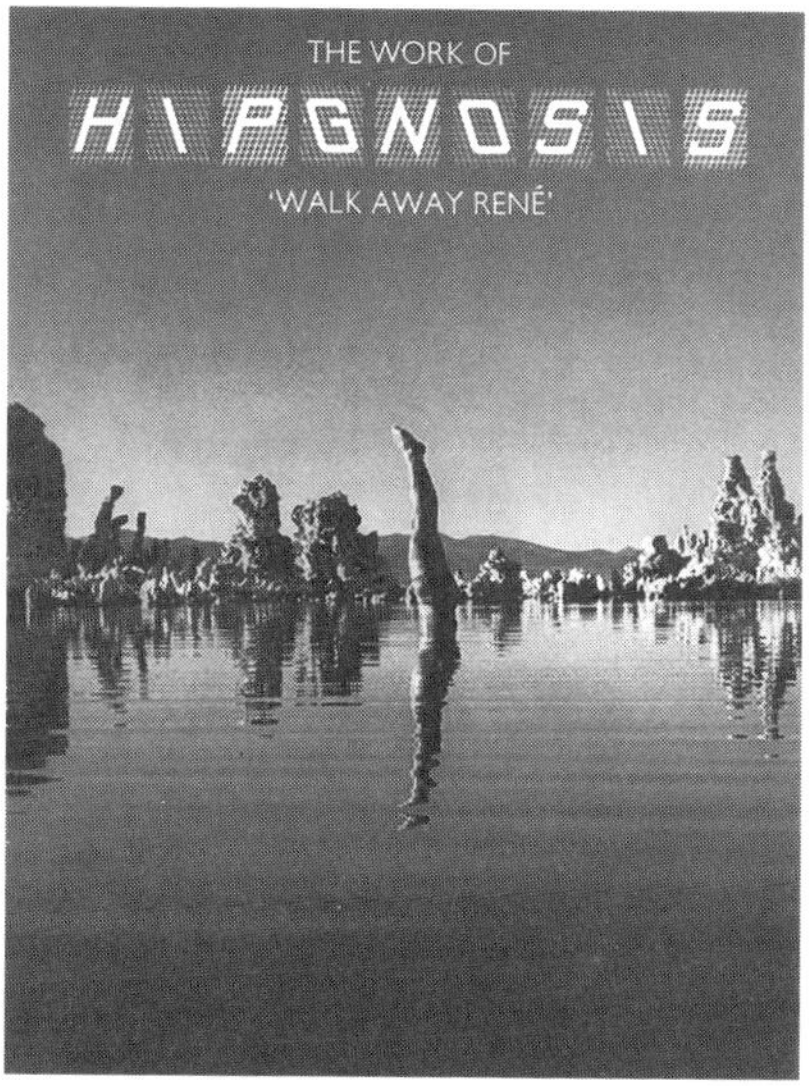

The Work of HIPGNOSIS
Work Away Rene (1978)

The Photo Design of HIPGNOSIS
The Goodbye Look (1982)

上:**Storm Thorgerson**
ストーム・トーガソン(1944〜2013)
解散後、アート・スタジオ「StormStudios」を設立し、ヒプノシスのアートワークを受け継ぐ。80年代以降のピンク・フロイドやドリーム・シアター、フィッシュ等のカヴァー・アートを手掛けた。

右下:**Aubrey Powell**
オーブリー・パウエル(1946〜)
アート・ディレクターも務めながら、主に映像関係の方面で活動。トーガソンの死後、フロイドの仕事を引き継ぎ、ラスト・アルバム『永遠』のアート・ディレクションを担当。

左下:**Peter Christoherson**
ピーター・クリストファーソン(1955〜2010)
インダストリアル・バンドであるスロッビング・グリッスル、サイキックTVのメンバーとしても、長年にわたり活動。並行して主にビデオ・ディレクター、写真家として活動。

the works of HIPGNOSIS

ヒプノシスの仕事

EARLY ON, WHEN THEY WERE STILL IN COLLEGE. 初期、まだ学生の頃

ALEXIS KORNER
A New Generation Of Blues (1968)

PEPE JARAMILLO
Till There Was You (1968)

THE AYNSLEY DUNBAR RETALIATION
The Aynsley Dunbar Retaliation (1968)

THE GODS
Genesis (1968)

PANAMA LIMITED JUG BAND
Panama Limited Jug Band (1969)

HUMBLE PIE
Town and Country (1969)

ISLAND RECORDS ARTISTS
You Can All Join In (1969)

THE PRETTY THINGS
Parachute (1970)

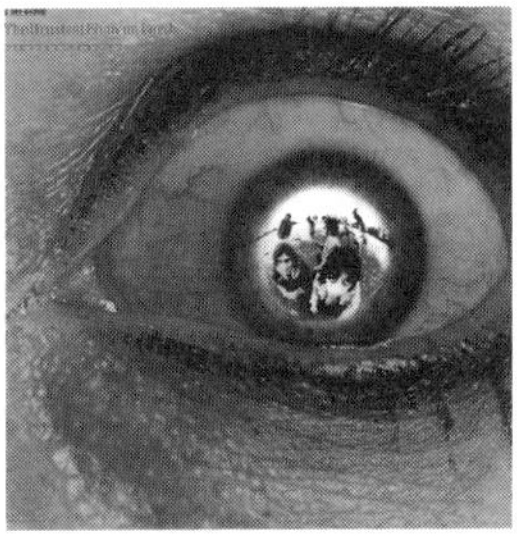

THE GREATEST SHOW ON EARTH
Horizons (1970)

69年に大学を卒業するまでは学内の暗室を使用して仕事をしていた彼ら。どことなく素朴なデザインで、写真は反転やソラリゼーションなど、基本的な技法だが、アングルやトリミングには既に独特のセンスが発動している。

ELECTRIC LIGHT ORCHESTRA
The Electric Light Orchestra (1971)

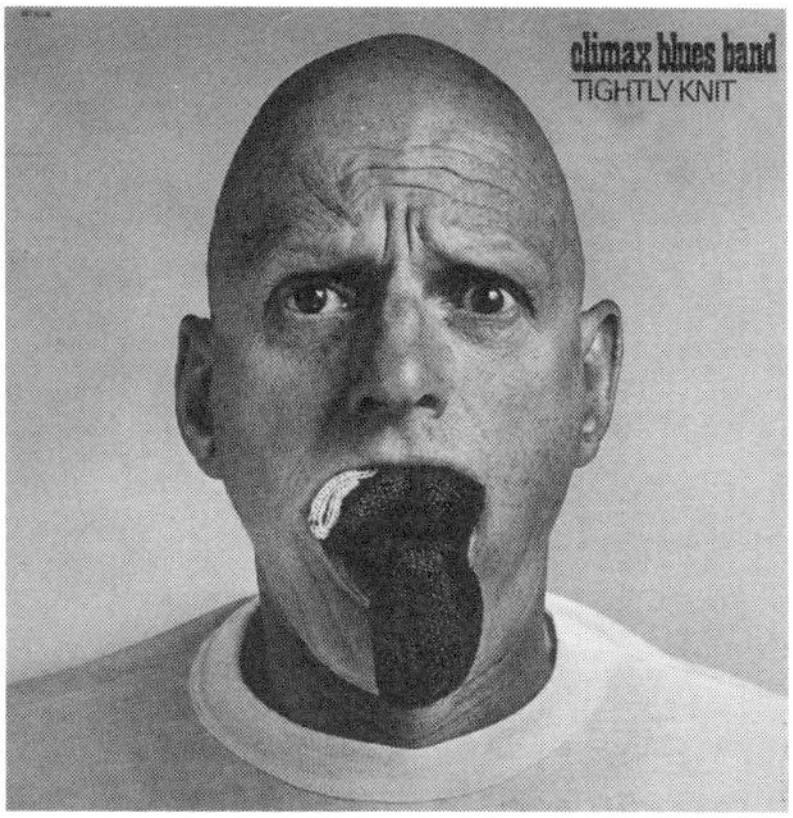

CLIMAX BLUES BAND
Tightly Knit (1971)

HYDRA
Land Of Money (1975)

BLINKER THE STAR
August Everywhere (1999) ※The Work of Storm Torgerson

MARVIN WELCH AND FARRAR
Second Opinion (1971)

モンタージュ等の手法は一切用いない写真表現でアイディアとモティーフをストレートに展開。それによって画面にリアリティーとインパクトが与えられた。

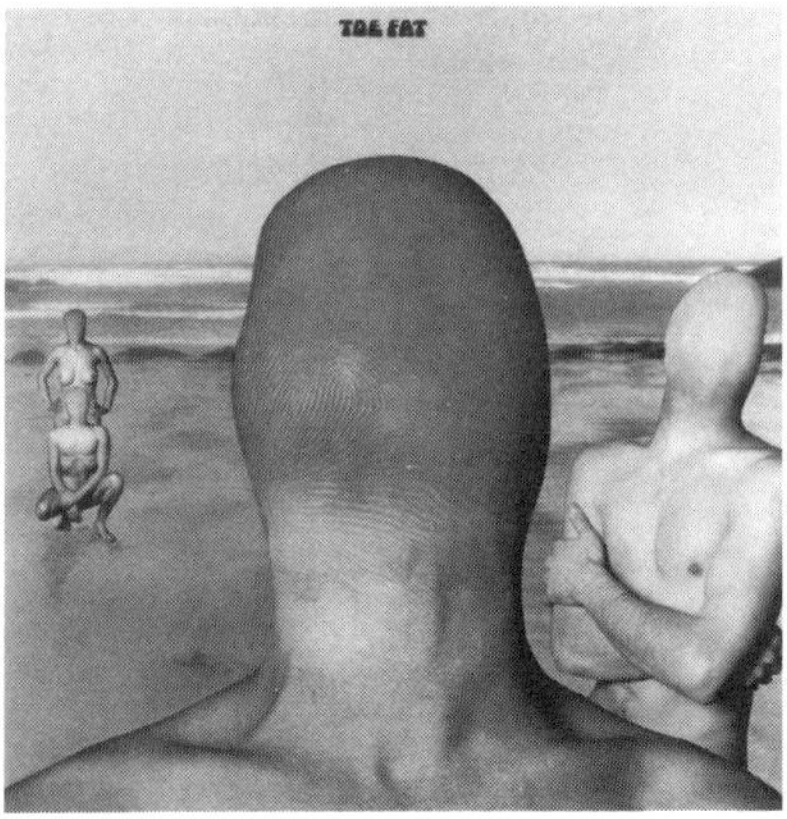

TOE FAT
Toe Fat (1970)

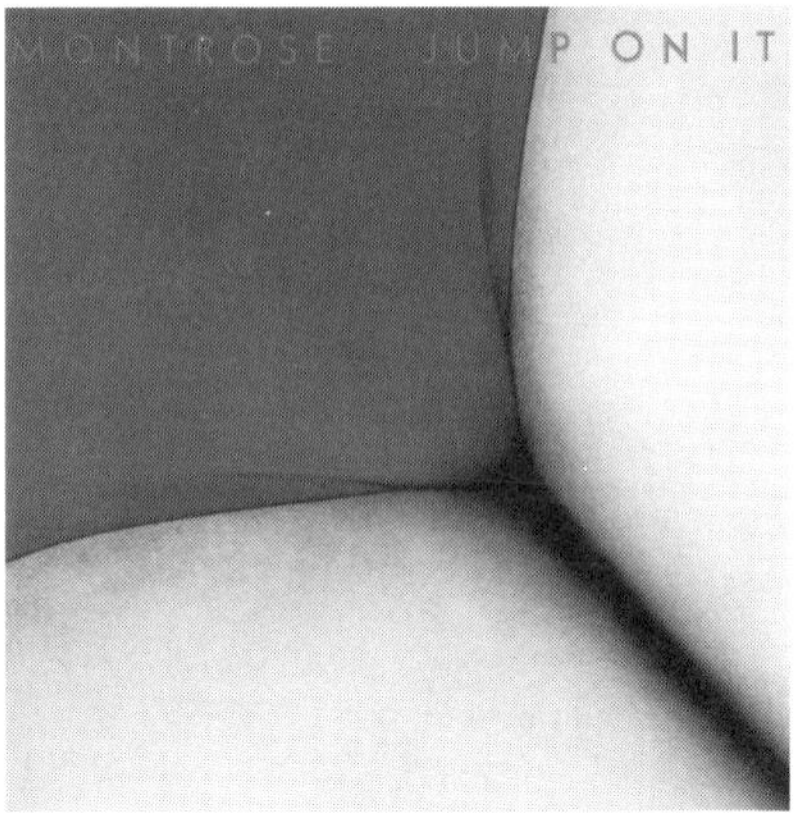

MONTROSE
Jump on It (1976)

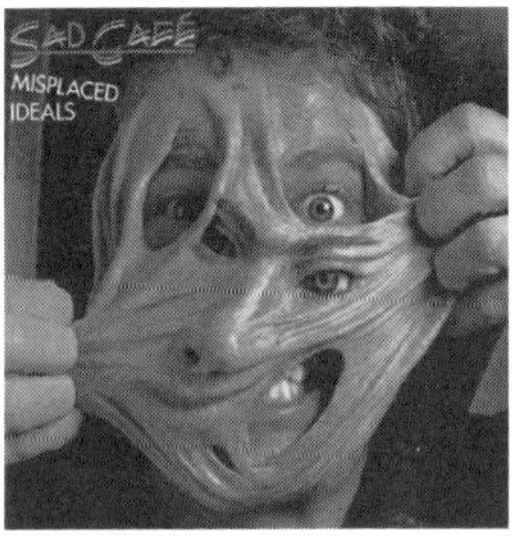

SAD CAFE
Misplaced Ideals (1978)

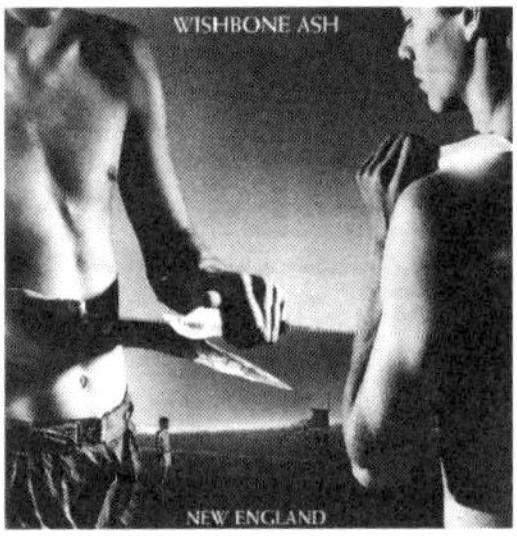

WISHBONE ASH
New England (1976)

Godley & Creme
Freeze Frame (1979)

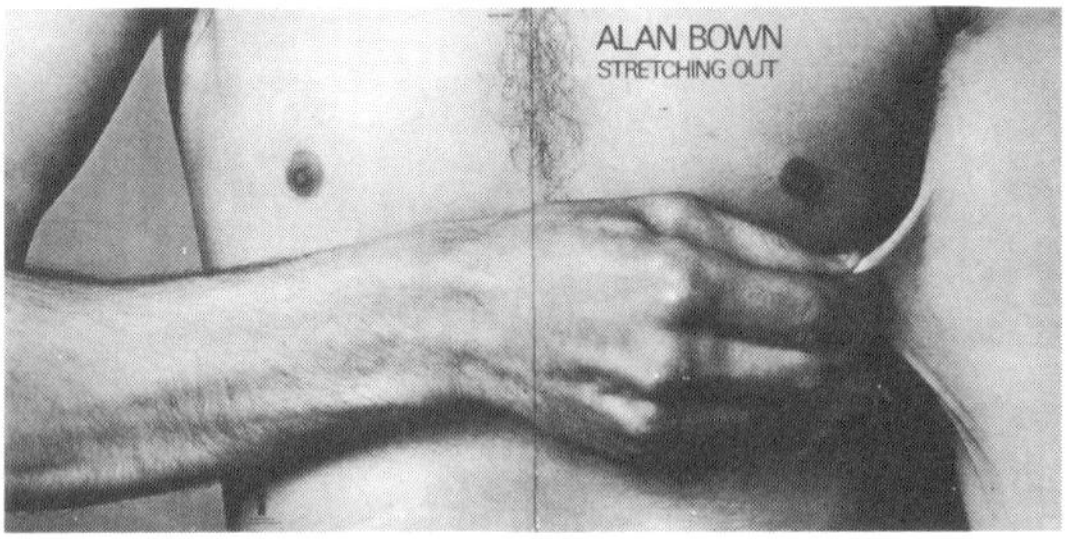

ALAN BOWN
Stretching Out (1971)

THE WINKIES
The Winkies (1975)

肉体をテーマにしたカヴァー・アートは多い。身体のパーツをクローズアップし、切り取り、変形させ、合成する。さらにはそれを素材にして存在しない風景をも作り出す。あたかも外科手術のような手さばきで。

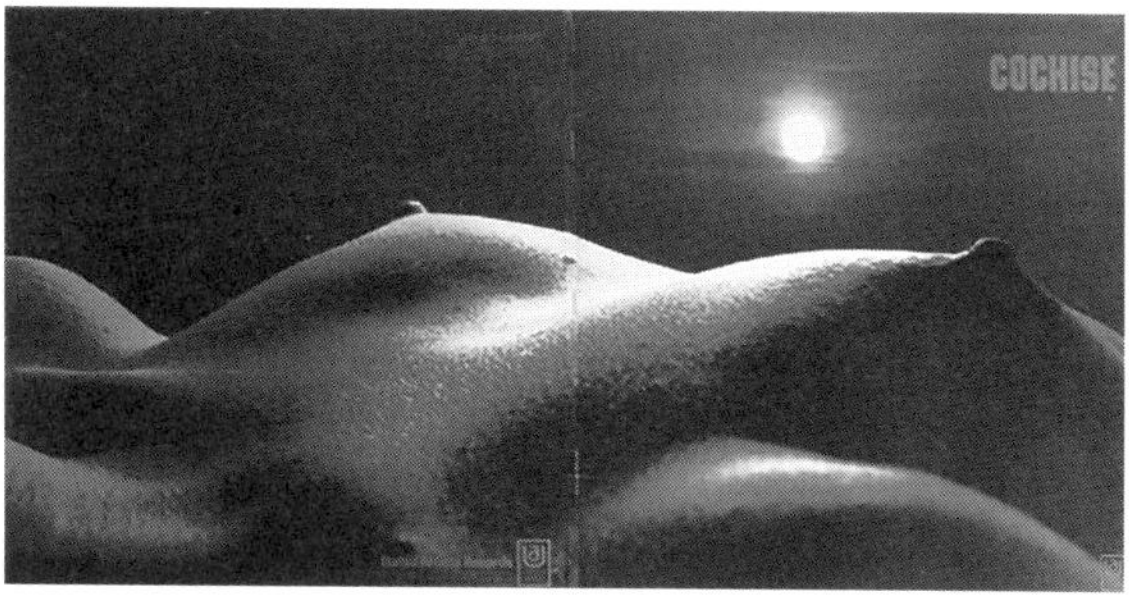

COCHISE
Cochise (1970)

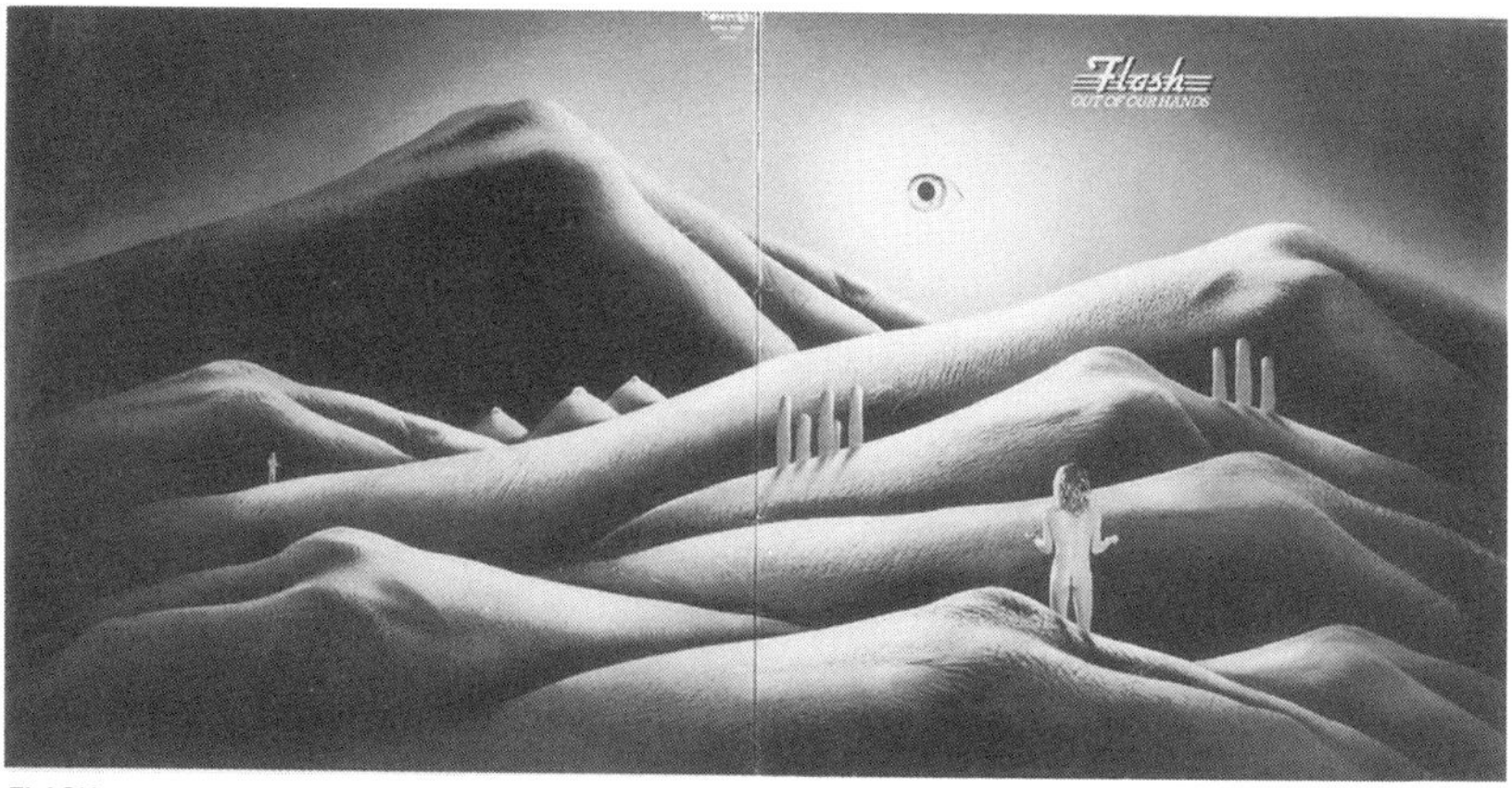

FLASH
Out of Our Hands (1973)

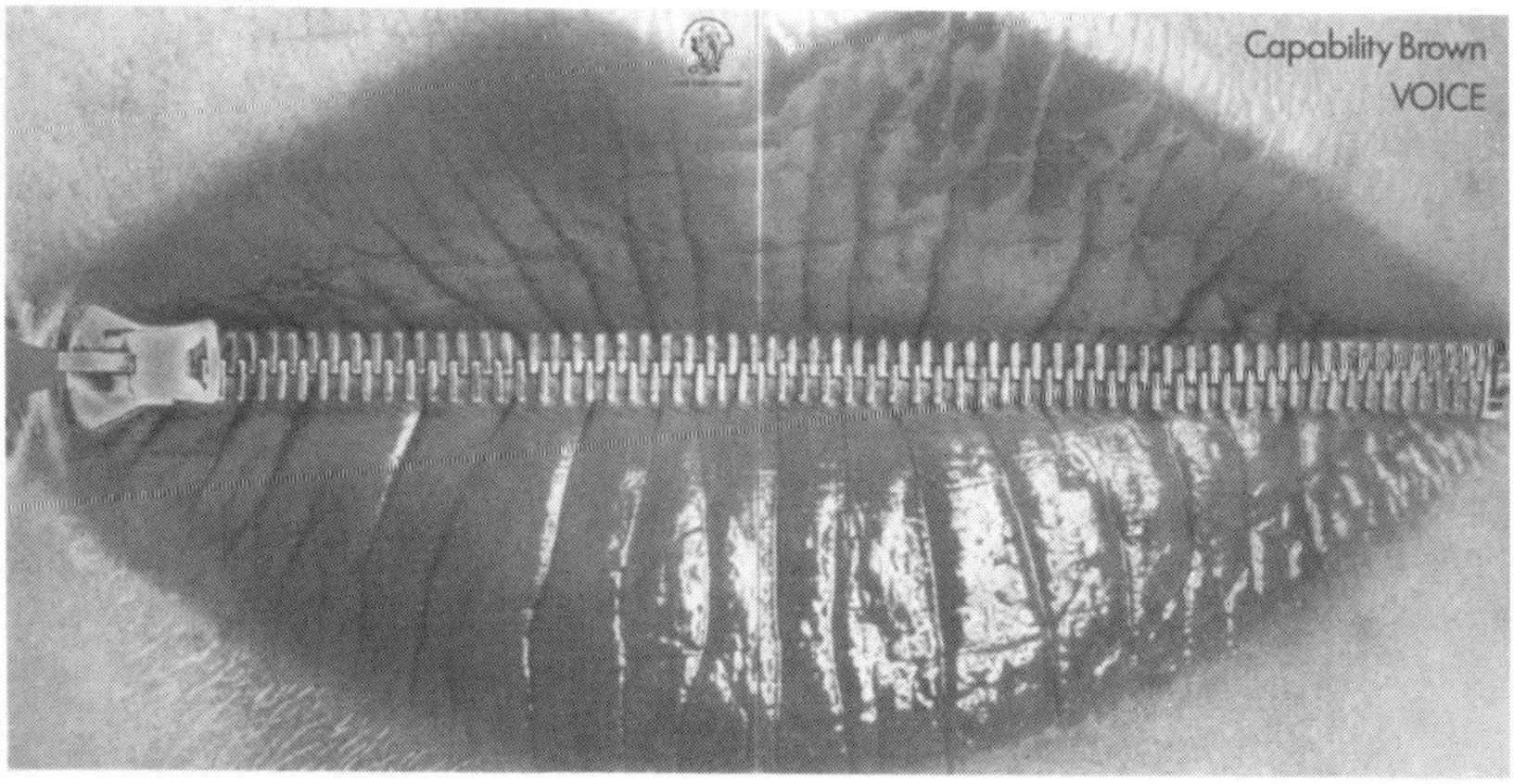

CAPABILLTY BROWN
Voice (1973)

THE NICE
Elegy (1971)

THE CREATION
'66-'67 (1973)

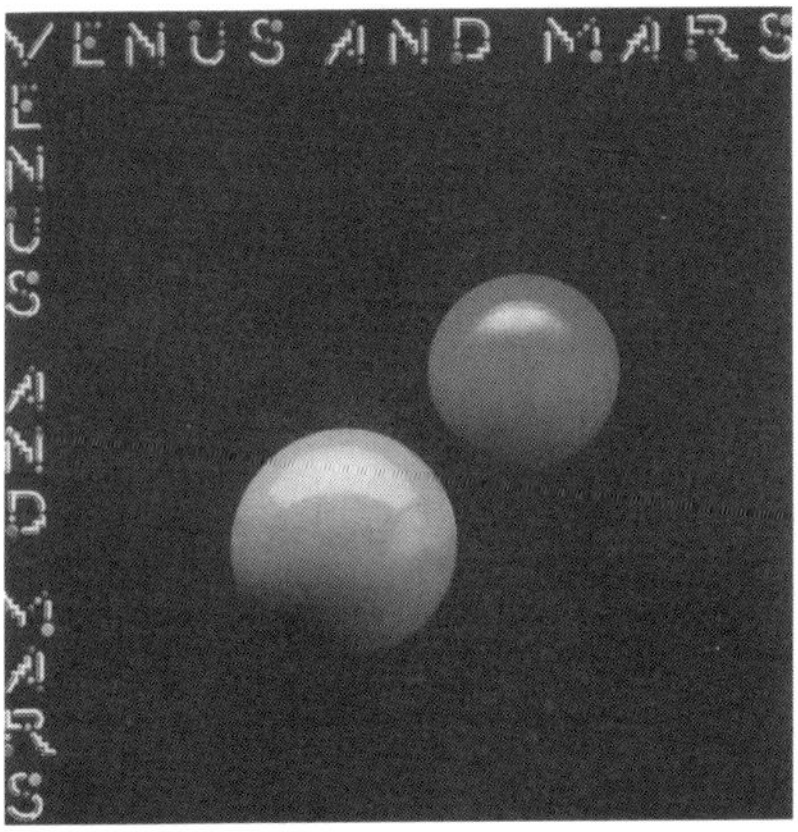

WINGS
Venus and Mars (1975)

PHISH
Slap Stitch And Pass (1997) ※The Work of Storm Torgerson

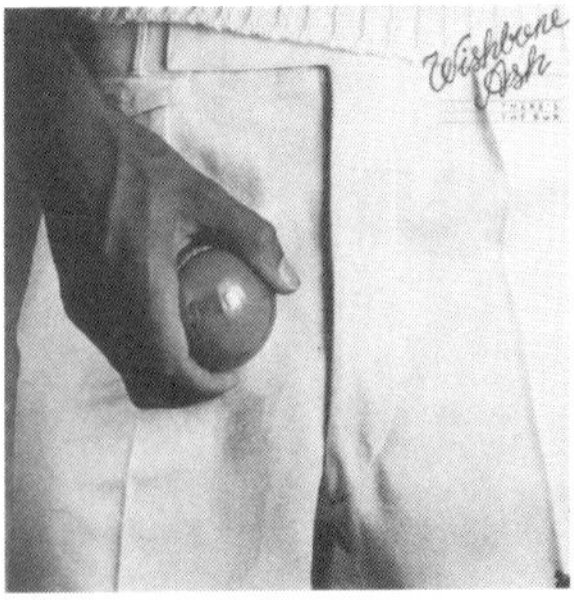

WISHBONE ASH
There's the Rub (1974)

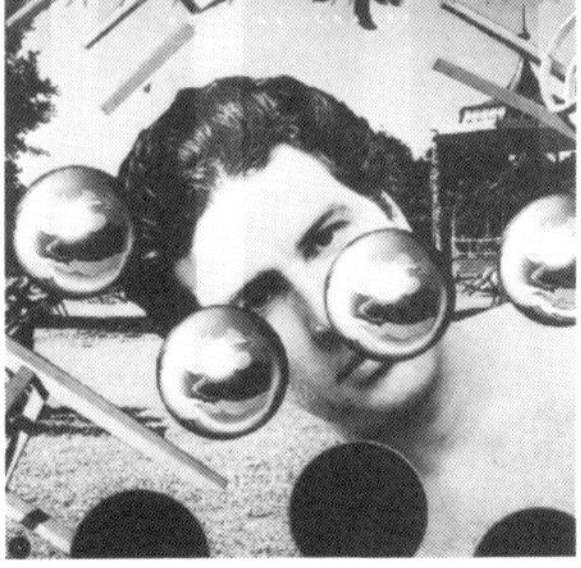

SAMMY HAGAR
Musical Chairs (1977)

球体は正方形のフレームとは相性がいいモティーフだ。大きな存在感を持って画面に現れるボール。それは友人なのか、彼方からのメッセンジャーなのか。

水の表情をビジュアル化するのは写真を志した者の欲望か。水のモティーフだけでさまざまなヴァリエイションの作品がある。

YUMI MATSUTOYA
Voyager (1983)

PETER FRAMPTON
Somethin's Happening (1974)

ASHRA
Correlations (1979)

TREES
On The Shore (1970)

ARGENT
In Deep (1974)

PETER GABRIEL
Peter Gabriel (1997)

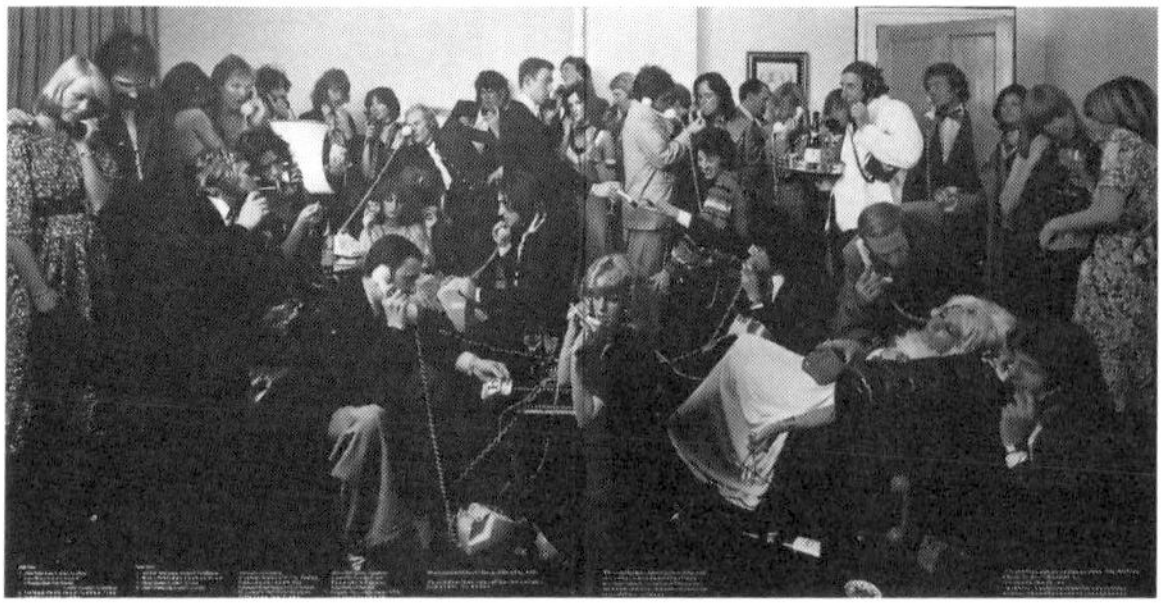

10cc
How Dare You! (1976) inner

10cc
How Dare You! (1976)

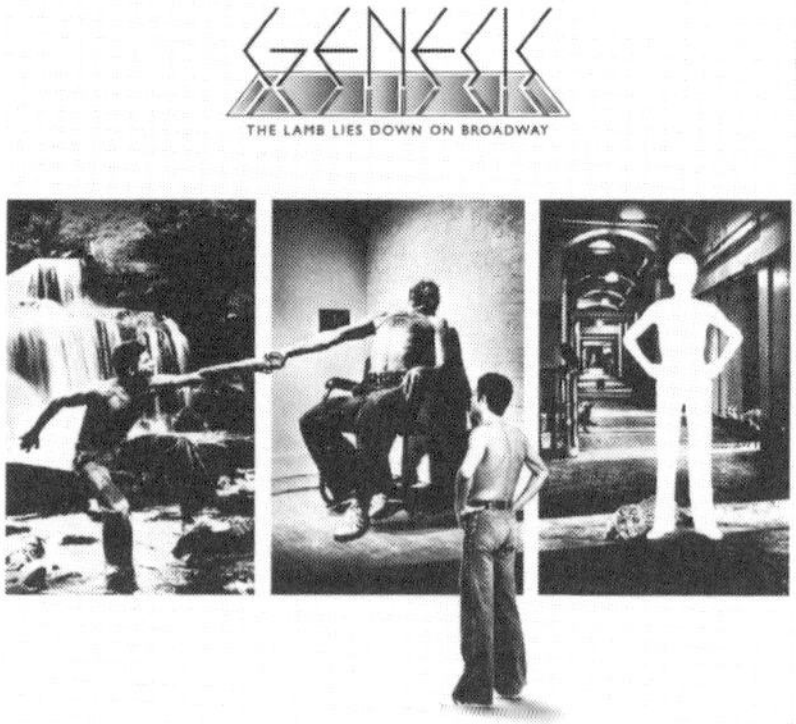

GENESIS
The Lamb Lies Down On Broadway (1974)

HERMAN RAREBELL
Nip in the Bud (1981)

UFO
Phenomenon (1974)

LED ZEPPELIN
Presence (1976)

SCORPIONS
Lovedrive (1979)

LED ZEPPELIN
Presence (1976) inner

PUBLIC FOOT THE ROMAN
Public Foot The Roman (1973)

SCORPIONS
Animal Magnetism (1980)

STEVE HARLEY & COCKNEY REBEL
Face to Face (1977)

FUMBLE
Fumble (1972)

電話やオブジェを中心にした人々の交流、見知らぬ何かの出現と出会い、エロティックな構図。そこから発生するコミュニケイションの物語とその一場面。ヒプノシス自身は一連の性的なイメージの表現をクール・セックスと称していたが、いずれも見るものにストーリーの存在を強くイメージさせる。

QUATERMASS
Quatermass (1970)

YES
Going for the One (1977)

THE ALAN PARSONS PROJECT
I Robot (1977)

プテラノドンが飛ぶビルの谷間、男が見つめるさまざまな方向に林立するビル、ロボットの血管の様に交錯するエレヴェイター。ヒプノシスが設計する建築物はハードにメカニカルな景色に映るが、そこは静かな森林のような場所にも思える。

PINK FLOYD
Wish You Were Here (1975) Sticker

GENESIS
The Lamb Lies Down On Broadway (1974) inner sleeve

AL STEWART
Year of the Cat (1976)

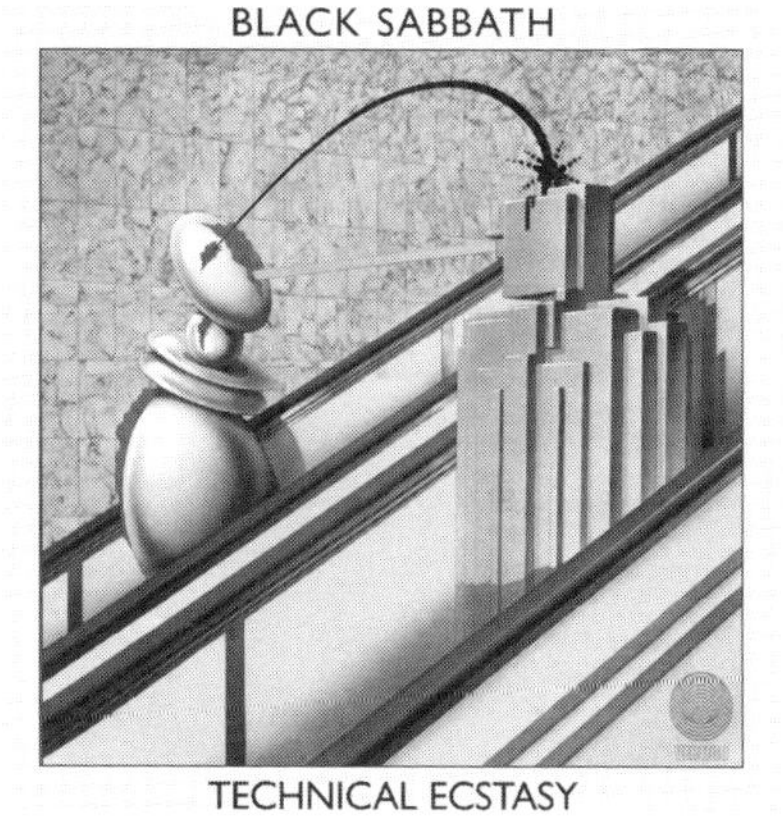

BLACK SABBATH
Technical Ecstasy (1976)

LED ZEPPELIN
The Song Remains the Same (1976)

ヒプノシスの三人は実は絵が上手くない。70年代中期から外部のスタッフと連携してイラストを活かしたカヴァー・アートが制作されるが、イラスト表現の独特なディレクションも彼らの魅力のひとつ。

10cc
Sheet Music (1974)

TODD RUNDGREN
Back to The Bars (1978)

PETER GABRIEL
Peter Gabriel 2 (1978)

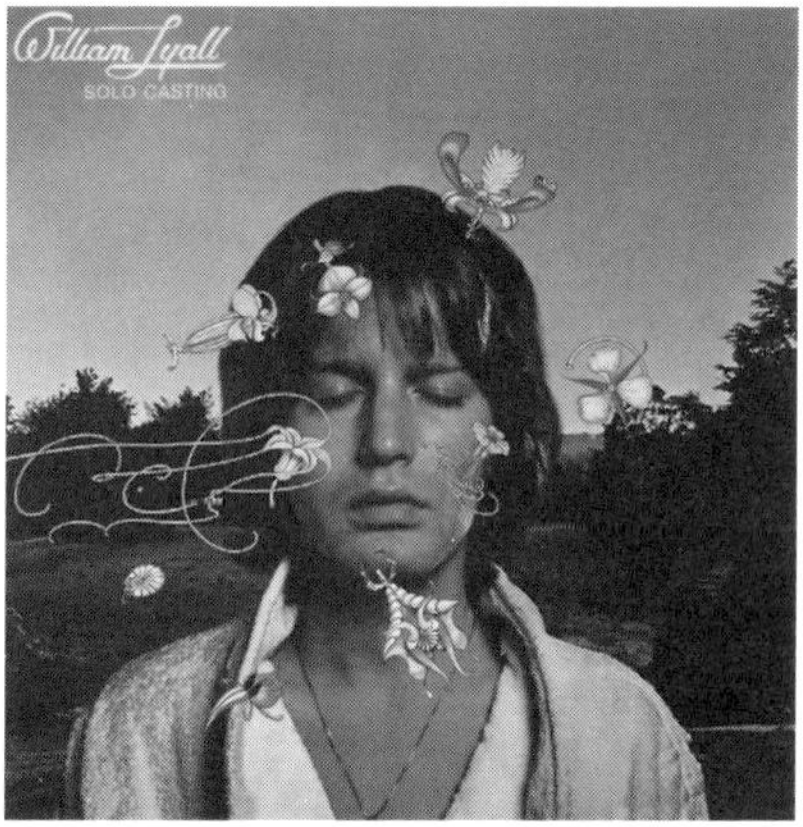

WILLIAM LOYAL
Solo Casting (1976)

OLIVIA NEWTON-JOHN
Olivia (1972)

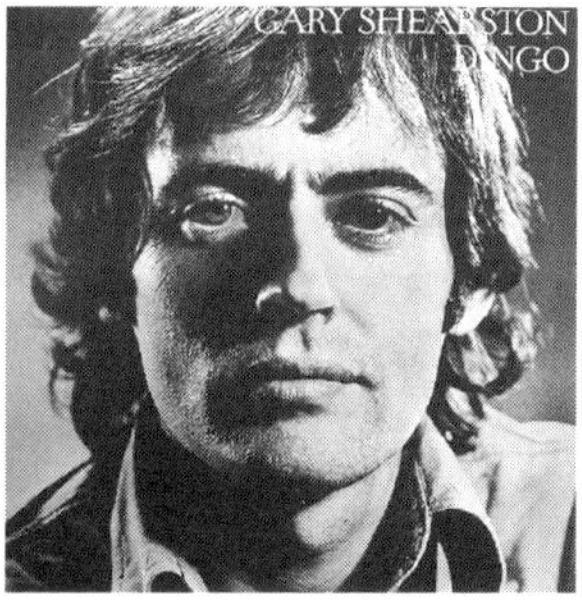

GARY SHEARS
Dingo (1974)

ミュージシャンをカヴァーに出さない印象のあるヒプノシスだが、実はポートレイトのカヴァーは少なくない。デザインも他に類を見ないものが多いが、カヴァーの中のミュージシャンたちは、受け手に微笑みかけることはなく口数も少なそうだ。

Chapter 9

Works of David Gilmour

Koji Wakui
Isao Inubushi

多彩な課外活動から探る
デイヴィッド・ギルモアの個性

●和久井光司

デイヴィッド・ギルモアという人は決して卓越したテクニックのギタリストではないし、フォーク、ブルーズやカントリーといった〝ロックのルーツに根差した様式〟を芸風にしたタイプでもない。ソングライターとしては、ピンク・フロイドの曲を書かなければいけなかったからこそプロとしての水準を自覚したようなところがあるから、いわゆるシンガー・ソングライターのようなことにはならなかったのだ。多くはギターありきの曲、表現したいサウンドのイメージにそった曲で、歌詞とメロディだけでポップ・ソングとして充分なものは数えるほどしかない。

けれども、（ロジャー・ウォーターズが出してくるコンセプトに対する意地もあったからか）イメージを音像化するのはとても上手いし、メロディが決められたギター・ソロは美しい。手癖のアドリブなどない人なのだ。

『ウマグマ』に収録されたライヴ（69年）の時点では、ジミー・ペイジのアイディアをポール・コゾフが弾いているようなプレイだが、『おせっかい』『狂気』になると、カルロス・サンタナのトーンや叙情性を真似たようなスタイルに変わっている。私は以前から、サンタナの『キャラヴァンサライ』は太陽、フロイドの『狂気』はまさしく月の裏側だ、と思っているのだが、ギルモアが意識的にサンタナのギターを研究していたのは間違いないだろう。

しかし、サンタナにおける〝ラテン〟のような拠りどころは、ギルモアにはない。〝英国的〟では音楽は具体的にならないから、ブルーズやカントリーといったアメリカ音楽を、英国ロックらしい曲やサウンドの中でどう聴かせていくのが70年代的か、という研究が必要だったのだ。73年に自宅にスタジオをつくったのは、ピンク・フロイドというバンドの中で、存在感を増していきたかったからに違いない。ウォーターズに仕切られてばかりなのが、すでにストレスになっていたんじゃないかと思う。

けれども、ひとりで自分の曲を多重録音して、ギターのフレーズやイメージを明確な形にしていくタイプではないし、自分のヴォーカルの表現力で曲が台なしになっていくのもイヤだったのだろう。そこにユニコーンが現れ、自由にデモ録音ができたことはギルモア個人にとっては大きな収穫だったはずだし、彼らの3枚のアルバムをメジャー・レーベルで出したのもいい経験になったはずだ。

ロイ・ハーパーやケイト・ブッシュはいかにもギルモア好みだから、いわゆる〝セッション参加〟とは意識も違ったはずだし、ビート・タウンゼンドのディープ・エンドにリード・ギタリストとして参加したのはソロ・キャリアの中でもハイライトと言っていい。タウンゼンドはさすがに〝使い方〟をわかっているから、ギルモアもいきいきしている。せっかくギルモアを呼んでも勿体ないことにしてしまうのがポール・マッカートニーなのだが、ミック・グリーンとギルモアという珍しい組み合わせとなった『ラン・デヴィル・ラン』は一聴の価値があると思う。

多くのセッションでギルモアならではのギターを聴かせているが、記名性が高いだけに、あくまでも〝ゲスト〟として、ソロのみを弾くことがほとんど。コラボレイションの面白味を感じさせてくれるものや、曲自体を一緒につくったり、アレンジやプロデュースに関わったものがほとんどないのが残念なところだ。

まあ、そこまでやらなきゃいけなくなるようなところには行かない、ということなんだろうが、もともとバンド志向が強いのだから、誰かと正面から向き合って、大きなプロジェクトを完成させることがあれば、ギルモア個人に対する評価も高まったのではないかと思う。

今世紀に入ってからのソロ・アルバムではフィル・マンザネラの参謀ぶりが目を引くから、ギルモア／マンザネラのアルバムが制作されるのを秘かに期待していたのだが、ここまで待ってもないということは頭にないのだろう。

年齢を考えれば、オリジナルの新曲でかためたフル・アルバムさえ想像できなくなってきているが、ギルモアにはソロ・キャリアを代表する傑作がないのが残念だ。『オン・アン・アイランド』も『ラットル・ザット・ロック』も、そういう意味ではいまいちなんだよね。

ギルモアの秘蔵っ子と謳われたユニコーン

●和久井光司

ロンドン南部に隣接するサリー州の中学、セイント・ビーズ校の同級生だったパット・マーティン（ベース、ヴォーカル）、ケン・ベイカー（ギター、ヴォーカル）、ピート・ペリヤー（ドラムス、ヴォーカル）が、１９６３年に結成したピンク・ベアーズが歴史の始まり。この中学にはエリック・クラプトンという先輩がいた。彼らはバンド活動を続けるうちに知り合ったトレヴァー・ミー（ギター）誘ってザ・レイトを結成する。68年のことだ。彼らはすぐにデンマークのコペンハーゲンにあるカルーセル・クラブの仕事を得て、ビートルズやホリーズの曲を演奏するハコバンとなったのだ。ある夜、ＤＪがかけたＣＳＮの「青い目のジュディ」に衝撃を受けた彼らは、アメリカの新しいフォーク・ロックを意識したオリジナル曲を作り始めた。ビリー・Ｊ・クレイマーのバックを務めたりして次第に認められていったザ・レイトは70年にトランスアトランティックでアルバムを録音する機会に恵まれ、その際にバンド名をユニコーンと改めたのである。

シェル・タルミーの弟子だったヒュー・マーフィーがプロデュースした『アップヒル・オール・ザ・ウェイ』はそれなりに評価されたものの、次の展開はなかった。73年の初め、彼らは友人のエンジニアの結婚パーティーでデイヴィッド・ギルモアと出会い、一緒にニール・ヤングの「ハート・オブ・ゴールド」を演奏した。そのときギルモアに気に入られたことで、ユニコーンは知る人ぞ知るバンドとして活躍することになり、ギルモアがプロデュースに絡んだ3枚のアルバムを残すことになったわけだ。

UNICORN
Uphill All The Way
アップヒル・オール・ザ・ウェイ

Transatlantic：TRA 238
発売：1971年
[A]
1. P.F.Sloan
2. 115 Bar Joy
3. I've Loved Her So Long
4. Don't Ever Give Up Trying
5. Country Road
[B]
1. Something To Say
2. Ain't Got A Lot Of Future
3. Never Going Back
4. You, You, Hate Me
5. Please Sing A Song For Us
CD Bonus Track
11. Cosmic Kid
プロデューサー：Hugh Murphy
エンジニア：Jerry Boys

　クラブ・シーンで知られたバンドではなかったからか、プロデューサーのヒュー・マーフィーは約半分をカヴァー曲としたアルバムを企画、フォーク・ロック系では定評のあったエンジニアのジェリー・ボイズと、CSN&Yを目標としていることがはっきりわかるような本作を制作した。仕上がりは上々で、コーラス・ワークを活かしながらCSN&Yに英国らしいメロディを加えたような音楽性は、一部では高く評価されることになった。が、もともとはフォーク・レーベルだったトランスアトランティックがこの手のバンドをうまく売り出せるわけはなく（そのわりにこの時期〝70年代的なバンド〟を沢山出しているのだが）、ユニコーンとの契約は一枚で終わってしまう。

　ギルモアと知り合うまでのあいだにリード・ギターはケヴィン・スミスに交代。カントリー・テイストのギターが上手いスミスが加わったことで、バンドの方向性が確かなものとなったことは、本作と次作を聴き比べるとよくわかる。　**和久井**

UNICORN
Blue Pine Trees
ブルー・パイン・トゥリーズ

Charisma：CAS 1902
発売：1974年
[A]
1. Electric Night / 2. Sleep Song / 3. Autumn Wine / 4. Rat Race / 5. I Just Wanna Hold You
[B]
1. Holland / 2. Nightingale Crescent / 3. The Farmer / 4. In The Gym / 5. Blue Pine Trees / 6. Okh Mother
CD Bonus Track
12. Ooh Mother (single version) / 13. Bogtrotter / 14. I Believe In You (The Hymn) / 15. Take It Easy / 16. Volcano
プロデューサー：David Gilmore
デザイン：Hipgnosis

　ギルモアがプロデュースを買って出たとき、バンドは宙ぶらりんの状態で、バックアップしてくれるレコード会社やエージェントはなかった。そのため、ギルモアは完成したばかりの自宅スタジオの試運転を名目に新生ユニコーンのデモ・レコーディングを行い、私費を投じてクリサリスに売り込んだのである。『狂気』を大ヒットさせたバンドのギタリストがプロデュースしているということで本作は注目され、アメリカではキャピトルがジャケ違い盤をリリースすることになった。UKバンドらしからぬ本格的なカントリー・テイストと、美しいメロディのコントラストに大きな魅力があることから、ユニコーンは通受けするバンドになっていくのだが、ギルモアの米国趣味もよく出ているし、リズム・セクションの確かさはフロイドに通じる。

　CDに加えられた5曲のボーナス・トラックがギルモアの入れ込み具合を伝えているのもいいし、フロイド・ファンも必聴の一枚という立ち位置がさらに強化されている。　**和久井**

UNICORN
Too Many Crooks
トゥー・メニー・クルックス

Harvest：SHSP 4054
発売：1976年
[A]
1. Weekend
2. Ferry Boat
3. He's Got Pride
4. Keep On Going
5. Too Many Crooks

[B]
1. Bullseye Bill
2. Disco Dancer
3. Easy
4. No Way Out Of Here
5. In The Mood

CD Bonus Track
11. So Far Away

プロデューサー：David Gilmore
デザイン：Hipgnosis

前作の評判が良かったからだろう、ユニコーンはハーヴェストとアルバム3枚の契約を交わし、引き続きギルモアのプロデュースでアルバムを制作することになった。

ケン・ベイカーの曲づくりがさらに上手くなり、ケヴィン・スミスのギターも前作よりはるかに進化しているのが本作では明らか。「ウィークエンド」のギター・アレンジと音色は、間違いなくグレイトフル・デッドの『ブルーズ・フォー・アラー』に影響されたものだが、コーラス・パートを減らしてリズム・セクションを強化した（ファンキーな16ビートも聴きどころだ）のも功を奏して、骨太のバンド・サウンドが味わえる。

ギルモアがユニコーンと一緒になってシャープな音づくりを研究したことは『アニマルズ』や最初のソロ・アルバムにも現れているから、本作も必聴。プロデュース仕事も勉強になっているのがよくわかる。個人的にはこれがいちばん好みだし、ヒプノシスによるジャケもさらにフロイド寄り。

和久井

UNICORN
One More Tomorrow
ワン・モア・トゥモロウ

Harvest：SHSP 4067
発売：1978年
[A]
1. Have You Seen The Rain / 2. New Shoes / 3. Slow Dancing / 4. Get Along Fine / 5. British Rail Romance / 6. Eric
[B]
1. One More Tomorrow / 2. So Hard To Get Through / 3. I'm Alright (When I'm With You) / 4. Th Night / 5. The Way It Goes / 6. Magnolia Avenue

CD Bonus Track
13. Nothing I Wouldn't Do / 14. Give And Take

プロデューサー：David Gilmore, Muff Winwood
デザイン：Hipgnosis

クリーデンス・クリアウォーター・リヴァイヴァルの大ヒット曲「雨を見たかい」の〝77年らしい〟カヴァーで幕を開けるのには意表をつかれるし、ジャック・テンプチンの「スロウ・ダンシング」からもアメリカ西海岸志向が垣間見える。ギルモアは忙しかったのか、8曲をプロデュースしたところで（スティーヴの実兄）マフ・ウィンウッドにバトンを渡している。

ギルモア色が薄くなったことでバンドとしての個性がより明確になったとも思うのだが、英国でパンクが爆発した77年にこれでは分が悪く、本作を最後にユニコーンは解散してしまうのだ。ヒプノシスによるジャケも単体としては良いのだが、音を象徴しているとは言えない。

私はこの時期にオールド・ウェイヴを脱せられなかった英国バンドが大好きなので、レーシング・カーズやクレイジー・キャット（Krazy Kat）と共に愛聴しているのだが、モダン・ポップともパブ・ロックとも呼べないから扱いに困り、なかなか紹介する機会がない。

和久井

UNICORN
Laughing Up Your Sleeve

Ominivore：OVCD 302
録音：1973～1974年
発売：2018年
1. Sleep Song
2. I Saw You
3. Ooh Mother
4. The Farmer
5. Autumn Wine
6. Take It Easy
7. Electric Night
8. All Night Long
9. Just Wanna Hold You
10. The Ballad Of John And Julie
11. Disco Dancer

CD Bonus Track

12. Weekend
13. Blue Oinr Trees
14. Boftrotter
15. Ferry Boat
16. Kevin Berry
17. Holland
18. Nightingale Crescent
19. Drinking All Night
20. So Far Away

プロデューサー：David Gilmore

77年から78年にかけて、ユニコーンはパット・マーティンの自宅スタジオで細々とデモ録音を続けていたが、レコード会社が決まらず、80年ごろ自然消滅したらしい。

その後2000年になってギルモアの自宅倉庫を命じられたロード・マネージャーが73年から74年にかけてのそこで録音されたユニコーンのデモ・テープを発見。02年にはその中からの数曲と、マーティンのスタジオでのデモを合体させたCD“Shed No Tears：The Shed Studio Sessions”（Mad Dog：MDR 1001）が自主盤のような形でリリースされたが、18年にギルモアのホーム・スタジオ・デモだけをまとめた本作が、トゥリーズのボックスなども出しているオムニヴォーラから蔵出しされたのである。

アナログ盤に収録された11曲が、本人たちが〝幻のセカンド・アルバム〟を意識してまとめたもので、CDに追加された9曲についてはあくまでもボートラのデモということらしい。それを一緒にしないところに、いまも持ち続けているミュージシャン・シップが感じられるが、再会したメンバーは意気投合し、ユニコーンを名乗って再び活動を始めたようなのである。

今後、70歳を超えたユニコーンの新作が登場することも考えられるだけに、本書では彼らの歩みをまとめたページを設けたわけだが、彼らを過大評価するつもりはまったくない。ただ、〝なかったことにしてしまうには惜しい存在〟として記憶にとどめてくれる人や新しいファンを生むことになればいい、と思ってのことだ。

和久井

孤高のフォーク・シンガー、ロイ・ハーパー

●犬伏　功

『炎』で「ハヴ・ア・シガー」のメイン・ヴォーカルをつとめたロイ・ハーパーは、66年にデビューしてから今日まで、独特なオープン・チューニングで波乱の人生を投影させた辛辣な詩世界を抜群のヴォーカルで歌いあげる〝孤高のフォーク・シンガーとして存在してきた。フロイドとの縁は、ピーター・ジェナーが70年にハーパーをハーヴェスト・レーベルに招いたことから始まったらしく、ウォーターズとギルモアはその後も親交を続けている。

　１９４１年６月12日にマンチェスター郊外のラシュルムで生まれたハーパーは、中学を卒業するとパイロットを目指して英国空軍に入隊したが、厳しい規律に耐えられず、精神に異常をきたした振りをして医療施設に逃げ込み、そこから脱走してヨーロッパ各地や南アフリカを放浪した。12歳の頃には詩を書いていたという彼は、スキッフルの洗礼を受けて手にしたギターで歌うようになり、60年代に入るとフォーク・クラブに出入りし始めた。やがてロンドンに出て、ソーホーの「レ・カズンズ」のレギュラーとなったハーパーは66年にレコード・デビュー。翌年発表した初アルバム〝Sophisticated Beggar〟で注目を集めたのだ。

　ハーパーが多くのミュージシャンに敬愛されていることはよく知られているが、中でも有名なのがジミー・ペイジだ。ペイジはレッド・ツェッペリンの『Ⅲ』に「ハッツ・オフ・トゥ・（ロイ）ハーパー」を収録してリスペクトを表明し、85年には共作アルバム〝Whatever Happned To Jugula?〟を制作。そこではギルモアとハーパーの共作曲「ホープ」も披露されている。

ROY HARPER
HQ

Harvest：SHSP 4046
発売：1975年
[A]
1. The Game（Parts 1 - 5）
2. The Spirit Lives
3. Grown Ups Are Just Silly Children
[B]
1. Referendum（Legend）
2. Forget Me Not
3. Hallucinating Light
4. When An Old Cricketer Leaves The Crease
プロデューサー：Peter Jenner
エンジニア：John Leckie

75年にリリースされた通算8枚目のアルバムで、13分を超える組曲的大作「ザ・ゲーム」で幕開けを告げるブリティッシュ・ロックの正統的名作。ロイ・ハーパーが〝最高傑作〟と認める自信作でもある。

デイヴィッド・ギルモアは先の「ザ・ゲーム」に参加、ほかにもクリス・スペディング、ビル・ブルフォード、ジョン・ポール・ジョーンズ、スティーヴ・ブロートンら錚々たる顔ぶれが名を連ね、起伏に富んだ構成はハーパーのさまざまな表情を浮かび上がらせている。「フォゲット・ミー・ノット」のイントロがまるでレッド・ツェッペリンの「ブロン・イ・アー」を思わせるあたりもいい。

ヒプノシスによるスペイス感溢れるアートワークも、英国的な名品だ。ところが米国では収録曲から取られた『ホウェン・アン・オールド・クリケッター・リーヴス・クレース』にタイトルが変更され、ハーパーが上半身裸でクリケットをするジャケットに。英国盤が良い出来だけに見劣りするのが残念だ。**犬伏**

ROY HARPER
The Unknown Soldier

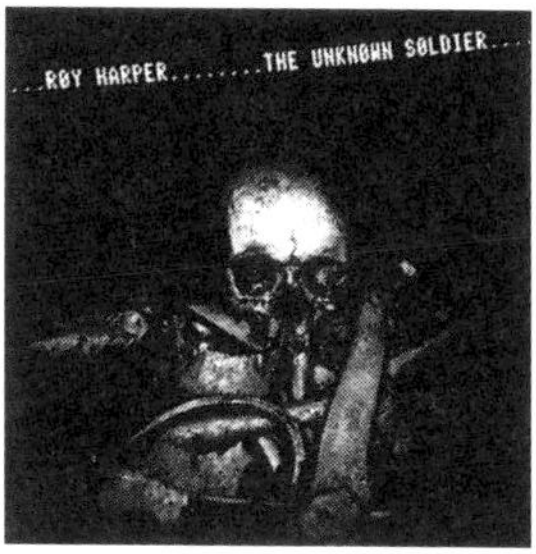

Harvest：SHVL 820
発売：1980年
[A]
1. Playing Games
2. I'm In Love With You
3. The Flycatcher
4. You (The Game Part 2) The Two Halves On Flight
5. Old Face
[B]
1. Short And Sweet
2. First Thing In The Morning
3. The Unknown Soldier
4. Ten Years Ago
5. True Story
プロデューサー：Roy Harper
アシスタント・プロデューサー：Peter Jenner etc.

80年にリリースされた10枚目のアルバムで、これがハーヴェストにおける最後の作品となった。5曲がデイヴィッド・ギルモアとの共作となっており、いずれもハーパーの詩にギルモアが曲をつける形で完成している。そのうちの1曲、「ショート・アンド・スウィート」は78年のギルモアの初ソロ作に収められ、ハーパーが本作であらためて取り上げたものだ。

ギルモアとの繋がりからケイト・ブッシュが「ユー」の録音に参加しており、ハーパー作品としては珍しくふたりのデュエットを聴くことができる。ほかにもアンディ・ロバーツやトニー・レヴィン、エドガー・ブロートンの弟スティーヴら腕利きがバックを固めている。「アイム・イン・ラヴ・ウィズ・ユー」「テン・イヤーズ・アゴー」「ザ・フライキャッチャー」は77年の未発表作『コマーシャル・ブレイクス』収録曲を再度取り上げたもの。カヴァー写真はハーパーが第一次大戦の激戦地ブローニュで撮影したものが使われている。**犬伏**

英国が誇る最高の〝リズム〟ギタリスト ピート・タウンゼント

●犬伏 功

1945年5月19日、ロンドン、チジックで英国空軍を母体とする著名なバンド、スクォードロネアーズの一員としても活躍したサックス奏者、クリフ・タウンゼントと歌手出身の母ベティの間に生まれた。ザ・フーのギタリスト、メインのソングライターとしてプロ・デビューしたが、ソロ・アーティストとしてのキャリアも非常に長い。インドの導師、ミハー・ババの敬虔な信者でもあり、彼の作品にはババからの影響や宗教観が反映されたものが数多くある。ザ・フーでは、ギター破壊のパフォーマンスに代表される激しいステージングを見せる一方で、作曲家としては知的で穏やかな一面もあり、早くから自宅での録音も積極的に行なっている。デモの制作段階ではピアノ、ベースやドラムも自ら演奏するマルチ・プレイヤーであり、宅録の開祖的存在としても各方面に多大な影響を与えている。

デイヴィッド・ギルモアとは現在も深い繋がりがあるが、仕事としてはギルモアからの依頼でセカンド・ソロ・アルバム『狂気のプロフィール』に3曲の歌詞を提供（うち2曲が収録された）したのが最初で、その後ピートのソロ・アルバム『ホワイト・シティ』にギルモアがギターで参加。以降、ギルモアはピートのソロやザ・フーのステージに何度も出演している。

作家としての活動にも熱心で、フェイバー&フェイバー社のエクゼクティヴ・エディターとしての肩書きも持ち、85年にはそれまでに書かれた短編をまとめた短編小説『四重人格』（原題は“Horse's Neck”）、19年には初の長編小説“The Age Of Anxiety : A Novel”を発表した。

PETE TOWNSHEND
White City (A Novel)

ATCO：252 392-1
発売：1985年
[A]
1. Give Blood
2. Brilliant Blues
3. Face The Face
4. Hiding Out
5. Secondhand Love

[B]
1. Crashing By Design
2. I Am Secure
3. White City Fighting
4. Come To Mama

プロデューサー：Chris Thomas
エンジニア：Bill Price

85年にリリースされたピート・タウンゼントによる4作目のソロ・アルバム。彼が暮らした西ロンドンの低所得者居住区が舞台となっている。アルバムとともにリチャード・ローウェンシュタインが監督を務めた映画も制作され、ピートは主人公とは友人のミュージシャン役で出演している。

アルバム中の「ホワイト・シティ・ファイティング」はデイヴィッド・ギルモアが自身のソロ『狂気のプロフィール』のために書いた曲だったが、ピートが書き下ろした歌詞がアルバムにそぐわないとして却下、ピートが本作に収録したという経緯がある。ギルモアはアルバム冒頭の「ギヴ・ブラッド」で極めて特徴的なソロを披露、先の「ホワイト・シティ～」にも参加している。シングル・カットされた「フェイス・ザ・フェイス」がMTVブームの中、米国市場に見事にハマったが、英本国では信じられないことにアルバムは数千枚しか売れず惨敗。ピートは一時、ソロ廃業を考えたこともあったようだ。 **犬伏**

PETE TOWNSHEND'S DEEP END
Live!

US：ATCO：90553-1
発売：1986年
[A]
1. Barefootin'
2. After The Fire
3. Behind Blue Eyes
4. Stop Hurting People
5. I'm One

[B]
1. I Put A Spell On You
2. Save It For Later
3. Pinball Wizard
4. Little Is Enough
5. Eyesight To The Blind

マスタリング：Dennis King

85年のアルバム『ホワイト・シティ』から派生したビッグ・バンド〈ディープ・エンド〉を従え、85年11月1～2日にロンドンのブリクストン・アカデミーで行われた公演を収録したライヴ・アルバム。同公演を収めたヴィデオ・ソフトのプロモーション盤として配布された4曲入りミニ・アルバムの評判が良かったことから、同盤のアートワークを流用、曲数を増やし、ライヴ・アルバムとして86年にリリースされた。

デイヴィッド・ギルモアはディープ・エンドの一員として他の公演にも参加、本作には未収だが自身のソロから「ラヴ・オン・ジ・エアー」と「ブルー・ライト」を披露している。ブリクストン公演のヴィデオは廃盤だが、86年1月29日に仏カンヌで収録されたライヴ『フェイス・ザ・フェイス～ライヴ・イン・カンヌ1986』がリリースされ、ギルモアが演奏する姿を観ることができる。ちなみにこのバンド編成は89年にスタートしたザ・フーの《トミー・ツアー》の雛形となった。 **犬伏**

デイヴィッド・ギルモア その他の参加アルバム

犬伏 功

ピンク・フロイドとビートルズの関係は古い。ビートルズはフロイドがデビュー前ながら気鋭のニュー・バンドだった頃から注目しており、アビー・ロード・スタジオで行われたデビュー・アルバム『夜明けの口笛吹き』の録音にはジョン・レノンを除く3人が挨拶に訪れたようだ。そのエピソードからすると直接の関係が生まれるまでの時間は思いの外長かったが、デイヴィッド・ギルモアはポール・マッカートニー率いるウイングスの79年作品『バック・トゥ・ジ・エッグ』にゲストとして参加している。このアルバムには大きな〝仕掛け〟として錚々たるゲスト・ミュージシャンが顔を揃えた〈ロケストラ〉名義の2曲が収められており、ギルモアはハンク・マーヴィンやピート・タウンゼントとともにギタリストとして名を連ねている。ポールは74年頃からこの構想を温めていた。その頃のホーム・デモも知られているが、79年12月にロンドンのハマースミス・オデオンで開催された《カンボジア難民救済コンサート》への出演依頼を受け、このアイディアをステージで実行しようと考えたようだ。アルバムに収録された「ロケストラのテーマ」「ソー・グラッド」のスタジオ録音版はライヴに先駆けて行われたセッションで収録されたもので、音自体は多人数の演奏が重なり合っており、厚みはあるが個々のプレイを聴き取ることは難しい。この模様はドキュメンタリー映像も存在するものの、残念ながら現時点で公式発売は実現していない。ギルモアは《カンボジア難民救済コンサート》のステージには立っておらず、スタジオ版のみの参加となっている。84年発売の『ヤァ！ブロード・ストリート』は同年に公開された同名映画のサウンドトラック盤で、ギルモアは主題歌「ひとりぼっちのロンリー・ナイト（バラード編）」に参加、一聴してわかる艶のあるギター・ソロを披露

WINGS
Back To The Egg
MPL：PCTC 257
1979年

PAUL McCARTNEY
Give My Regards To Broad Street
Parlophone：PCTC2
1984年

PAUL McCARTNEY
Flowers In The Dirt
Parlophone：PCSD 106
1989年

PAUL McCARTNEY
Run Devil Run
Parlophone：7243 5 22351 2 4
［CD］
1999年

している。映画、アルバムともに豪華ゲストが名を連ねた作品だったが、ギルモアは録音のみの参加で映画には出演していない。89年の『フラワーズ・イン・ザ・ダート』はスランプ状態が続いていたポールによる久々の会心作で、新たな相棒となったエルヴィス・コステロとの相性も抜群、同時期に発売されたローリング・ストーンズの『スティール・ホイールズ』とともに〝偉大なる復活〟作として絶賛された。このアルバム発売後にツアーにも完全復帰、現在のポールの原点はここにあると言ってもいいだろう。ギルモアはポールとデイヴィッド・フォスターの共同プロデュース曲「幸せな結婚」にギターで参加、アコースティック主体の楽曲ながら、ギルモアらしい厚みあるエレクトリック・ギターのソロを聴かせている。99年発売の『ラン・デヴィル・ラン』はロックン・ロールのカヴァー集で、ギルモアはパイレーツのミック・グリーンとともにギターで参加、全編にわたりゴキゲンに弾きまくっている。同様のアルバムとしては88年に旧ソ連限定で発売された『バック・イン・ザ・U.S.S.R.』（のちに全世界で発売）もあったが、本作はクリス・トーマスらしい分厚くパンチのある音像が魅力の好作に仕上がっている。いずれのカヴァー作もポールの〝パブ・ロック〟趣味が人選に現れているのが興味深いが、いささか場違いと思われがちなギルモアはフェンダーのテレキャスターを手に、グリーンに正面から挑んだプレイを聴かせている。

　ギルモアはギタリストという性質上、他のフロイド・メンバーよりゲスト参加作が圧倒的に多い。すべてを紹介するのはさすがに難しいので主要作品をここで挙げてみたい。

　再編されたアトミック・ルースターの83年作品『ヘッドライン・ニュース』はバンドの中心人物でキーボーディストのヴィンセント・クレーンにとって最後のアルバムで、バンドの歴史はここで幕を閉じている。ギルモアは「ホールド・ユア・ファイア」「メタル・マインズ」「ランド・オブ・フリーダム」「タイム」に参加しているが、いずれも手堅くバッキングを決めたサポート的役割を果たしている。

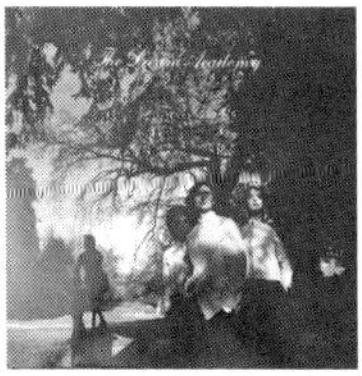

THE DREAM ACADEMY
The Dream Academy
Blanco Y Negro：BYN 6
1985年

SUPERTRAMP
Brother Where You Bound
A&M：AMA 5014
1985年

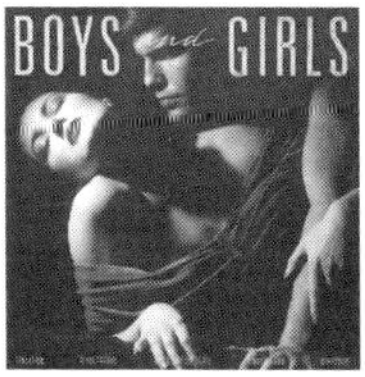

BRYAN FERRY
Boys And Girls
EG：EGLP 62
1985年

ATOMIC ROOSTER
Headline News
Towerbell：TOWLP 4
1983年

ブライアン・フェリーの85年作品『ボーイズ・アンド・ガールズ』は、ロキシー・ミュージックが83年に再び解散した後の初ソロ作（通算6枚目）で、この時代のフェリーを代表するアルバムだ。ギルモアはマーク・ノップラー、デイヴィッド・サンボーンら豪華ゲストとともに参加、アルバム冒頭の「センセイション」でギルモア以外の何物でもない、極めて特徴的なソロを聴かせている。スーパートランプの85年作品『フロンティアへの旅立ち』は、個性溢れるヴォーカルを聴かせていたロジャー・ホジソン脱退後のアルバムで、ギルモアは元シン・リジィのスコット・ゴーハムとともに参加、〝組曲〟的展開を見せる16分超えのタイトル曲にまるでフロイドのようなギター・ソロを見事に融合させている。『ドリーム・アカデミー』は英ニュー・ウェイヴ期の後半に登場した同名バンドによるデビュー・アルバムで、中心人物のニック・レアード＝クルーズとギルモアがともにプロデューサーとして名を連ねている。緻密に構築されたアンサンブルが特徴の彼らだが、「バウンド・トゥ・ビー」「ザ・パーティ」の2曲で聴くことができるギルモアのソロはすぐに彼とわかる特徴的なものだが、扱いはかなり控えめだ。

88年発売の『ストップ！』は英国ロックン・ロール界の重要人物にして後進に多大な影響を与えたジョー・ブラウンの娘で、ハスキーながら伸びのあるヴォーカルが魅力のサム・ブラウンによるデビュー・アルバム。英国で4位の大ヒットを記録した本作で、ギルモアは「ディス・フィーリング」「アイル・ビー・イン・ラヴ」にギター・ソロを加えている。ギルモアは90年発売のセカンド・アルバム『エイプリル・ムーン』にも参加しているが、こちらは「トラブルド・ソウル」のバック・ヴォーカルのみを担当しギターは弾いていない。彼女は94年にフロイドのアルバム『対(TSUI) The Division Bell』にバック・ヴォーカルで参加、同作のツアーにも同行し〝フロイド人脈〟のひとりとなった。

ギルモアが珍しく米国作品に参加したのがウォーレン・ジヴォンの89年作品『トランスヴァース・シティ』。彼は69年にデビューした

SAM BROWN
Stop!
A&M：AMA 5195
1988年

SAM BROWN
April Moon
A&M：Ama 9014
1990年

WARREN ZEVON
Transverse City
Virgin：91068-1
1989年

THE LAW
The Law
Atlantic：7567-82195-2［CD］
1991年

が70年代半ばで引退、彼の曲が映画『真夜中のカウボーイ』に使用されると再び注目が集まり、ジャクソン・ブラウンの呼びかけで76年にアサイラムより再デビューを果たしている。その後80年代にアルコール依存症に陥り再び一線から退いたが、そこからの復帰第2作となったのが本作だ。ギルモアは「ラン・ストレート・ダウン」でギター・ソロを弾いている。91年発売の『ザ・ロウ』は元フリー～バッド・カンパニーのポール・ロジャースと元フェイシズ～ザ・フーのケニー・ジョーンズによるユニット唯一のアルバムで、ギルモアはクリス・レアの楽曲「ストーン」でレアとともにソロを披露している。このユニットはセカンド・アルバム制作の構想もあったようだが実現しなかった。エルトン・ジョンの92年作品『ザ・ワン』は、施設への入所でこれまでの依存症を克服したエルトンの復活作として名高いアルバムで、エリック・クラプトンとの共演も大きな話題となった。ギルモアは「アンダースタンディング・ウィメン」に参加、求められるものをしっかり理解した見事なソロを聴かせている。93年発売の『マディ・ウォーターズ・ブルース』はポール・ロジャースにとって実に10年ぶりとなるソロ・アルバムで、マディに捧げられた企画色の強い作品となった。それぞれの曲にゲスト・ギタリストが迎えられており、ギルモアはマディのカヴァー「スタンディング・アラウンド・クライング」で情感溢れるブルージーなプレイをたっぷり聴かせている。

　スノーウィー・ホワイトはフロイドのセカンド・ギタリストとして77年よりツアーに参加、同時にシン・リジィのメンバーとして活動した経歴を持つギタリストで、ピーター・グリーンやミック・テイラーとも共演、ロジャー・ウォーターズもソロで重用するフロイド関連の極めて重要なプレイヤーである。94年発売の『ハイウェイ・トゥ・ザ・サン』はゲイリー・ムーアやクリス・レア、ポール・キャラックがゲストとして加わった作品で、ギルモアは「ラヴ、ペイン・アンド・ソロウ」のみの参加だが、ソロ、バッキングともに思いのほか弾きまくっている。

B.B. KING
Deuces Wild
米・MCA：MCAD-11711［CD］
1997年

SNOWY WHITE
Highway To The Sun
独・Bellaphon：290-07-205［CD］
1994年

PAUL RODGERS
Muddy Water Blues A Tribute To Muddy Waters
Victory：828 414-2［CD］
1993年

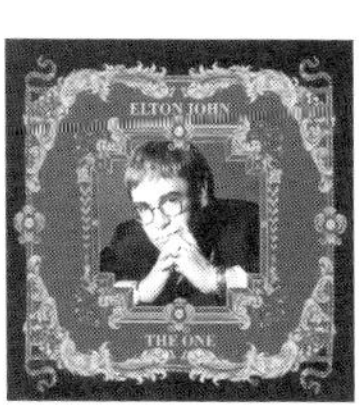

ELTON JOHN
The One
Rocket：512 360-2［CD］
1992年

もはや説明不要、ブルース界の偉人B.B.キングの97年作『デューシズ・ワイルド』は曲ごとにジャンルを超えた豪華ゲストが加わったアルバムで、その中にはディオンヌ・ワーウィックやフル・メンバーのローリング・ストーンズなど驚くような名前も並んでいる。ギルモアは「クライン・ウォント・ヘルプ・ユー・ベイブ」にポール・キャラックとともに参加、珍しくストレートなブルーズを聴かせている。99年発売の『リザレクション』は、かつてのレーベル・メイトで英国R&B界の重鎮プリティ・シングスが、68年の傑作『S.F.ソロウ』の発売30周年を記念しアビー・ロード・スタジオで行ったスタジオ・ライヴを収めたもの。当時ネットで生配信されたショウをアルバム化したものだが、今や傑作とされるコンセプト・アルバム『S.F.ソロウ』のクラシカル佇まいとは対照的に、まだネットの黎明期だったこの時期にライヴ映像をオンライン配信するという先鋭的な発想に驚かされる。ギルモアは「シー・セイズ・グッド・モーニング」「ザ・ジャーニー」「アイ・シー・ユー」「オールド・マン・ゴーイング」「ロンリエスト・パーソン」に参加、スペイシーなソロを披露している。少し遅れて発売された映像版DVDではギルモアの動く姿を観ることが可能だ。99年発売の『レイジ・ビフォア・ビューティ』はプリティ・シングスの実に19年ぶりとなるフル・アルバムで、80年代から録り貯めた曲を一気に蔵出しした感のある作品だが、90年代録音の「ラヴ・キープス・ハンギング・オン」でギルモアの深みあるギター・ソロを聴くことができる。リンゴ・スターの03年作品『リンゴ・ラマ』では「ミズーリ・ラヴズ・カンパニー」と「アイ・シンク・ゼアフォー・アイ・ロックン・ロール」の2曲にギルモアが参加、伸びのいいギター・ソロを聴かせている。ロキシー・ミュージックのギタリストで、ギルモアのソロ・ツアーにも参加しているフィル・マンザネラによる04年発売の『6PM』では「オールウェイズ・ユー」「エイクレッド・デイズ」に参加、トリッキーなムード漂う楽曲にギルモアらしいソロを添えている。

THE PRETTY THINGS
Resurrection
Snapper Music：160042［CD］
1999年

THE PRETTY THINGS
Rage Before Beauty
Snapper Music：SMACD 814［CD］1999年

RINGO STARR
Ringo Rama
Koch：0147142KOC［CD］
2003年

PHIL MANZANERA
6PM
Hannibal：HNCD1471［CD］
2004年

Bonus Track

Works of Kate Bush

Yoshio Tachikawa

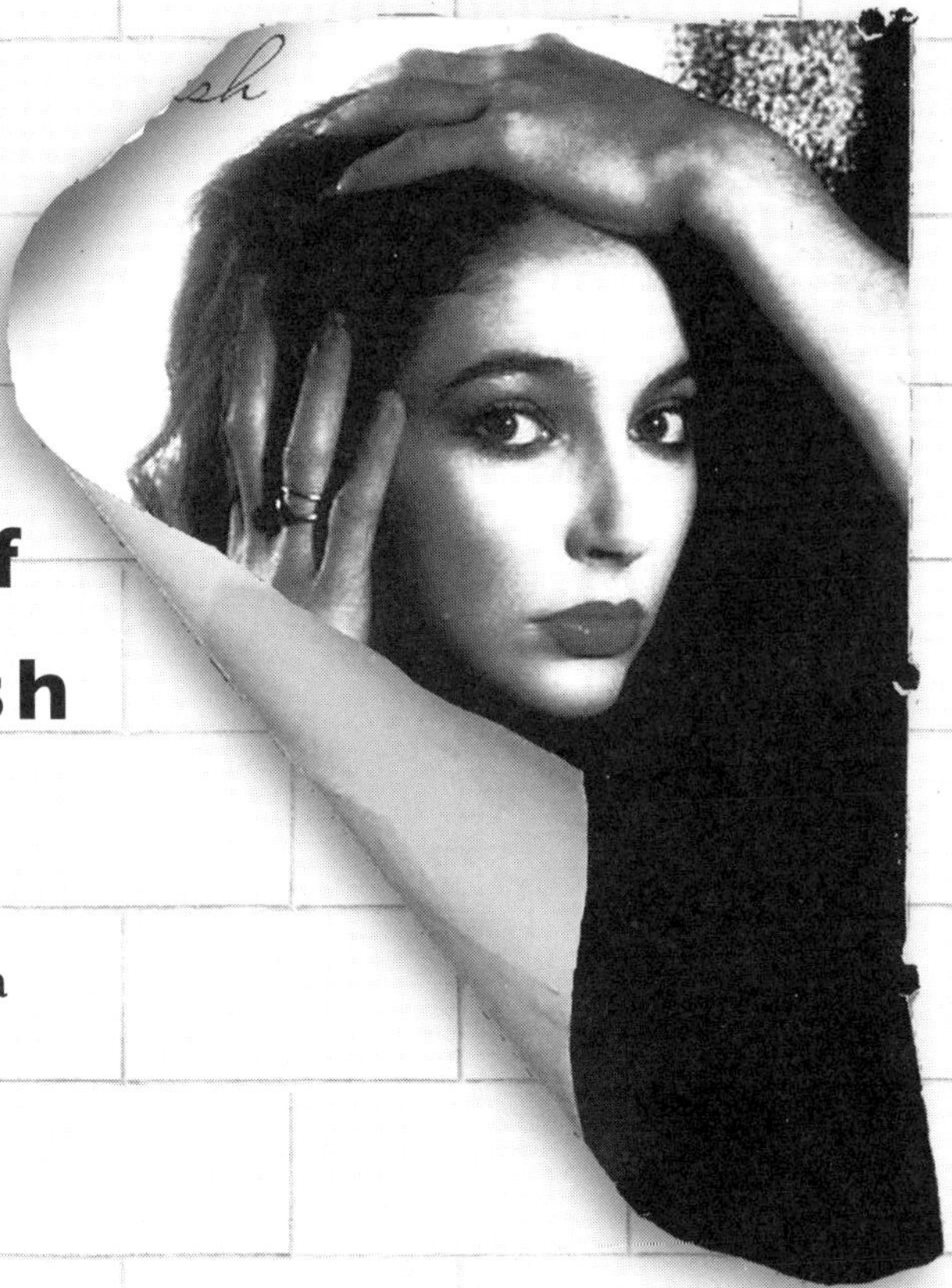

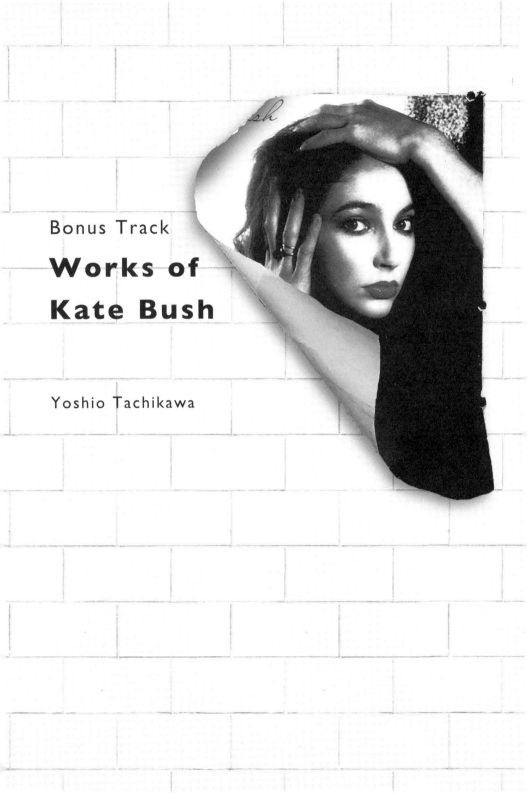

ギルモアに見出された正統派

●立川芳雄

「大物ミュージシャン○○に見出された天才」といった宣伝文句を私たちはしばしば見かけるが、その多くは看板倒れだ。「天才」なんて、そうめったにいるものではない。けれども、ケイト・ブッシュの才能は本物である。そしてデイヴィッド・ギルモアは、幸運なことにそうした本物の才能を見出したのだ。

　ケイト・ブッシュは、１９５８年7月30日にイギリスで生まれた。本名はキャサリン。父のロバートは医師でピアノ演奏が上手く、母のハンナはアイリッシュ系の看護師で、アイリッシュ・フォークのダンサーをしていたこともあるという。この時代にアイリッシュ系の妻とイギリス人の裕福な夫というカップルはそう多くなかったはずで、おそらくケイトの父は、人格者であり優しい人物だったのだろう。実際、デビュー後のケイトがプライヴェート・スタジオを作ったとき、父親が多くの費用を出してくれたというエピソードも残っている。

　また、ケイトの長兄ジェイと次兄パディも音楽好きで、地元でフォーク・グループを結成して活動していた。こうした兄たちの影響もあって、ケイトは13歳の頃から自己流で作曲をするようになる。そして16歳のときに、プロになる決意をして学校を中退。その後、パディとＫＴブッシュ・バンドというグループを結成し、本格的な音楽活動を行うようになった。ちなみにパディは早くからケイトの才能を高く評価していて、彼女がプロになったあとも、長い間その音楽活動をフォローしている。

　妹のケイトをぜがひでもプロにしたいと考えたパディは、

友人を介してピンク・フロイドのデイヴィッド・ギルモアに彼女を紹介する。そしてＫＴブッシュ・バンドのデモ・テープをギルモアに渡し、彼を自宅に招くことになった。この出来事があったのは75年の前半らしいが、だとすると当時のフロイドは、すでにロング・セラーとなった名作アルバム『狂気』をリリースしている。当然、そのギタリストだったギルモアは、英国ロック界の大スターだ。その大スターを自宅に招待してしまうというのだから、ブッシュ家、たいしたものである。

いうまでもないことだが、目の前でケイトの歌を聴いたギルモアは驚嘆した。というか、ここで驚かなければどうかしている。こうしてケイトは、ギルモアのプロデュースのもと、後に彼女のプロデューサーを務めることになるアンドリュー・パウエルにも協力を仰いで、デモ・テープを録音。すぐにピンク・フロイドも所属していたＥＭＩと契約を交わすことになった。デビューへの準備期間となった76年に、ケイトはステージでのパフォーマンスを磨くため、パントマイムを学ぶようになる。そしてまもなく、革新的モダン・ダンス・アーティストとして知られるリンゼイ・ケンプに弟子入りをした。こうしてケイトのデビューへの準備は整ったのである。

そして77年、シングル「ワザリング・ハイツ（嵐が丘）」で、ケイトは満を持してデビューする。このシングルは、全英で4週連続1位を記録。翌年にはこの曲を収録したデビュー・アルバム『ザ・キック・インサイド（天使と小悪魔）』がリリースされた。そのあともケイトは傑作を送り出していくが、それらについては別のページで詳述しよう。

ケイト・ブッシュの音楽の最大の魅力はきわめてオーセンティックな点にあると、私は思う。彼女は黄金期ブリティッシュ・ロックの正嫡ともいえる存在なのだ。たとえば彼女のデビュー曲「嵐が丘」は、19世紀英国の女流作家エミリー・ブロンテの同名小説にインスパイアされたものだが、本国では、この小説を読むことは知識人にとっての常識のようなものになっている。だから、たとえばパンク・ロッカーがこの小説を題材にして曲を書くといったことは、おそらくありえない。けれどもケイトには、こうした正統派の文学作品が似合うのだ。一時期のピンク・フロイドは、ニュー・ウェイヴ勢から〝オールド・ウェイヴ〟の象徴と見なされ批判の対象になったりもしていたが、そうしたフロイドのメンバーだったギルモアが、どこか優等生的なところのあるケイトの才能を見出したというのは、良くも悪くも偶然ではないのだろう。

KATE BUSH
The Kick Inside
天使と小悪魔

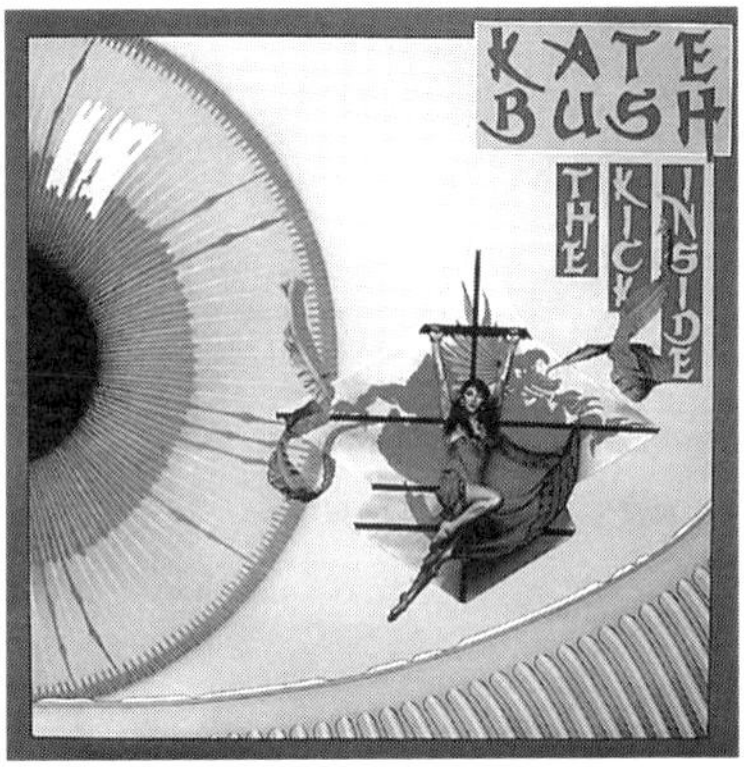

EMI：EMC 3223
録音：1975年6月、1977年7月〜8月
発売：1978年2月17日

[A]
1. Moving
2. The Saxophone Song
3. Strange Phenomena
4. Kite
5. The Man With The Child In His Eyes
6. Wuthering Heights

[B]
1. James And The Cold Gun
2. Feel It
3. Oh To Be In Love
4. L'Amour Looks Something Like You
5. Them Heavy People
6. Room For The Life
7. The Kick Inside

プロデューサー：Andrew Powell
エグゼクティヴ・プロデューサー：David Gilmour (A-2, 5)
参加ミュージシャン：
Andrew Powell (kbd, b, arrange) / Duncan Mackay (kbd) / Ian Bairnson (g, cho) / David Paton (b, g, cho) / Stuart Elliott (ds, per) / Alan Skidmore (sax) / Paul Keogh (g) / Alan Parker (g) / Bruce Lynch (b) / Barry de Souza (ds) / Morris Pert (per) / Paddy Bush (mandolin, cho) / David Katz (orchestral contractor)

日・EM：EMS-81042

全英3位となった記念すべきデビュー・アルバム。レコーディングはケイトがまだ16歳だった75年6月に始まり、約2年間にわたって断続的に行われたようだ。しかも、セカンド・シングルとなった「少年の瞳を持った男」の原曲は、ケイトが13歳のときに作られたものらしい。歌詞やタイトルもその頃すでに完成していたのかは定かでないが、13歳のときに彼女は、男性のもつ少年性を対象化し、歌の題材にしていたのだろうか。だとしたら、やはり早熟の天才少女だと評価するしかない。

ただ、そうした早熟の天才のデビュー作にしては、本作はきわめてオーソドックスだ。あえてエキセントリックな雰囲気を強調したといったところは微塵もない。楽曲は、ケイトが好きだったというエルトン・ジョンやジョニ・ミッチェルらの曲を連想させるものが多く、とくにいくつかの曲にはエルトンからの影響が色濃い。要するに同時代の英国ポップ・ロックの王道を行くような作品なのだが、だからこそ、このあとさまざまな方向へと伸びていく可能性を感じさせる。そうしたことが、本作をいまだ色褪せないものにしているのだろう。

プロデュースはアンドリュー・パウエルで、一部デイヴィッド・ギルモアも担当。スチュワート・エリオット（ds）、デイヴィッド・ペイトン（b）、ダンカン・マッケイ（kbd）らEMI人脈の実力派たちが、手堅い演奏でサポートする。イアン・ベアンソンのギター・ソロは、ちょっとギルモアを意識しているようで面白い。

立川

KATE BUSH
Lionheart
ライオン・ハート

EMI：EMA 787
録音：1978年７月７日～９月
発売：1978年11月13日
［A］
1. Symphony In Blue
2. In Search Of Peter Pan
3. Wow
4. Don't Push Your Foot On The Heartbrake
5. Oh England My Lionheart

［B］
1. Fullhouse
2. In The Warm Room
3. Kashka From Baghdad
4. Coffee Homeground
5. Hammer Horror

プロデューサー：Andrew Powell
参加ミュージシャン：
Andrew Powell (arrange, kbd)
Duncan Mackay (kbd)
Francis Monkman (kbd)
Richard Harvey (recorder)
Ian Bairnson(g)
Paddy Bush (g, cho)
Brian Bath (g)
David Paton (b)
Del Palmer (b)
Stuart Elliott (ds, per)
Charlie Morgan (ds)
David Katz (orchestral contractor)

前作からわずか9か月後にリリースされたセカンド・アルバム。のちのケイト作品に欠かせぬ存在となるフレットレス・ベース・プレイヤーのデル・パーマーや、カーヴド・エアのフランシス・モンクマンといった演奏者の名前もあるが、大半のバッキング・ミュージシャンは前作と同じ。プロデューサーも同じくアンドリュー・パウエルで、基本的には前作の延長線上にある作品といえるだろう。

しかし前作に比べると演奏パートが後退し、ケイトのヴォーカルが強調されている。そして抑制を効かせた楽曲も多くなっているため、全体的にはデビュー間もない20歳のミュージシャンによる作品とは思えないような渋い仕上がりになっている。しかし、だからこそ、聴きこむほどに深い味わいが感じられてくるというのも事実だ。

特筆すべきは、英国文化に根ざした楽曲が多いということ。「ピーターパンを探して」という曲は言わずもがな、「コーヒーはいかが」は、20世紀初頭にイギリスで起きたクリッペン毒殺事件を題材にしている。そして「オー・イングランド・マイ・ライオンハート」は、12世紀イングランドの王、リチャード一世を歌ったもの。この曲では古楽器によるアンプラグド・プログレ・バンド、グリフォンのリチャード・ハーヴェイが、絶妙なリコーダーを吹く。モダンなシンガー・ソングライター作品でありながら、フェアポート・コンヴェンションなどによるトラッド・ロックの傑作にも比肩するアルバムだといえよう。

立川

KATE BUSH
Never For Ever：魔物語

EMI：EMA 794
録音：1979年9月～1980年5月
発売：1980年9月7日
[A] 1. Babooshka / / 2. Delius / 3. Blow Away / 4. All We Ever Look For / 5. Egypt
[B] 1. The Wedding List / 2. Violin / 3. The Infant Kiss / 4. Night Scented Stock / 5. Army Dreamers / 6. Breathing
プロデューサー：Kate Bush, Jon Kelly
参加ミュージシャン：
John L. Walters (programming) / Richard James Burgess (programming) / Max Middleton (kbd, string arrangements) / Duncan Mackay (syn) / Michael Moran (syn) / Larry Fast (syn) / Alan Murphy (g, b) / Brian Bath (g, cho) / Paddy Bush (cho, harmonica) / Kevin Burke (violin) / Adam Skeaping (string arrangements) / Joseph Skeaping (string arrangements) / John Giblin (b) / Del Palmer (b) / Preston Heyman (ds, pre, cho) / Stuart Elliott (ds) / Roland (per) / Morris Pert (per) / Ian Bairnson (cho) / Gary Hurst (cho) / Andrew Bryant (cho) / Roy Harper (cho) / The Martyn Ford Orchestra (strings)

前2作が揺籃期の作品だとすれば、これは間違いなくケイトの自立を告げた作品だ。共同プロデューサーを立ててはいるものの、初のセルフ・プロデュース・アルバムであり、天才が本気を出したかのような雰囲気が、作品全体に漲っている。

なによりも特徴的なのは、ほとんどの曲が正統的なバンド演奏スタイルを逸脱したものになっていること。流麗なストリングスと、マックス・ミドルトンの弾く浮遊するようなキーボード、そしてマンドリン、バラライカ、シタールといった楽器の音が、楽曲を彩る。もちろんケイトのヴォーカルの表現力も増した。唯一のストレートなロック・ナンバー「バイオリン」も、跳ね回るようなアイリッシュ・フィドルのせいで、聴く者に不思議な印象をもたらす。シングル・カットされた「バブーシュカ」は、ポップなメロディーと奇矯な演奏や効果音などが共存した一曲。これを「キラー・クイーン」と並ぶ英国変態的ポップの名曲だと思うのは、私だけでしょうか。　立川

KATE BUSH
The Dreaming
ドリーミング

EMI：EMC 3419
録音：1980年9月～1982年5月
発売：1982年9月13日
[A] 1. Sat In Your Lap / 2. There Goes A Tenner / 3. Pull Out The Pin / 4. Suspended In Gaffa / 5. Leave It Open
[B] 1. The Dreaming / 2. Night Of The Swallow / 3. All The Love / 4. Houdini / 5. Get Out Of My House
プロデューサー：Kate Bush
参加ミュージシャン：
Paddy Bush (mandolin, strings) / Geoff Downes (syn) / Jimmy Bain (b) / Del Palmer (b) / Preston Heyman (ds) / Stuart Elliott (ds, per) / Dave Lawson (syn) / Brian Bath (g) / Danny Thompson (b) / Ian Bairnson (g) / Alan Murphy (g) / Rolf Harris (digeridoo) / Liam O'Flynn (whistle, uilleann pipes) / Seán Keane (fiddle) / Dónal Lunny (bouzouki) / Eberhard Weber (b)

ケイトは80年にピーター・ゲイブリエルのソロ3作目にゲスト参加したが、そこで行われていたのは、常識的な手法を覆したレコーディングと、それを通じたリズムや音色への飽くなき追求だった。衝撃を受けた彼女は試行錯誤の末、24トラック・レコーダーを3台同期させるという手法で本作を作り上げた。そんな面倒な手法がとられたのは、当時まだデジタル機器がなかったためだ。そして総計72のトラックの約半分は、ヴォーカル用に使われたという。

ピンク・フロイドの『狂気』には話し声や具象音などが効果的に使われていたが、本作もそれに引けを取らない。バッキング・ヴォーカルで参加したデイヴィッド・ギルモアを含め、セリフや動物の鳴き真似などさまざまな声を担当する者は十数人。そして土俗的な打楽器が打ち鳴らされ、幾重にもダビングされたケイトの歌声が絡み合う。にもかかわらず音が整然としていて聴きやすいのも特徴。これは自己完結型の音楽家が辿り着いた一つの頂点である。　立川

KATE BUSH
Hounds Of Love
愛のかたち

EMI：KAB1
録音：1983年夏〜1985年６月
発売：1985年９月16日
［A］Hounds Of Love / 1. Running Up That Hill (A Deal With God) / 2. Hounds Of Love / 3. The Big Sky / 4. Mother Stands For Comfort / 5. Cloudbusting
［B］The Ninth Wave / 1. And Dream Of Sheep / 2. Under Ice / 3. Waking The Witch / 4. Watching You Without Me / 5. Jig Of Life / 6. Hello Earth / 7. The Morning Fog
プロデューサー：Kate Bush
参加ミュージシャン：
Alan Murphy (g) / Del Palmer (programming, b, cho) / Paddy Bush (cho, didgeridoo, violin) / Stuart Elliott (ds) / Charlie Morgan (ds) / Jonathan Williams (cello) / Martin Glover (b) / Morris Pert (per) / Eberhard Weber (b) / The Medici Sextet (strings) / Dave Lawson (string arrangements) / Brian Bath (cho, g) / John Carder Bush (cho, narration) / Dónal Lunny (bouzouki, bodhrán) / John Sheahan (whistle, fiddle) / Kevin McAlea (syn) / Danny Thompson (b) / Liam O'Flynn (uilleann pipes) / The Richard Hickox Singers (choir) / Richard Hickox (vo, choir master) / Michael Berkeley (vocal arrangements) / John Williams (g)

　前作『ドリーミング』はあまりにも前衛的だったせいか、マニアからは絶賛されたものの、セールス的な大成功は収められなかった。同様の作品を連発していたら単なるカルト的ミュージシャンになっていたかもしれないケイトだったが、彼女は本作で、幅広い層のファンから支持を受ける。前作の実験性をほどほどに残しながらもポップで明るい雰囲気が加わったような本作は、全英アルバム・チャートで3週連続1位を記録。ヨーロッパのいくつかの国でもベスト10入りしている。

　A面は〈ハウンズ・オブ・ラヴ〉、B面は〈ザ・ナインス・ウェイヴ〉と名づけられ、B面は水難事故に遭った女性が救われるまでの物語を描いた組曲風の構成になっているが、もちろん各曲が独立した魅力を放っている。愛をテーマにした伸びやかな曲調と、ハードなリズムとを組み合わせた楽曲が多いのも特徴。しかもそこで歌われる愛は、性愛を超えた人間的なものに感じられる。その点が本作の最大の魅力だろう。

立川

KATE BUSH
The Sensual World
センシュアル・ワールド

EMI：CDEMD 1010［CD］
録音：1987年９月〜1989年７月
発売：1989年10月16日
1. The Sensual World / 2. Love And Anger / 3. The Fog / 4. Reaching Out / 5. Heads We're Dancing / 6. Deeper Understanding / 7. Between A Man And A Woman / 8. Never Be Mine / 9. Rocket's Tail (For Rocket) / 10. This Woman's Work / 11. Walk Straight Down The Middle
プロデューサー：Kate Bush
参加ミュージシャン：
Del Palmer (b, g, per, programming) / Charlie Morgan (ds) / Stuart Elliott (ds) / Paddy Bush (mandolin, cho) / Davy Spillane (uilleann pipes, whistle) / John Sheahan (fiddle) / Dónal Lunny (bouzouki) / John Giblin (b) / David Gilmour (g) / Alan Murphy (g) / Jonathan Williams (cello) / Nigel Kennedy (violin, viola) / Michael Kamen (orchestral arrangements) / Alan Stivell (harp, cho) / Dr. Bush (dialogue) / Balanescu Quartet (strings) / Mick Karn (b) / Trio Bulgarka (vo) / The Trio Bulgarka: Eva Georgieva, Stoyanka Boneva, Yanka Rupkhina (vo) / Eberhard Weber (b)

　ピンク・フロイドのファンにぜひ聴いてほしいケイトのアルバムがこれ。デイヴィッド・ギルモアが2曲でギターを弾いているのである。そのうちの1曲は「ラヴ・アンド・アンガー」で、ちょっとファンク風のリズムに乗せて、切れ味のいいハードなソロを聴かせてくれる。そして、それ以上の名演が聴けるのが「ロケッツ・テイル」。スチュワート・エリオット（ds）とジョン・ギブリン（b）が作り出す引きずるように重たいリズムは、フロイドへのオマージュだろう。そしてそこに、ギルモアの粘っこくメロディアスなソロが乗ってくるのだ。

　そして本作の大きな魅力は、ロック黄金期の音楽性と西欧周縁の文化とを鮮やかに融合させている点にある。先の「ロケッツ・テイル」も、ケイトとブルガリアン・ヴォイスの女性合唱グループ、トリオ・ブルガルカによるアカペラから曲が始まるのだ。母のルーツにつながるアイリッシュ系の演奏家も、これまで以上に多く参加。紛れもなく意欲作である。

立川

KATE BUSH
The Red Shoes
レッド・シューズ

EMI United Kingdom：CDEMD 1047［CD］
録音：1990年6月〜1993年6月
発売：1993年11月2日

1. Rubberband Girl
2. And So Is Love
3. Eat The Music
4. Moments Of Pleasure
5. The Song Of Solomon
6. Lily
7. The Red Shoes
8. Top Of The City
9. Constellation Of The Heart
10. Big Stripey Lie
11. Why Should I Love You?
12. You're The One

プロデューサー：Kate Bush
参加ミュージシャン：
Michael Kamen (orchestral arrangements)
Del Palmer (programming)
Prince (kbd, g, b, vo)
Jeff Beck (g)
Stuart Elliott (ds, per)
John Giblin (b)
Danny McIntosh(g)
Nigel Hitchcock (sax)
Steve Sidwell (trumpet, flugelhorn)
Paul Spong (trumpet)
Neil Sidwell (trombone)
Gary Brooker (organ)
Eric Clapton (g)
Paddy Bush (vocals, whistle, mandola)
Justin Vali (strings, vo)
The Trio Bulgarka (vo)
Charlie Morgan (per)
Lily Cornford (narrator)
Colin Lloyd Tucker (vo)
Gaumont d'Olivera (b, ds,per)
Nigel Kennedy (violin, viola)
Lenny Henry (vo)

　レコーディングに3年を費やし、豪華なゲストを数多く招いて作られた力作。そして聴きどころの多い傑作だ。たとえば「人生、そして愛」はシリアスな内容のバラードで、プロコル・ハルムのゲイリー・ブルッカーが弾くオルガンをバックに、エリック・クラプトンが泣きのギターを聴かせている。ファンク風の「ホワイ・シュッド・アイ・ラヴ」では、プリンスが大部分の楽器を担当し、さらにホーンとトリオ・ブルガルカのコーラスが入る。そして格調高く力強いバラード「ユア・ザ・ワン」では、ブルッカーが「青い影」のようなオルガンを弾き、ジェフ・ベックがロング・トーンを生かした独特のギター・ソロを奏でる。しかもこれらがすべて、単なる賑やかしではなく適材適所にはまっているのだ。

　その一方で、前作にもあった民族音楽的なものへの指向も、より洗練されたかたちで導入されている。なかでもタイトル曲は、兄パディ・ブッシュの演奏するマンドラやホイッスル、ミュージカル・ボウなどが絶妙で、アイリッシュ・フォークとブリティッシュ・ロックを融合させた楽曲の完成形ともいえるだろう。さらに「イート・ザ・ミュージック」は、黒人音楽的なものとは一線を画したダンス音楽になっていて、とても興味深い一曲だ。

　コラボレイション的な要素の大きい作品だが、中心にあるのはあくまでもケイトの歌。すぐれたミュージシャンたちを従えて屹立している女王のようなイメージが、作品全体から浮かび上がる。

立川

KATE BUSH
Aerial
エアリアル

EMI：KBACD01［CD］
録音：1996～2005年
発売：2005年11月7日
［1］A Sea Of Honey
1. King Of The Mountain
2. π
3. Bertie
4. Mrs. Bartolozzi
5. How To Be Invisible
6. Joanni
7. A Coral Room
［2］A Sky Of Honey
1. Prelude
2. Prologue
3. An Architect's Dream
4. The Painter's Link
5. Sunset
6. Aerial Tal
7. Somewhere In Between
8. Nocturn
9. Aerial
プロデューサー：Kate Bush
参加ミュージシャン：
Dan McIntosh (g)
Del Palmer (b)
Paddy Bush (cho)
Steve Sanger (ds)
Stuart Elliott (ds)
Eberhard Weber (b)
Lol Creme(cho)
Eligio Quinteiro (g)
Richard Campbell (viol)
and Susanna Pell (viol)
Bill Thorp (string arrangement)
Robin Jeffrey (per)
Chris Hall (accordion)
Michael Wood (vo)
Peter Erskine (ds)
London Metropolitan Orchestra (strings)
Michael Kamen (orchestral arranger, conductor)
John Giblin (b)
Rolf Harris (didgeridoo)
Gary Brooker (organ, cho)
Bosco D'Oliveira (per)

　90年代後半にケイトが新作のレコーディングを始めたらしいというニュースが伝わってきたが、その後ほとんど音沙汰はなく、ファンはやきもきさせられた。そしてようやく届けられたのがこの作品。それは、10年近くにわたってこつこつと録音された楽曲の詰まった2枚組だった。晩年を迎えたロック界のビッグ・ネームは、若い才能とのコラボレイションを通じて時代の要請に応えながら生き延びていくのが一般的だが、典型的な自己完結型の音楽家であるケイトは、そうしたことを潔しとしない。そんな彼女の音楽への思いが詰まったような、滋味あふれる作品である。

　全体に過度な音楽的装飾は取り払われており、ケイトのヴォーカルと楽曲の魅力が強調されている。スチュアート・エリオット（ds）、ジョン・ギブリン（b）、デル・パーマー（b）といった馴染みの面々に加え、ジャズ畑の名手ピーター・アースキンがドラムを叩き、ゴドレイ&クレームのロル・クレームがコーラスで参加するなど、多彩なメンバーが加わっている。エスニック風味は前作、前々作よりも稀薄になったが、それに代わってオーガニックな雰囲気が強調されている点が魅力だ。

　鳥の鳴き声などの具象音が効果的に使われている点は、ピンク・フロイドの諸作品を連想させる。最大の聴きものは、重たい8ビートの上にドラマと高揚感が生み出されていくタイトル曲だろうか。個人的には、愛息に向けて静かに歌われる「バーティ」に心惹かれる。

立川

KATE BUSH
Director's Cut
ディレクターズ・カット

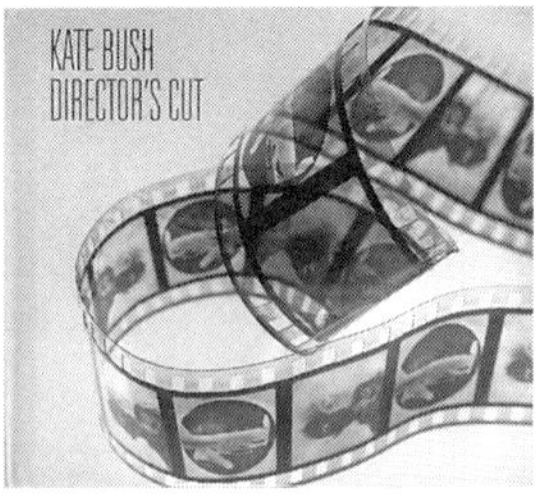

Fish People：FPCD001［CD］
録音：2009年〜2011年
発売：2011年５月16日
1. Flower Of The Mountain / 2. Song Of Solomon / 3. Lily / 4. Deeper Understanding / 5. The Red Shoes / 6. This Woman's Work / 7. Moments Of Pleasure / 8. Never Be Mine / 9. Top Of The City / 10. And So Is Love / 11. Rubberband Girl
プロデューサー：Kate Bush
参加ミュージシャン：
Paddy Bush (mandola, flute, whistle, cho) / Danny McIntosh (g) / Albert McIntosh (programming, cho) / Steve Gadd (ds) / Eric Clapton (g) / Gary Brooker (organ) / John Giblin (b) / Eberhard Weber (b) / Danny Thompson (b) / Brendan Power (harmonica) / Ed Rowntree (cho) / Mica Paris (cho) / Jacob Thorn (cho) / Michael Wood (cho) / Jevan Johnson Booth (cho)

『センシュアル・ワールド』と『レッド・シューズ』のなかから11曲を選び、それらをリニューアルして作られたアルバム。おそらく3曲ほどが、完全な新録。残りはヴォーカルとドラムを録り直してミックスを新たに行うという、やや変則的な手法がとられている。

　全曲が響きや空気感を強調したアコースティックなものに生まれ変わっているが、そのことを端的に表しているのが「フラワー・オブ・ザ・マウンテン」だろうか。もともとは『センシュアル・ワールド』のタイトル曲だが、題名も変えられ、原曲にあった80年代的なドラムの音は払拭されている。代わりにスティーヴ・ガッドがブラシで淡々とリズムを刻んでおり、キーボードの音がうっすらと漂うなか、ケイトのヴォーカルが響いてくる。他の曲も同様で、歌そのものの魅力が強調された仕上がりだ。単なるリメイクではなく、自身の財産を使って同時代的な作品を作ろうとする、そんな真摯な姿勢が伝わってくる一枚だといえる。 **立川**

KATE BUSH
50 Words For Snow
雪のための50の言葉

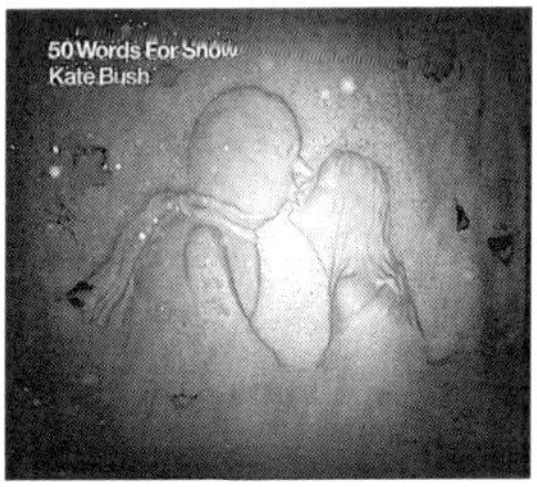

Fish People：FPCD007［CD］
録音：2010年〜2011年
発売：2011年11月21日
1. Snowflake / 2. Lake Tahoe / 3. Misty / 4. Wild Man / 5. Snowed In At Wheeler Street / 6. 50 Words For Snow / 7. Among Angels
プロデューサー：Kate Bush
参加ミュージシャン：
Dan McIntosh (g) / Albert McIntosh (vo) / Steve Gadd (ds) / Elton John (vo) / Andy Fairweather-Low (cho) / Del Palmer (b) / Danny Thompson (b) / John Giblin (b) / Michael Wood (vo) / Stefan Roberts (vo) / Stephen Fry (voice)

『エアリアル』で見られたシンプルで深い音楽への指向を、いっそう推し進めた作品。アレンジは練られているが、派手さは微塵もなく、スティーヴ・ガッド（ds）やダニー・トンプソン（b）といった実力派も、必要最低限のところでしか使われていない。『エアリアル』は英国の草原を連想させるような音だったが、本作の多くの曲は、しんしんと降り積もる雪と、そのなかで自身を見つめるケイトの姿を彷彿させる。

　エルトン・ジョンとのデュエットが聴ける「ウィーラー街で雪に閉じ込められて」は、静謐ななかに力強さを感じさせる。そして最大の聴きものはタイトル曲だ。エスキモーには雪を表す言葉が50あるという説にもとづいたもので、ヴェテラン俳優ステファン・フライの演じるユピック教授なる人物が、ケイトの呼びかけに応えて50の言葉を挙げていくという趣向。演劇的手法とマイク・オールドフィールドの『チューブラー・ベルズ』が融合したような世界には、唯一無二の味わいがある。 **立川**

KATE BUSH
Before The Dawn
ビフォア・ザ・ドーン〜夜明け前

Fish People：0190295920173［CD］
録音：2014年8月〜10月
発売：2016年11月25日
［1］Act I
1. Lily
2. Hounds Of Love
3. Joanni
4. Top Of The City
5. Never Be Mine
6. Running Up That Hill (A Deal With God)
7. King Of The Mountain

［2］Act II - The Ninth Wave
1. Astronomer's Call (Spoken Monologue)
2. And Dream Of Sheep
3. Under Ice
4. Waking The Witch
5. Watching Them Without Her (Dialogue)
6. Watching You Without Me
7. Little Light
8. Jig Of Life
9. Hello Earth
10. The Morning Fog

［3］Act III
1. Prelude
2. Prologue
3. An Architect's Dream
4. The Painter's Link
5. Sunset
6. Aerial Tal
7. Somewhere In Between
8. Tawny Moon
9 Nocturn
10. Aerial
11. Among Angels
12. Cloudbusting

プロデューサー：Kate Bush
参加ミュージシャン：
Kevin McAlea (kbd, uilleann pipes, accordion) / Jon Carin (kbd, g, programming, vo) / David Rhodes (g) / Friðrik Karlsson (g, bouzouki, charango) / John Giblin (b) / Mino Cinelu (per) / Omar Hakim (ds) / John Carder Bush (narrator) / Paddy Bush (voice actor, cho) / Kevin Doyle (voice actor) / Jo Servi (voice actor, cho) / Albert McIntosh (voice actor, cho) / Bob Harms (voice actor, cho) / Jacqui DuBois (cho) / Sandra Marvin (cho)

14年の8月から10月にかけて、ケイト・ブッシュの35年ぶりとなるライヴが行われた。本作はその模様を収録した3枚組だ。会場は、ロンドンのイヴェンティム・アポロ。かつてはハマースミス・オデオンと呼ばれており、若き日の彼女がここで素晴らしいステージを繰り広げたことは、ファンの間ではよく知られている。

オマー・ハキム(ds)、ジョン・ギブリン(b)、ミノ・シネル(per)、デイヴィッド・ローズ(g)らを中心とする鉄壁の布陣を従えた、ケイトのパフォーマンス。それはライヴ・アーティストとしてのブランクをまったく感じさせない。演奏されているのは主に『愛のかたち』以降の楽曲で、ステージ序盤の何曲かはハード・ロック感覚が強調されており、70年代のケイトのライヴを連想させる。中盤には俳優陣による演劇的なパフォーマンスが組み込まれ、ケイトの愛息アルバート・マッキントッシュも登場。そして終盤では、アルバム『エアリアル』の後半部分をほぼそのまま再現するといった構成だ。

このライヴが行われるという知らせは、14年の3月に、何の前触れもなくケイトの公式ホームページから届けられた。当初は15回公演の予定だったが、すぐに追加公演が発表され、全22回の公演となる。しかしチケットは即完売だった。当時チケットが入手できず、後日この素晴らしいライヴ・アルバムを聴いて、切歯扼腕したファンは多かっただろう。もちろん私もそうした者のうちの一人である。

立川

ケイト・ブッシュ その他の作品

立川芳雄

ケイト・ブッシュには、シングル音源をはじめとして、数多くのオリジナル・アルバム未収録曲がある。また、初期の頃にはルックスのせいもあってアイドル的な扱いも受けていたため、各国でジャケットの異なるディスクが何種類もリリースされており、マニアにとっては頭の痛いことになっている。ところがその一方で、ケイト本人には完全主義的な指向が強く、過去の作品も彼女自身の納得するようなかたちにならなければ再発されない。そのため、オリジナル・アルバム以外の作品の多くは、現在では廃盤となっている。ここでは、そんなケイトの編集盤やライヴ作品、映像作品などで、一応は入手の可能性が高そうなものを紹介してみたい。ネット・オークションなどで高値のついているものもあるが、もし手頃な値段になっているのを見かけたら、迷わず手に入れることを勧める。

『ザ・ホール・ストーリー』はケイトの初のベスト・アルバムで、日本では『ケイト・ブッシュ・ストーリー』のタイトルでリリースされた。未発表曲が1曲あるものの、基本的には『愛のかたち』までのアルバムに収録されていた代表曲で構成されており、入門編的な一枚といえるだろう。インナーには彼女のカラー写真が数多く掲載されていて、それを見るだけでも楽しめる。ベスト盤にもかかわらず全英1位を獲得しているという事実は、当時のイギリスにおけるケイトの人気の高さを物語るものだろう。

『リマスタード・パートⅠ』と同『パートⅡ』は、おそらく現時点で最も入手しやすいボックス・セットだ。『パートⅠ』は、1作目から『レッド・シューズ』までのオリジナル・アルバム7枚をデジパック仕様のCDにしてボックスに収録。『パートⅡ』は、『エアリアル』から『ビフォア・ザ・ドーン』までのオリジナル・アルバム4作品と、後述するレ

KATE BUSH
The Whole Story
ケイト・ブッシュ・ストーリー
EMI：KBTV 1／1986年

KATE BUSH
Remastered Part I
Fish People / Parlophone：0190295569006［CD］2018年

KATE BUSH
Remastered Part II
Fish People：0190295568993［CD］2018年

KATE BUSH
The Other Sides
Fish People：0190295568887［CD］2019年

ア・トラック集『ジ・アザー・サイズ』を、同様のかたちで収録している。すべての音源がリマスタリングされているが、手がけているのはケイト本人と、ピンク・フロイドのもう一人のメンバーとも呼ばれるジェイムズ・ガスリーである。この二つのボックスで、ケイトが残した音源の大部分は、一応だが網羅できると言っていいだろう。

　そして『ジ・アザー・サイズ』は、前述したとおりレア・トラック集。アルバム未収録音源などを集めたものだが、どの曲も完成度が高いところは、さすがにケイトである。聴くたびに新たな発見があるが、個人的にはエルトン・ジョン「ロケット・マン」「キャンドル・イン・ザ・ウインド」のカヴァーに惹かれる。ジョージ・ガーシュウィン「ザ・マン・アイ・ラヴ」のカヴァーも秀逸だ。

『ディス・ウーマンズ・ワーク』は8枚組のボックスで、『センシュアル・ワールド』までのオリジナル・アルバム6枚と、未発表音源集ディスク2枚を収録。散逸していた初期のレア音源を初めて一つにまとめた、貴重なボックスだった。

『ケイト・ブッシュ・オン・ステージ』は、79年のライヴから4曲を収録したシングル。ヘヴィ・ロック的な演奏にのってシャウトしまくるケイトのヴォーカルには、スタジオ録音盤にはない大きな魅力がある。

　そして映像作品だが、若いファンにぜひとも見てもらいたいのが、『ライヴ・アット・ハマースミス・オデオン』。79年に行われ、いまや伝説となっているステージの模様を収録したもので、パントマイムや芝居を交えながら歌うケイトのパフォーマンスは、もう圧巻の一語に尽きる。収録時間は1時間足らずだが、中身は濃厚。これを見れば、彼女が多くのフォロワーを生んだ理由が、理屈抜きに実感できるはずだ。

　そして、『ザ・ライン、ザ・クロス、アンド・ザ・カーヴ』も素晴らしい。『レッド・シューズ』の曲を題材にした約40分強の短編映画で、ケイトは芝居も披露。しかも彼女のダンスの師、リンゼイ・ケンプ先生も登場。こんな傑作がなぜ廃盤なのか……。

KATE BUSH
The Line, the Cross and the Curve
Picture Music：7243 4911853 9
［VHS/PAL］1994年

KATE BUSH
Live at Hammersmith Odeon
Picture Music：MVP 99 1010 2
［VHS/PAL］1981年

KATE BUSH
On Stage
ミステリー（ケイト・ブッシュ・オン・ステージ）
EMI：MIEP 2991［EP］1979年

KATE BUSH
This Woman's Work：Anthology 1978-1990
ケイト・ブッシュ・ボックス
EMI：CDKBBX 1［CD］1990年

始め、1985年に雑誌を中心にノン・ジャンルで書くライターになる。1994年に初の著書『CD-ROM Review Book』を刊行。以降、『iPod Fan Book』シリーズは、アメリカ、ドイツ、フランスでも発売された他、『やかんの本』『Drinkin　Cha』『子供の本がおもしろい！』『大人カバンの中身講座』『40歳からのハローギター』など著書多数。『ザ・バンド完全版』『NYパンク以降のUSロック完全版』他へ寄稿。新聞、雑誌、Web、テレビ、ラジオ、講演、製品プロデュースなどで活動。2023年４月からは『アート・コレクターズ』誌で美術評論の連載を始めます。
③『夜明けの口笛吹き』『炎〜あなたがここにいてほしい』、リック・ライト『ウェット・ドリーム』
④「バイク」「サマー'68」「ブレス」「シャイン・オン・ユー・クレイジー・ダイアモンド」、リック・ライト「ピンクズ・ソング」
⑤聴けば聴くほど、60年代のライヴを体験したかったとつくづく思わせてくれるバンドです。Em→A７とかの気持ちよさを教えてくれたバンドでもあったなあと思いました。

真下部緑朗（まかべ・ろくろう）
①1964年、鹿児島県生まれ、某出版社・営業部勤務。
②大学卒業後、出版社→食肉専門商社を経て某出版社営業部に勤務。『ニール・ヤング全公式音源攻略ガイド』『デイヴィッド・ボウイ完全版』『カンタベリー・ロック完全版』『ザ・バンド完全版』『NYパンク以降のUSロック完全版』などに寄稿。
③『原子心母』『狂気』『対』
④「神秘」「サマー'68」「アス・アンド・ゼム」「タイム」「コンフォタブリー・ナム」
⑤未だにお布施代わりにデラックス版を買ってしまうフロイド信者の一人。ギルモアとウォーターズの真の和解を望む。

森 次郎（もり・じろう）
①1968年、愛媛県生まれ。調教師。
②2021年紙媒体デビュー。修行期間ゼロ。
③『神秘』『光〜Perfect Live！』（映像版）、リック・ライト『ブロークン・チャイナ』
④「アーノルド・レイン」「生命の息吹き」「あなたがここにいてほしい」、「シンバライン」（四人囃子のカヴァーとの合わせ技一本）、シド・バレット「ラヴ・ユー」
⑤三つ子の魂百まで。「吹けよ風、呼べよ嵐」のイントロを聴くと、今でもアブドーラ・ザ・ブッチャーの入場シーンを思い出す。そのせいか、自分の中ではポップなバンド。

森山公一（もりやま・こういち）
①1973年。大阪府大阪市東成区。ミュージシャン。
②"オセロケッツ"のヴォーカリストとして97年にメジャーデビュー。シングル10枚、アルバム３枚をリリース。ソロとしても02年にシングル、15年にアルバム『Record!』を発表した。大阪を拠点にした"the Sokai"、京都が誇る老舗カントリーバンド"永冨研二とテネシーファイブ"他、様々なバンドでの活動や楽曲提供、プロデュース、専門学校講師等、幅広い分野で活躍している。
③『おせっかい』『狂気』『対』
④シド・バレット「テラッピン」、「ウォッツ」「コンフォタブリー・ナム」「ザ・ガンナーズ・ドリーム」、デイヴ・ギルモア「スマイル」
⑤圧倒的なアトモスフィア。人が減ろうが形態が変わろうが、音響とイメージと戦略でバンドや作品が延命できるというビジネスモデルを教わりました。逆に本当に大切なのは人と音楽だという事も。

山田順一（やまだ・じゅんいち）
①東京出身。ライター／エディター＆リサーチャー
②出版社で勤務後、フリーとして活動。雑誌、書籍への執筆及び編集、ラジオ出演、CD／LPの企画、編纂、監修を行なう。ピンク・フロイドおよび各メンバーの作品のリイシューにも携わり、シド・バレットのライナーノーツを担当。編著は『グラム・ロック黄金時代1971〜77 -フィーチャーリング・モダーン・ポップ-』『GSアイ・ラヴ・ユー　ニュー・ロック＆アフターGSサウンド時代』など。
③『夜明けの口笛吹き』『狂気』『光〜Perfect Live！』
④「ジュリア・ドリーム」「ユージン、斧に気をつけろ」「吹けよ風、呼べよ嵐」「クレイジー・ダイアモンド」「コンフォタブリー・ナム」
⑤漠然とした幻想や雰囲気を総合芸術にまで高め、商業的に大成功したという点では究極のバンドだと思う。

和久井光司（わくい・こうじ）
①1958年10月２日に東京渋谷で生まれ、横浜で育つ。総合音楽家。
②81年にスクリーンを率いてレコード・デビュー。翌年キティレコードと作家契約し、他者に詞・曲を提供するようにもなる。バンドで５枚、ソロで５枚のフル・アルバムがあり、プロデュース、参加、楽曲提供、企画・コーディネイト、デザインなどで関わった音楽作品は60作を超える。代表作はソロ名義の『ディランを唄う』と、和久井光司＆セルロイド・ヒーローズの『愛と性のクーデター』（ともにソニー）。著書に『ビートルズ原論』『放送禁止歌手 山平和彦の生涯』『ビートルズはどこから来たのか』『ヨーコ・オノ・レノン全史』など、編著に『英国ロックの深い森』『ラブ ジョン・レノン』『ジョージ・ハリスン スワンプ・ロック時代』などがある。
③『狂気』『鬱』『P.U.L.S.E』
④シド・バレット「テラッピン」、「マネー」「あなたがここにいてほしい」「アナザー・ブリック・イン・ザ・ウォール」「オン・ザ・ターニング・アウェイ」（発売順）
⑤実はそんなに好きなバンドじゃないのだが、演奏のテクニックではなく、コンセプトやヴィジュアルを含めた総合力で作品の質を高めていく姿勢には多大な影響を受けたと思っている。

執筆者プロフィール／アンケート

①生年、出身地、肩書き
②経歴
③個人的に好きなピンク・フロイドのアルバム３作（ソロ作も含む）
④個人的に好きなフロイド・ナンバー５曲（ソロ作も含む）
⑤改めて、ピンク・フロイドに対して想うこと

池上尚志（いけがみ・たかし）
①1971年８月３日、長岡市生まれ。ライター。
②赤と黄色のCD屋を経て、音楽関係じゃない雑誌編集者に。以降、様々な仕事をしながらライター業を並行して行う。現在は原稿の執筆のほか、CDの再発企画、イベントの企画・制作、ラジオ番組（「ジャパニーズ・ロック80's on Radio」）なども行う。著書『ジャパニーズ・ロック80's』『Japanese City Pop 100：Selected By Night Tempo』発売中。
③『狂気』『鬱』、デイヴィッド・ギルモア『狂気の祭典－ライヴ・イン・グダニスク』
④「エコーズ」「虚空のスキャット」「クレイジー・ダイアモンド（第１部）」「ピッグス」「時のない世界」
⑤初めてリアルタイムで聴いたのは『鬱』。伝説的なエピソードに惑わされながらも、プログレっていうよりイージーリスニングっぽいなぁと思っていた。だからどうしてもキャッチーでムーディーで込み上げるピンク・フロイドが好きという邪道なのです。

犬伏 功（いぬぶし・いさお）
①1967年11月10日、大阪生まれの大阪在住。音楽文筆家／グラフィック・デザイナー。
②2000年より音楽雑誌、ライナーノーツなどの執筆、再発監修等を行う。主に英国産ポップ・ミュージックを軸に執筆活動を展開、地元大阪では定例トークイベント『犬伏功のMusic Linernotes』を隔月開催中。
③『夜明けの口笛吹き』『炎～あなたがここにいてほしい』『P.U.L.S.E』
④「シー・エミリー・プレイ」「ルーシファー・サム」「イット・ウッド・ビー・ソー・ナイス」「生命の息吹き」「あなたがここにいてほしい」
⑤アーティスト価値の高め方、魅せ方が本当に上手いバンドだと思う。そこの隙のなさはある意味ビートルズ以上かと。しかし、一歩踏み込むと途端に人間臭さ溢れる顔が見えてくる。そのギャップも彼らの魅力。

梅村昇史（うめむら・しょうじ）
①1961年名古屋生まれ。グラフィック・デザイン／イラストを成業とする。在野のザッパ研究家。
②書籍、絵本等のデザインやイラスト、CDやレコードジャケットのデザインなどを制作。『デイヴィッド・ボウイ完全版』『カンタベリー・ロック完全版』『ザ・バンド完全版』等では漫画ページと原稿の執筆を担当。
③『ウマグマ』『原子心母』『狂気』
④「シー・エミリー・プレイ」「シンバライン」「サマー'68」「エコーズ」「アス・アンド・ゼム」実はリック・ライトの曲が好み。
⑤雰囲気とコンセプトをコントロールする手法にやられて、何がいいのかよくわからないという疑問をも含めて魅了された半世紀。

小川真一（おがわ・しんいち）
①1950年代生まれ、愛知県出身。音楽評論家。
②ミニコミの編集長を経て、『ミュージック・マガジン』誌にて音楽評論家デビュー。その後も『レコード・コレクターズ』『ロック画報』『ギター・マガジン』『アコースティック・ギター・マガジン』などに定期的に執筆。共著には『まわり舞台の上で 荒木一郎』『新しい音楽 漣健児とカヴァー・ポップス』『レジェンド・オブ・ロック［クイーン］』などがある。単著に『フォークソングが教えてくれた』。復刻盤の解説／監修も多数あり、『THE FINAL TAPES はちみつぱいLIVE BOX 1972-1974』『三浦光紀の仕事』『木田高介アンソロジー：どこへ』などを手掛けている。
③『夜明けの口笛吹き』『神秘』『1965：ザ・ファースト・レコーディングス』
④「ジャグ・バンド・ブルース」「ダブル・オー・ボー」「アイム・ア・キング・ビー」「アーノルド・レーン」「シー・エミリー・プレイ」
⑤やはりシド・バレット在籍時が一番興味がある。もし彼がもう少し平常でいたのなら、どんなピンク・フロイドを作り上げていたか。それを見届けたかった。

立川芳雄（たちかわ・よしお）
①1959年、千葉県市川市生まれ。音楽批評家。
②いろいろあって現在に至る。『レコード・コレクターズ』誌などに執筆。河出書房新社〈文藝別冊〉シリーズでは、「キング・クリムゾン」「ジェフ・ベック」「ザ・フー」「ジャニス・ジョプリン」などで、あれこれ喋らせてもらいました。『プログレッシヴ・ロックの名盤100』（リットー・ミュージック刊）も、よろしければお読みください。
③『狂気』『おせっかい』『ピンク・フロイド・ライヴ・アット・ポンペイ』
④「生命の息吹き」「虚空のスキャット」「フィアレス」「ユージン、斧に気をつけろ」「神秘」
⑤ピンク・フロイドの音楽の魅力の大半は、エコー（リヴァーブ）によって作られるドリーミーな音にあると思っている。なので、妙にくっきりした音になってしまった『炎』以降の作品は、さほど積極的には聴いていないのです。

納富廉邦（のうとみ・やすくに）
①1963年６月22日、佐賀市で生まれる。フリー・ライター。
②大学在学中からフリーランスでコピー・ライターを

執筆	池上尚志　犬伏 功　梅村昇史 小川真一　立川芳雄　納富廉邦 真下部緑朗　森 次郎　森山公一 山田順一　和久井光司
編集統括	森 次郎
データ作成	森 次郎　犬伏 功　山田順一
アート・ディレクション	和久井光司
デザイン	和久井光司　梅村昇史
協力	ソニー・ミュージックジャパンインターナショナル

ピンク・フロイド完全版

2023年4月20日　初版印刷
2023年4月30日　初版発行

責任編集	和久井光司
発行者	小野寺優
発行所	株式会社河出書房新社 〒151-0051 東京都渋谷区千駄ヶ谷2-32-2 電話 03-3404-1201（営業） 03-3404-8611（編集） https://www.kawade.co.jp/
組版	坂本芳子
印刷・製本	株式会社暁印刷

Printed in Japan
ISBN978-4-309-25697-9